KB090204

새로운 부의 탄생

WHEN MARKETS COLLIDE

When Markets Collide
: Investment Strategies for the Age of Global Economic Change

Korean Language Edition Copyright©2009 by McGraw-Hill Korea, Inc. All rights reserved. No part of this publication may be reproduced or distributed in any form or by any means, or stored in a database or retrieval system, without prior written permission of the publisher.

1 2 3 4 5 6 7 8 9 10 The Korea Economic Daily 20 09 08

Original: When Markets Collide: Investment Strategies for the Age of Global
          Economic Change
          By Mohamed El-Erian.
          ISBN 978.0.07.159281.9

This book is exclusively distributed in The Korea Economic Daily & Business Publications, Inc.

When ordering this title, please use ISBN 978-89-475-2692-0

Printed in Korea

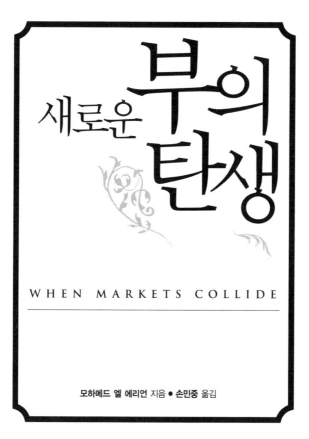

새로운 부의 탄생

WHEN MARKETS COLLIDE

모하메드 엘 에리언 **지음** ● 손민중 **옮김**

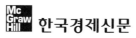

한국경제신문

개인, 기업, 국가는 새로운 부의 탄생을 어떻게 적용할 것인가

나의 책 《새로운 부의 탄생(When Markets Collide)》이 한국에 번역, 출간될 수 있게 되어 매우 기쁘고 영광스럽다. 이 책이 한국의 독자들에게 2007년 미국에서 발생한 금융 위기와 그로 인해 초래된 2008년의 시장 사고(market accidents), 정부의 정책적 실수 등 시장의 양상을 이해하고 전망하는 데 도움이 되었으면 하는 바람이다.

안타깝게도 금융 위기의 심각성은 더욱더 커지고 있다. 경제와 부의 역학 구도가 붕괴되면서 이러한 여파는 한국뿐만 아니라 실제로 전 세계 대부분의 국가들에 큰 영향을 미치고 있다. 위기가 구조화되는 과정 속에서 개인투자자뿐만 아니라 기업, 정부, 다국적 기구와 같은 다양한 시장 주체들은 이제까지 전혀 경험해보지 못한 상황에 직면하게 되었다. 현재의 위기는 글로벌 시스템, 즉 국제적인 구조나 체계의 내적인 위기라기보다는 구조 자체의 문제다. 어제의 세계와 내일의 세계가 충돌하면서 발생한 변화라는 것이다.

이러한 상황 속에서 현재 생산, 소비, 투자, 무역, 재무 지표 등 모든 경제지표들에 일제히 빨간불이 켜졌을 뿐만 아니라 주식 및 채권 시장도 한치 앞을 예측할 수 없을 정도로 요동을 치고 있다. 정책 입안자들 역시 이런 어려움에 직면하여 효과적인 정책 대응을 추진하는 데 큰 어려움을 겪고 있는 실정이다. 전망하건대, 2009년은 세계 경제에 있어서 어렵고 도전적인 한 해가 될 것이다. 경제 성장은 약화될 것이고, 금융 부문과 제도는 그 회복이 더디고 점진적이며 불규칙적일 것이다. 또한 보호주의 압력이 증가할 것으로 보인다.

한편 국가의 권한, 특히 미국과 같은 선진국의 권한이 도전에 직면하게 될 것이다. 각 국가들은 자신의 지위와 권한을 찾기 위해 국가의 성장과 생산성 향상을 저해하는 기존의 사적 및 공적 영역의 균형에 변화를 주는 적극적인 국가 개입을 강화할 것이고, 그에 따라 정책을 입안하고 설계하거나, 자금 조달 활동을 펼치는 등의 대응을 지속적으로 전개할 것이다.

전 세계의 투자자들과 정책 입안자들은 이제 '시장의 재편'이라는 중요한 상황에 직면하게 될 것이다. 그들은 서구 은행의 자금 회수 및 유동성 축소의 양상이 심화됨에 따라 금융 위기를 극복하기 위해 서로 긴밀히 대응해나갈 것으로 전망된다. 하지만 현재 국제 금융 및 시장 구조로는 이러한 위기를 감당해내지 못하기 때문에 그들은 위기 대책 마련에 더욱더 적극적으로 공조해나갈 것으로 보인다.

물론 그들은 지역 간, 국가 간 금융 중개 과정에서 예외적으로 주목할 만한 손실을 예상하여 대처할 수도 있을 것이고, 경험했던 익숙한 상황과 비교하여 생산 활동 과정에서 신용 경색에 따른 손실과 같은 의미 있는 사태를 예측하여 대처할 수도 있을 것이다. 하지만 그들은 더 이상 어떠한 활동도 신용 경색을 해소하는 데 큰 효과가 없으며, 결국 그에 따른 자금 조달은 엄청난 비용을 치르게 될 것이라는 사실을 깨닫게 될 것이다. 투자자들과 정책 입안자 등 시장 주체들은 기존의 전형적인 자산군 간의 상관관계에서 나타나는 변화를 측정하는 등의 자산의 상대적인 가치평가에 따른 구성 및 조정이 불가피하다는 사실을 알게 될 것이다. 그 결과 그들은 리스크 분산에 초점을 맞추는 리스크 관리 방식의 중요성을 느끼게 될 것이다.

이 책은 이러한 최근의 이상 현상들과 시장의 불규칙적인 변동의 원인에 대해 설명하고 있다. 이런 변화는 불가피하며 이 책에서 중점적으로 다루고 있는 국제적인 이전(hand-off, 새로운 부의 이동과 탄생) 현상은 점점 가속화하고 있다. 특히 세계 최고의 부와 성장의 중심 엔진으로서 지배적인 위치에 있던 미국은 경기 후퇴의 양상이 전개될 것으로 보이며, 반면 신흥 경제국들의 부상으로 세계 경제는 다극화 시대를 맞게 될 것으로 보인다.

그렇다면 세계의 경제 위기는 한국에 어떤 영향을 미치게 될 것인가? 한국은 특유의 내부적인 독자성을 지니고 있는 가운데, 엄청난 충격의 여파 속에서 외부적인 영향으로 심각한 타격을 받고 있는 다른 국가들에 비해 비교적 잘 견뎌나갈 것으로 보인다. 하지만 한국 역시 현재와 미래 세대를 위해 중요한 의미를 지닌 세계 위기를 경험하면서 새로운 세계 경제의 목적지로 나아가기 위한 험난한 변화와 도전에 직면해 있다.

나는 한국이 세계적인 위기 속에서 다음과 같은 변화의 세 가지 기본적인 속성에 대해 정확히 이해한다면, 특히 이러한 변화를 가장 먼저 접하게 되는 한국의 투자자, 기업가, 정부 관료들과 정책 입안자들이 그 원인을 잘 이해한다면 위기를 보다 잘 극복해나갈 수 있을 것이라고 생각한다. 첫째, 세계 위기는 거대한 힘에 이끌려 지금까지와는 다른 새로운 세계를 형성하고 있다는 사실이다. 둘째, 그러한 붕괴 과정은 개별적인 시장과 국가들에 큰 영향을 미칠 것이다. 셋째, 그러한 위기에 대응하기 위한 시장 주체들의 과잉 반응과 조정은 새로운 목적지와 앞으로의 특별한 여정에 큰 영향을 끼칠 것이다.

이 책이 한국의 독자들에게 세계 경제 변화의 속성과 원인을 파악하는 데 도움이 되었으면 하는 바람이다. 나아가 한국의 투자자들에게 위험과 기회를 구분하는 통찰력을 제공하는 유용한 수단이 되었으면 한다. 마지막으로 정책 입안자들에게는 올바른 결정을 내릴 수 있는 식견과 통찰력을 제공하는 데 도움이 되었으면 한다.

사실 이 책의 중요한 메시지 가운데 하나가 안타깝게도 현재의 혼란은 변화 단계에서 시작도 끝도 아니라는 점이다. 최근의 금융 위기를 촉발한 요인들은 아직 사라지지 않았으며, 이러한 세계적인 변화는 향후 수년간 투자 및 정책의 판도를 좌우하고 변모시킬 동력으로 작용할 것이다. 변화하는 세계에서 우리는 오늘을 살고 있다. 이러한 변화에 대해 이해하지 않고 노력하지 않는다면 결국 엄청난 대가를 치르게 된다는 사실을 염두에 두어야 할 것이다.

2008년 12월 12일 캘리포니아 뉴포트 비치에서
모하메드 엘 에리언

세계 경제 변화의 시기, 새로운 투자 전략을 준비하라

《새로운 부의 탄생(When Markets Collide)》은 세계 경제의 변화를 주도하는 원동력에 대해 설명한 책이다. 투자자들에게 있어 변화의 동력이나 요인을 이해하는 일은 매우 중요하지만 실제 이를 파악하기란 매우 어려운 일이다. 경제의 변화를 주도하는 원동력에는 성숙한 금융시장 및 신흥 금융시장에서 일어나는 모든 변화가 포함될 뿐만 아니라, 그 변화로 인해 발생할 수 있는 다양한 형태의 리스크와 그 안에 숨겨져 있는 새로운 기회도 포함된다.

나는 이 책을 통해 앞으로 세계 경제가 도달하게 될 '새로운 종착지(new destination)', 즉 변화의 지향점에 대한 전망과 분석을 시도하고 이에 관한 지식을 여러분과 공유하고자 한다.

동시에 새로운 세계로 나아가는 과정에서 직면할 걸림돌 및 여러 가지 이탈 현상, 그리고 각국의 경제가 변화하고, 국제사회가 금융 위기와 혼란을 거듭하며 그 해소 과정에서 겪게 되는 극심한 부침(浮沈) 현상에 대해서도 살펴볼 것이다.

전문가들이 이른바 '영년 변화(永年變化, secular transforma-tion : 관측 값이 수십 년 이상에 걸쳐 서서히 증가하거나 감소하는 현상)' 라고 말하는 장기적 변화는 본질적으로 그 관측과 분석이 어려운 현상이다. 이러한 장기적인 변화로는 경제력의 대대적 재편, 경제 성장, 부(富), 인플레이션, 투자수익을 좌우하는 결정 요인 등의 변동이 해당된다. 변화의 속성상 새로이 영향력을 갖게 된 시장의 주체와 수단이 등장하지만 처음에는 이를 분석하기 어렵다. 일반적으로 영년 변화의 과정에서는 어제와 오늘의 세계 간에 충돌이 야기되며 이에 따라 많은 소음이 발생한다.

따라서 새로운 세계로 나아가는 과정에서 기존의 제도와 체계에 대한 압박은 커진다. 대표적인 예로 불완전한 정보와 구시대의 도구만으로 까다로운 정책 과제 해결에 여념이 없는 정부의 모습을 보라. 개인과 기관은 실제 존재하는 강자, 그리고 잠재적인 강자 이들 모두의 존재를 염두에 두어야 한다. 과거 국제무대의 지배자였던 선진 열강들은 불과 몇 년 전까지만 하더라도 심각한 경쟁 상대로 간주하지 않았던 신흥 주자들의 영향력을 인정해야만 할 것이다. 한편 비교적 짧은 시간 안에 영향력을 얻게 된 신흥 주자들은 성공에 따른 과제를 관리해야만 한다.

이 책은 특히 투자자들이 달라진 세계 경제의 변화 양상을 이해하는 데 유용할 것이다. 왜냐하면 이 같은 변화로 앞으로 투자 전략의 실효성과 리스크 관리 기법의 효과는 크게 영향을 받게 될 것이기 때문이다.

또한 이 책은 새로운 세계와 변화에 대응하기 위한 실행 과제를 상세하게 설명하고, 중대한 시장의 문제를 초래할 수 있는 요인을 짚어볼 것이다.

변화를 탐구하는 과정에서 투자자들은 국내 및 국제 정책 입안자들의 움직임 역시 고려해야 할 것이다. 그러한 측면에서 내가 그간 투자 및 정책 문제를 모두 접할 수 있는 직업에 몸담았던 것은 큰 행운이었다. 국제적인 변화의 시대에 투자자 및 정책 당국이 취해야 할 대응책을 이해하지 않고는 투자 전략을 논할 수가 없다. 어떤 조직에 있더라도 성공하기 위해서는 다른 사람들이 어떠한 행동을 할지 예측할 수 있어야 한다는 뜻이다.

성공적인 투자를 추구하며, 갑작스러운 대형 손실의 위험을 최소화하고 이에 잘 대처할 수 있기를 바라는 투자자들에게 이 책이 제시하는 분석과 사고의 틀이 새로운 국제무대의 배경과 전망, 파급 효과를 이해하는 데 도움이 될 수 있기를 바란다.

이 책의 구성과 내용을 간략히 살펴보면 다음과 같다.

서론과 1장에서는 최근 몇 년 간 경제계와 금융계를 압도했던 이상 현상들에 대해 자세히 살펴볼 것이다. 그러한 이상 현상들은 장기적 변화의 진행을 알려주는 가장 기초적인 수준의 신호라고 할 수 있다.

2장에서는 시간이 지날수록 이해하기 어려운 환경 변화에도 불구하고 투자자들이 어마어마한 리스크를 감수했던 상황들을 짚어볼 것이다. 이러한 투자 행위 중에는 기존 감독기관의 관할권을 벗어나는 활동도 있었다. 그 결과 2007년 여름부터 극심한 혼란이 금융계의 중심부를 강타하였다. 그로 인해 금융기관들은 연쇄적으로 거대한 규모의 손실을 기록하였고, 이는 국제적인 신용경색의 위기를 촉발하였다. 현재 전 세계는 금융 위기 대책 마련에 총력을 기울이고 있는 실정이다.

이러한 사태를 배경으로 3장에서는 투자자가 구조적 변화의 진행을 이해하는 데 왜 오랜 시간이 걸릴 수밖에 없는지 그 이유를 살펴본다. 나는 변화의 과정에서 발생하는 충돌과 소음, 그리고 이상 현상에 대한 신호를 분석하기 위해 경제학, 재무 이론, 행동과학, 신경과학 분야의 도구들을 사용하였다. 이들 도구는 시장의 불규칙적인 변동의 원인을 파악하는 데 유용할 뿐만 아니라, 그러한 불규칙성이 시간이 지나면서 자율적으로 조정되는 이유를 설명하는 데도 유용하다.

4장에서는 변화에 따른 향후 국제 금융체제의 구조 재편 방향에 관해 살펴본다. 일반적으로 시장 참여자가 선택하는 모든 접근법의 건전성을 좌우하는 네 가지 변수, 즉 성장, 무역, 가격 형성, 자본 흐름은 실제 및 잠재적인 측면에서 변화하며, 이는 곧 제도적 변화를 야기한다. 이러한 변화 과정 속에서 오늘날 금융 세계화와 통합이라는 메커니즘은 개편이 불가피하며, 다음 단계의 금융체제는 세계 경제 성장 원동력의 다양화, 국제무역 및 국제수지의 불균형 감소, 갈수록 가중되는 인플레이션 압력에 대한 대응, 전 세계적인 투자 가능 펀드의 확산 등을 중심으로 개편 논의가 이루어질 것으로 보인다.

변화의 지향점, 즉 목표점이란 일의 진행에 있어서 어떤 예기치 않은 사건이 발생하더라도 그 과정을 거쳐 실제 목표 지점에 도달했을 때 의미가 있다. 5장에서는 새로운 변화의 종착지를 향해 나아갈 때 맞닥뜨리게 되는 함정이나 장애물을 살펴본다. 예를 들어 투자자와 중개자가 지속 불가능한 활동을 추진함으로써 야기되는 이탈 현상, 즉 시장의 위험에 따라 발생하는 예측 불가능한 비선형성(nonlinearity : 초기 조건에 조금만 오차가 있어도 결과가 완전히 달라질 수 있는 상황으로, 본질은 결정론적이지만 실제 예측 불가능한 일종의 혼돈 현상을 말함) 요인을 자세히 살펴본다. 또한 각국 정부 및 국제기관의 정책 실수가 야기할 수 있는 악영향에 대해서도 살펴본다.

다음에 이어지는 6장, 7장, 8장에서는 상승 국면으로부터 이익을 실현하고 하강 국면을 제대로 관리하기 위해서 시장 참여자가 어떤 태도를 취해야 하는지에 대해 설명한다. 오늘날 국제적인 제도가 직면한 과제는 미국과 같은 선진 열강의 거대한 구조적, 재무적인 불균형에서 벗어나, 세계 경제의 성장과 자본흐름을 좌우할 주도 세력으로서 부상하는 신흥 경제국이 이끌어낼 근본적인 안정을 확보하도록 힘의 균형을 조정하고 바꾸는 것이다.

이 과제는 두 가지로 뚜렷하게 구분할 수 있는데, 투자자는 이들 각 부분을 이해하고 자신의 전문성 수준에 맞게 최적화해야 한다. 첫 번째는 과거가 아닌 미래를 내다보고 장기적인 현실에 맞춰 자산 배분 계획을 수립하는 것이다. 이때 기술적 측면에서의 핵심은 결과의 분포곡선 중 '배(belly)' 부분을 제대로 파악하는 것이다. 그리고 두 번째는 분포곡선의 '꼬리(tail)' 부분을 관리하는 것이다. 특히 새로운 세계로 나아가는 과정에서 발생할 변동에 대비하여 포트폴리오를 부분적으로 보호하는 것도 포함된다.

이를 바탕으로 6장은 장기투자 성공을 위한 핵심 요소를 분석하면서 글을 전개한다. 여기서는 자산 배분과 효과적인 투자 수단에 관해 자세히 설명한다.

7장에서는 투자자들이 향후 금융제도의 변화에 잘 적응해 나갈 수 있도록 국내 정책에 대한 전망을 중점적으로 살펴본다. 투자는 정책을 제대로 이해해야만 성공할 수 있다. 이 장에서는 기존 정책이 앞으로 어떻게 변화해야 할지를 지적한다. 또한 현재 구조적으로 미비하지만 각국 정책의 국제적인 일관성 확보에 중요한 역할을 수행할 다국적 기구들의 과제도 제시한다.

8장에서는 리스크 측면을 좀 더 구체적으로 살펴봄으로써 이 책의 분석 내용을 보완하고, 특히 장기 투자자들에게 도움이 될 수 있는 방안을 중심으로 살펴보았다. 또한 오늘날 국제 금융체제에서 미국이나 선진국을 중심으로 하는 비대칭적인 정책과 규제가 리스크 완화에 있어 실제 어떤 의미를 지니는지 자세히 살펴본다.

이 책의 결론에 해당하는 9장에서는 경영 모델을 적용한 효율적 투자 관리 방법에 대해 살펴보고, 마지막으로 시장 참여자의 역할에 대해 설명하였다.

나는 이 책을 집필하면서 어떤 독자층을 주요 대상으로 할지, 그리고 어떤 방법으로 어떻게 접근해야 할지에 대해 많은 고민을 하였다. 즉 투자자 위주로 설명할 것인가? 아니면 정책 입안자나 학계 연구자를 겨냥할 것인가? 또한 분석 도구는 어떤 것을 택할 것인가? 한 가지 접근법에만 의존할 것인가? 아니면 포괄적으로 여러 방법을 활용할 것인가?

많은 고민 끝에 나는 절충적인 방법을 택하기로 결정하였다. 다시 말해 투자자와 정책 입안자들, 연구자들 모두를 대상으로 글을 전개하였다. 또한 기존의 분석 기법과 최신 기법을 혼합하여 적용하는 통합적 접근법을 택했으며, 그 과정에서 내 경험을 바탕으로 과거 및 현대 상황을 접목하여 분석적 논의를 끌어내고자 했다.

사실 이러한 결정을 내리기까지는 학계 연구자, 정책 입안자, 투자 전략가 등 다양한 분야의 경계를 넘나들며 이력을 쌓았던 나의 직업적 특성에서 비롯된 것이기도 하다. 또한 영국 케임브리지대학 시절 신고전주의 경제학과 기타 분야의 경제학, 즉 케인지안, 신리카르디안, 마르크스 경제학을 탁월하게 접목하여 수업을 받았던 당시의 지적 자극이 이 같은 결정을 하는 데 큰 영향을 끼쳤다. 당시 다양한 접근법의 활용은 학생들의 사고력을 넓히는 데 큰 도움이 되었을 뿐만 아니라, 사안이나 상황을 서로 다른 관점에서 보다 분명히 이해할 수 있게 되어 그것의 장점이나 한계점 등을 제대로 파악할 수 있었다는 점이다.

또한 내가 가장 존경하는 학자이자, 역대 최고의 권위 있는 경제학자로 꼽히는 존 메이너드 케인즈(John Maynard Keynes)가 제시했던 의견은 나의 방법론에 대한 믿음을 더욱 확실하게 해주었다. 그는 경제학을 "교리(敎理)가 아닌 방법이며, 의식의 장치이자, 올바른 결론을 도출하는 데 유용한 사고의 기법"이라고 말하였다. 경제학은 타 분야와 적절히 조화될 경우 그 유용성이 확대될 수 있는 특성이 있다.

다시 말해 개별적인 분석 도구나 기법은 지나치게 단순화된 가설이나 불완전한 적용으로 신뢰성을 잃을 우려가 있으나 통합적 접근법을 활용하여 타 분야와 조화를 이룰 경우 적절한 견제와 균형의 관점을 유지하고 확보할 수 있다는 장점이 있다.

한 가지 덧붙이자면, 내가 일을 수행하는 데 있어서 다양한 접근법을 활용하여 능력을 키우는 데 영감을 주었던 것은 다름 아닌 다른 저자들의 저서였다. 특히 집필이 망설여질 때마다 다양한 분야의 통합을 통한 시너지 창출의 이점과 유효성을 설명한 최신 서적을 읽으면서 큰 용기를 얻었다. 이 중에는 스티븐 레빗(Steven D. Levitt)과 스티븐 더브너(Stephen J. Dubner)의 《괴짜경제학(Freakonomics)》(2006년), 나심 니콜라스 탈렙(Nassim Nicholas Taleb)의 《무작위에 속다(Fooled by Randomness)》(2006년)와 《블랙스완(The Black Swan)》(2007년), 피터 번스타인(Peter L. Bernstein)의 《세계 금융시장을 뒤흔든 투자 아이디어(Capital Ideas Evolving)》(2007년), 리처드 피터슨(Richard L. Peterson)의 《투자자들의 의식구조(Inside the Investor's Brain)》(2007년) 등이 있다.

수많은 이들에게 여러모로 중대한 의미를 지니는 오늘날의 국제적인 현상을 이해하는 데 있어서 나의 접근법과 분석이 도움이 되기를 바란다. 새로운 경제시대의 출현을 예측하고 제대로 이해할 만한 도구나 방법을 찾기란 매우 어렵다. 사실 제도 변화를 이해한다는 것 자체가 대단히 복잡하고 어려운 일이다. 따라서 다양한 분야에서, 즉 가장 활용도가 높은 분야에서 가장 적합한 도구를 취해 적용하는 것이 바람직하다.

이 책의 집필은 2008년 1월에 마무리되었다. 당시까지 세계 경제는 유명한 미국의 투자은행 베어 스턴스(Bear Stearns)의 파산 및 미 정책 당국이 금융시장의 혼란과 피해를 억제하기 위해 파격적인 정책을 펼치는 등 그러한 과정 속에서 과거에는 상상도 하지 못했던 일들이 연달아 발생하던 시점이었다. 이들 사태는 이 책에서 분석한 내용과 일맥상통하며, 실제로 이 같은 혼란을 예측하였다.

나는 이 책에서 제시된 분석을 통해 수많은 사람들이 변화에 따른 불가피한 혼란의 피해자가 되지 않기를 바라며, 나아가 투자활동에 있어서 이익을 실현하는 데도 도움이 되기를 바란다.

● 혼란 속 '신호'를
  포착하라

통상 금융업계의 기준으로 볼 때 내가 투자세계에 입문한 것은 꽤 늦은 나이였다. 1997년 말 나는 비교적 안정적인 국제금융기구 IMF(International Monetary Fund, 국제통화기금)에서의 직장 생활을 그만두고, 런던의 살로먼 스미스 바니(Salomon Smith Barney)에 합류하면서 험난한 투자세계에 발을 들여놓았다. 당시 내 나이 39세, 본격적인 투자세계로의 여정이 시작된 것이다.

나는 이곳에서 세계 경제 및 금융의 지각 변동이 이미 서서히 일어나고 있음을 가까이에서 목격할 수 있었다. 처음에는 상대적으로 제한된 투자 분야와 일부 정책에만 변화의 여파가 미쳤다. 예를 들면 주로 전문적인 투자 분야인 이머징 마켓(emerging market, 신흥 시장) 투자와 파생상품 및 리스크 이전 분야가 영향을 받았다. 하지만 금융 환경의 변화가 가속화하고 그 여파에 따라 발생하는 일들이 좋든 나쁘든 간에 사건들의 강도가 점점 높아졌고, 급기야 오늘날에는 투자자, 정책 입안자, 국제기구의 다양한 분야에서 경제 및 금융체제의 변화가 매우 중요한 사안으로 자리잡기에 이르렀다.

이 책에서는 시장의 지각 변동을 상세하게 분석하고, 오늘날의 경제 및 기술적 변화가 현재와 미래에 어떠한 영향을 미칠 것인지 전망해 보고자 한다. 먼저 나는 전례 없이 유동적인 환경이 조성된 핵심 요인이 무엇인지 파악하기 위해 몇 가지 분석의 원칙을 제시하였다. 이 원칙을 기초로 평소에는 합리적이며 정보에 입각해 투자하는 사람들이 왜 중대한 전환점을 뒤늦게 알아차리고 실수를 저지르는지 그 이유를 살펴볼 것이다. 대개 이 같은 실수는 시장의 동요, 갑작스러운 유동성 정체(liquidity sudden stop : 여기서 '갑작스러운 정체'란 말은 MIT 경제학 교수인 루디거 돈부시Rudiger Dornbusch가 1995년에 처음 사용하였으나, 이후 컬럼비아대학 길레르모 칼보 Guillermo Calvo 교수가 1990년대 신흥 시장의 위기와 관련해 사용하면서 널리 알려졌다), 제도적인 실패, 긴급한 정책 대응 등의 문제를 야기한다.

나는 이 책에서 투자 전략, 사업 방안, 정책 입안에 있어서 실용적이고도 중요한 정보를 제공하고자 노력하였다. 따라서 독자들은 이 책으로 하여금 새로운 기회를 어떻게 활용할 것인지, 변화하는 리스크 패턴에 대한 노출 위험을 어떻게 최소화할 것인지에 대한 통찰력과 정보를 얻을 수 있을 것이다. 업계 용어로 말하면, 결과 분포곡선의 왼쪽 꼬리(불리한 결과)를 줄이면서, 동시에 오른쪽 꼬리(유리한 결과) 부분을 공략하는 것이다. 그러나 안타깝게도 지금은 새로운 경제 및 금융의 시대를 맞아 양쪽 꼬리가 모두 커지고 있다.

아무도 모르는 사이에 변화는 일어나고 있다

변화는 이를 알아차리거나 분석하기가 매우 어렵다. 특히 예기치 못한 빠른 변화의 경우는 더더욱 그렇다. 기존의 통념과 기득권층이 도전을 받고, 불규칙적이며, 예측이 어려운 역학 구도가 조성된다. 한편 장기적인 변화는 그 과정에서 사람들이 익숙하게 느끼는 경향이 있지만, 정작 이 시기에 체감할 수 있는 어려움은 더욱 가중된다.

여기서 핵심은 변화의 시기와 질서의 상태이다. 제도의 일관성 등의 측면은 이차적인 고려 사항에 불과하다.

개별적인 시장에서 변화의 물결이 거세지면 업계와 정책의 근간이 새로운 현실을 제대로 지탱하지 못하게 된다. 또한 변화가 진행되면서 새롭게 가능해진 시장 활동은 이를 감당하고 지탱해 줄 제도의 역량을 넘어서는 경향이 있다. 그 결과 일련의 정체 현상과 소위 '체증 현상'이 발생한다. 체증 현상이 만연해지면 초기에는 당황, 동요, 비방이 일어나는 경향이 있고, 어느 정도 시간이 지난 후에야 변화가 필요하다고 인식하게 된다. 그래서 필요한 개선 조치가 취해지고 이를 타개해 보려고 노력하지만, 투자자와 정책 입안자 등 시장 주체 사이에는 시장이 더 혼란스럽게 돌아갈 것이라는 추가적인 우려감이 확산된다.

2007년 여름에 시작된 시장의 혼란 상황을 살펴보면 향후 발생 가능성이 높은 과열과 이탈 현상의 유형이 여실히 드러난다. 이러한 혼란이 현재 국제 금융체제의 근간마저 뒤흔들고 있는 실정이다. 미국 서브프라임 모기지(subprime mortgage : 신용등급이 낮은 저소득층을 대상으로 고금리로 주택 마련 자금을 빌려주는 비우량 주택담보대출) 시장 내부의 문제로 국한되었던 사건이 일련의 금융시장 붕괴 사태로 걷잡을 수 없이 번지면서 미국 월스트리트를 비롯해 메인 스트리트로 대변되는 실물경제에까지 그 파급 효과가 미치고 있다.

초기에는 혼란의 원인과 사태에 대한 이해 부족으로 민간 및 공공 부문 시장 참여자의 대응이 더뎠다. 당시 많은 전문가들은 이 같은 혼란은 일시적 현상이며 그 여파는 제한적일 것이라고 성급히 판단내렸다. 주식 투자자들도 이러한 혼란은 전염성이 없는 단지 일회적인 현상일 것으로 판단하였다. 초기에는 정책 당국 역시 마찬가지였다. 혼란을 방관하면서 이를 빌미로 탐욕스러운 채무자들과 양심 없는 채권자들이 그간의 벌인 행태에 대한 대가를 치르게끔 놔두겠다는 의도였다.

하지만 얼마 지나지 않아 사정이 크게 달라졌다. 금융업계와 경제를 이루는 근간이 통째로 주저앉았기 때문이다. 이러한 문제의식이 널리 확산되면서 전 세계의 중앙은행들이 대규모 긴급 유동성 투입 등 대책 마련에 나섰다. 그러나 유동성 투입으로도 붕괴를 막지 못하자, 미 정부는 대대적인 경기부양책을 실시하였고 주택 부문을 직접 지원하기에 이르렀다. 한편 서방의 주요 투자은행 고위 경영층은 아시아와 중동 지역으로 몰려가 대대적인 자금 조달 활동을 펼쳤다. 그 당시 주요 경제 신문 1면에 소위 '생명선(lifeline)'이니 '구제금융(bailout)'이니 '국부펀드(SWFs, Sovereign Wealth Funds : 적정 수준 이상의 외환보유액을 따로 떼내어 투자용으로 조성한 자금으로, 전문 투자자들로 구성된 국가기관이 자금 운용을 담당한다. 국부펀드는 주식, 채권, 부동산 등의 금융상품으로 구성된다)의 '침략' 등으로 강조되었던 말들은 이러한 자금 조달 정책을 잘 나타내 주는 말이라 하겠다.

최근의 추이를 살펴보건대, 2007년 여름에 시작된 금융시장의 대혼란이 세계 경제의 장기적 변동을 반영하는 사태라고 보는 시각이 나타나고 있다. 즉 경제 및 금융 분야에서 어떠한 힘이 작용해 어마어마한 파장을 일으키고 있는 가운데, 현재의 국제통화 정책 및 시장구조로는 이를 감당해 내지 못한다는 것이다. 이 같은 파장은 더욱 탄력을 받아 단기적 혼란이 가중되면서 동시에 훨씬 높은 리스크가 수반될 것으로 전망된다.

사실 이 책의 중요한 메시지 가운데 하나가 안타깝게도 현재의 대혼란은 변화 단계에서 시작도 끝도 아니라는 것이다.

앞으로 자세히 살펴보겠지만, 이러한 일련의 불규칙성과 이상현상은 국제 금융시장 참여자들의 활동 범위와 기존의 제도가 합리적이고 안전하게 수용할 수 있는 범위와 수준을 넘어섰다는 것을 알려 혼란의 리스크를 최소화하라는 조기 경보의 '신호'였다는 점이다. 또한 이들 신호는 국가 간 자본 이동으로 새로운 시장 주체와 상품이 국제적인 영향력을 가지게 되었음을 알려주기도 했다.

이 책을 읽는 독자들에게 말하건대 최근의 금융 위기를 촉발한 요인들은 아직 사라지지 않았다는 점을 유념해야 한다. 오히려 사라지기는커녕 뿌리를 내린 세계적인 변화는 향후 몇 년 간 투자 및 정책의 판도를 좌우하고 변모시킬 동력으로 작용할 것이다.

시장의 소음에 주목하라

이와 같은 험난한 변화 과정은 곧 어제의 시장이 내일의 시장과 충돌하면서 나타나는 현상이다. 이때 변화를 일으키는 직접적인 원인은 바로 시장 주체, 투자 수단, 투자상품, 제도 간에 발생하는 이전(移轉, hand-off) 현상이다. 이 같은 여건에서 주요 과제는 이전 현상으로 인해 불가피하게 초래되는 혼란을 이해하고 적절히 관리하는 동시에, 향후 다가올 새로운 세계의 특성을 이해하고 무엇보다 변화에 따른 여파에 주목해야 한다는 것이다.

시장 참여자들은 초기에 시장에 대한 심리적 동요나 불안감 등 시장에서 발생하는 이런저런 '소음'을 통해 변화를 감지하게 된다. 처음 소음을 느끼게 되는 순간은 시장 참여자들이 줄곧 당연시하던 오랜 규칙들이 돌연 어긋나면서부터이다. 통상 대부분의 사람들은 본능적으로 기현상을 일시적이며 원래대로 되돌아갈 것으로 여긴다. 들려오는 소음을 단순히 무의미한 소리로 간과하는 경향이 있다. 그래서 투자 전략이나 사업 모델, 그리고 국가 및 국제 정책에 별 영향을 미치지 않을 것이라고 판단한다. 그러나 인류 역사와 이론을 자세히 고찰해 보건대 이는 분명한 오산임을 알 수 있다.

따라서 기존 감시망에서 잘 잡히지 않는 어떤 변화를 알리는 신호가 들어 있다고 가정하면 소음은 매우 중요하다고 할 수 있다.

1990년대 후반 내가 런던의 살로먼 스미스 바니 거래장에서 애널리스트로 근무했던 첫해에 보고 배웠던 가장 간단하면서도 중요한 원칙 중 한 가지가 바로 시장의 소음에 접근하는 태도였다. 즉 소음을 무조건 무시하지 말고, 그 소음 속에 어떤 신호가 들어 있는지를 자문해 봐야 한다는 것이다. 사실 이러한 방식은 20대 초반의 유능한 동료 트레이더를 관찰하면서 터득하게 된 것이다. 그는 다름 아닌 이머징 마켓 채권 부문의 에드워드 코웬(Edward Cowen)이라는 친구였다.

세계 최대 채권펀드 운용 회사인 핌코(PIMCO, Pacific Investment Management Company)의 창립자이자 업계에서 널리 존경받고 있는 '채권왕' 빌 그로스(Bill Gross)에 의하면, 훌륭한 포트폴리오 관리자 또는 관리팀이 갖춰야 할 세 가지 핵심 자질 중 한 가지가 바로 '길거리 지식'을 풍부하게 갖춰야 한다는 것이었다. 그리고 나아가 그로부터 총체적인 통찰력을 발휘할 수 있어야 한다는 점이다. 에드워드가 바로 그러한 자질에 부합하는 뛰어난 친구였다. 그는 평소 〈파이낸셜 타임스(Financial Times)〉나 〈월스트리트 저널(Wall Street Journal)〉과 같은 전문 경제지뿐만 아니라 일반 대중들이 즐겨 보는 타블로이드 일간지도 주의 깊게 보곤 했다. 그의 시장 본능은 너무나 예리해서 빌 그로스가 제시한 나머지 두 가지 자질인 '경제학 학습'에 철저할 것과 '재무 및 수학적 능력'을 갖추는 것이 상대적으로 미비하더라도 그것을 보완하고도 남을 정도였다. 이 같은 자질 덕분에 에드워드는 젊은 나이에 일찍이 회사에서 인정받는 직원이 되었다. 실제로 그는 행태재무론과 신경과학에서 입증한 한 가지 사실을 몸소 보여주었다. 그것은 다름 아닌 직감의 중요성이다. 특히 시장에 압박이 들어왔을 때 그의 직감은 빛을 발한다.

나는 당시에 체득한 시장의 소음이 다양하게 해석될 수 있는 가능성을 고려하라는 원칙을 살로먼 스미스 바니의 시장 애널리스트를 그만두고 핌코와 하버드 경영회사(HMC, Harvard Management Company)로 옮겨 직접투자에 몸담게 된 후에도 계속 명심하고 이를 따랐다. 투자세계에서 일하는 동안 나는 불완전한 비대칭적 정보, 시장 실패, 행태재무론에 관한 학계의 신중한 연구 결과를 통해 이 원칙을 검증할 수 있었다.

　나는 주로 구체적인 투자 전략과 거래에 이 교훈을 적용하였다. 투자세계에 입문한 초반 나는 운 좋게도 이머징 마켓 채권 자산군을 담당했었다. 당시 신흥 시장은 성숙기 초반 단계에 있었기 때문에, 이 부문은 소음과 투자자들의 과잉 반응에 취약할 수밖에 없었다. 따라서 관건은 소음의 진원지를 파악하여 그 결과를 유추하는 것이 최선이었다. 이 방법은 종종 고무적인 성과를 거두었다. 2000~2001년 아르헨티나 채권가격의 폭락 직후와 2002년 여름 이후 브라질 채권가격이 급속히 회복되었을 때 핌코가 진행했던 콜 거래(call : 금융기관들 간의 과부족 자금을 조절하기 위한 거래 방식. 남는 자금을 운용하기 위해 다소 비싼 이자를 받고 다른 금융기관에 빌려주는 1~2일짜리 초단기 자금 거래)뿐만 아니라 소소한 시장의 사건들, 예를 들어 2002년 초 아르헨티나의 채무불이행이 멕시코에 미치는 영향과 짐바브웨의 불안한 정국 상황이 남아프리카공화국에 미치는 영향을 둘러싼 시장에서의 대응을 앞두고 취한 역투자 포지션 등에서 좋은 결과를 낳았던 것이다.

　사실 방법은 간단하다. 먼저 소음의 진원지, 즉 근본 원인을 관찰하고 분석한다. 경제 및 금융의 펀더멘털(기초 여건)과 시장의 조정을 감안하여 가치평가로 도출된 다양한 분석 내용이 이들 원인과 어떤 관계가 있는지 살펴보는 것이다. 이때 초반에 도출된 결론을 시장 전문가들의 견해와 대조해 본다. 그리고 영향권에 속한 금융 자산과 공동 소유나 기타 요소로 이들 자산과 연관이 있는 기타 금융 자산이 입게 될 장·단기 여파를 유추해 본다.

시장이 심리적 동요나 불안감 등으로 요동치는 경우 대부분 그 소음을 '줄이는' 것이 정답이었다. 이는 소음을 일시적이고, 원상 복귀될 이탈 현상으로 간주한다는 의미이다. 하지만 소음에 어떤 중대한 신호가 포함된 것으로 해석되는 몇몇 특별한 경우도 있다. 즉 특정 세분화된 시장에서 절대가격과 상대가격을 모두 좌우하는 변수의 의미 있는 움직임을 포착하게 될 수도 있다. 따라서 어떤 경우라도 처음에는 소음을 무시해 버리고 싶은 충동을 억누르는 것이 가장 바람직한 접근법이다.

나는 언젠가 핌코의 정기간행물인 〈이머징 마켓 와치(Emerging Markets Watch : 필자는 1999년 12월부터 2006년 초 핌코를 퇴사해 HMC에 입사하기 전까지 핌코의 소식지 발간을 담당한 바 있다)〉와 그 외에 〈파이낸셜 타임스〉, 〈뉴스위크(Newsweek)〉 사설란에 이러한 접근법에 관한 기사를 게재한 적이 있었다. 당시 기고의 목적은 단순하였다. 최근 시장의 동향과 그것이 향후 투자 전략과 정책에 미칠 영향을 설명하는 것이었다. 그 과정에서 나는 세계 경제 및 금융 판도를 뒤바꿀 매우 중대한 신호, 그러나 당시까지 사람들이 잘 인식하지 못했던 변화의 등장을 예고하는 신호가 소음 속에 들어 있다는 증거를 포착하게 되었다.

동시 다발적인 불규칙성

2004~2005년부터 세계는 주로 소음의 원인을 시장의 연쇄적인 불규칙성에서 찾던 시대에서 동시 다발적인 불규칙성에 주목해야 하는 시대로 넘어왔다. 즉 다양하고도 세분화된 시장에서 나오는 점차 증폭되는 신호들은 장기간에 걸쳐 불규칙성을 보이는 대신에, 일제히 동시 다발적인 불규칙성을 보이게 되었다는 의미이다.

특히 최근에 수많은 이상 현상이 발생하였다. 이 같은 변동이 가장 명확하게 언급되었던 것은 2005년 초, 미 연방준비제도이사회(FRB, Federal Reserve Board)의 전 의장인 앨런 그린스펀(Alan Greenspan)의 발언일 것이다. 당시 그는 비교적 상당한 폭으로 단기금리(연방기금 금리)가 연달아 인상되는 가운데, 미국의 장기금리가 하향 움직임을 보였던 현상을 '수수께끼'라고 묘사한 바 있다. 실제로 투자자 입장에서 보았을 때 끝이 보이지 않을 정도의 오랜 기간(사실 투자자들에게는 1주일도 긴 시간이다) 동안 미국의 채권시장에서 내보낸 경기 전망에 대한 신호는 세계 최고의 유동성을 자랑하는 시장인 미국 주식시장에서 나온 신호와는 상반된 것이었다.

이러한 신호의 불일치는 FRB 전문가 및 경제학자는 물론 세계에서 영향력이 가장 큰 금리인 연방기금 금리의 움직임을 예측해 먹고사는 월스트리트의 애널리스트들 간에 상반된 상황을 초래하였다. 2006년 중반 금리 수준이 5.25%에 머물던 당시 FRB 전문가들은 양 진영으로 나뉘었다. 한쪽 진영은 연이은 금리 상승을 예측해 6%까지 인상될 것으로 자신 있게 내다보았고, 다른 진영은 금리가

4%까지 인하될 것으로 역시 자신 있게 예측하였다. 신뢰받는 시장 전문가들이 이렇게 극명하게 견해차를 보인 경우는 전례가 없는 일이었다. 그러나 이러한 견해차와 세계에서 가장 유동적인 두 시장에서 나타나는 상충되는 신호에도 불구하고 시장 변동성과 불확실성 또는 시장의 불안감을 나타내는 전통적인 지표들은 나날이 최고 기록을 경신하였다. 시장 변동성의 감소와 전반적인 리스크의 하락을 혼돈하기 시작한 시장 주체들이 너무 많았다. 그 결과 이들은 더욱 리스크가 높은 거래를 감행하였다. 결국 안전성이 의심되는 대출이 줄을 이었고, 시간이 지남에 따라 금융 기법이 고도화되면서 상당히 복잡한 투자 기법, 상품, 수단을 활용한 (미국의 주택 소유자들을 포함하여) 과도한 차입 열기가 지속적으로 확산되었다. 이러한 행태를 보고 런던 아이언브릿지 캐피털 매니지먼트(Ironbridge Capital Management)의 CIO인 스티븐 배로(Stephen Barrow)는 〈배런스(Barron's)〉와의 인터뷰에서 "금융공학은 부를 창출하지 않는다. 다만 그것은 부를 이전시킬 뿐이다"라고 지적한 바 있다.

그 후 나는 핌코와 HMC에서 팀원들과 경제 및 금융의 불규칙성을 설명하기 위한 활동을 수행하던 과정에서 세 가지 구조적 요인을 도출하게 되었다. 이 요인들은 단독적으로 또는 요인들 간의 상호작용을 통해 이례적인 신호를 발신하였다. 그 과정에서 기존의 모델 및 통상적 원칙에 혼란이 생긴 것이다. 물론 이들 요인이 유일한 원인은 아니다. 그렇지만 주된 영향력을 발휘한 변수들이어서 투자자와 정책 입안자들의 당혹감을 불러일으켰던 당시 현상은 이들 요인으로 상당 부분 설명될 수 있었다.

경고신호를 무시하다

이렇듯 이례적인 신호가 점차 널리 포착되었지만 시장 주체들은 충분히 대응하지 않았다. 현상에 대한 이해를 높이기 위해 새로운 분석 및 운영 원칙을 모색하는 대신에, 많은 투자자들은 전력 질주만을 계속하였고 더욱 많은 리스크를 떠안았으며 과거 지향적인 접근법에 기초하여 새로운 활동을 추진하였다. 당시 일부 정책 입안자들이 우려감을 표명하기도 했으나 이에 대해 특별한 조치를 취할 의사나 능력은 없는 듯하였다.

실제 대다수 시장 전문가들과 마찬가지로 정책 입안자들은 그동안 고수해 온 겉보기에 견실해 보이는 모델로는 더 이상 현재의 시대적 상황을 설명할 수 없게 되면서 점차 데이터에 의존하기 시작하였다. 이때 생성 빈도가 높은 경제 및 금융 정보는 원래 변동이 잦고 추가 수정이 요구되는 일이 많다는 것을 알면서도 이들의 데이터 의존도는 높아져만 갔다. 이런 상황은 필연적으로 무질서하게 전개되기 마련이다. 실제로 견고한 분석 원칙 없이 시장을 연구하게 되면, 발생 빈도가 높은 데이터 그리고 가격이 갑자기 변동할 경우 그 여파가 심각하다는 데에 문제가 있다.

이러한 문제가 제대로 드러난 사태는 짐작하다시피 2007년 여름에 시작된 사태이다. 그 후 한동안 긴장의 연속이었던 날들이 지났고, 그 동안 금융제도는 엄청난 타격을 입었다. 불길 속의 연기가 걷히자, 언론이 처음 제시한 대형 은행의 손실액 규모는 180억 달러에 달했고, 이후 도이체 방크(Deutsche Bank)가 상향 조정한 손실액 규모는 무려 4,000억 달러에 육박하였다.

그리고 메릴린치(Merrill Lynch)가 80억 달러를 대손상각한 데 이어 회사의 CEO인 스탠 오닐(Stan O'Neil)은 끝내 사임하였다. 시티그룹(Citigroup)의 CEO인 척 프린스(Chuck Prince)도 80~110억 달러의 추가 손실을 발표하며 뒤이어 사임하였다. 하지만 이것이 끝이 아니었다. 줄줄이 또 다른 사태가 기다리고 있었다. 몇 주 후 두 회사 모두 또 한 차례의 추가적인 손실 규모를 밝히면서 월스트리트를 경악케 했다. 그로부터 몇 주가 지나서 또 한 번의 추가적인 손실 발표가 있었다. 이러한 사태는 비단 두 은행만의 일이 아니었다.

초반 긍정적인 평가를 보였던 UBS도 곧 수십 억 달러에 달하는 서브프라임 모기지 부실에 따른 대손상각을 진행하였고, 이로써 그해에 전체 순손실을 기록하였다. 비슷한 사태들이 모건 스탠리(Morgan Stanley) 등 월스트리트와 유럽 곳곳에서 줄을 이었다.

실제로 골드만 삭스(Goldman Sachs)만이 당시의 혼란을 잘 헤쳐나간 유일한 투자은행이었다. 골드만 삭스는 재무구조를 보호하기 위해 긴급 자금 조달에 착수하지 않아도 되는 몇 안 되는 대형 금융기관 중 하나로 꼽혔다. 그러나 은행업계의 대혼란은 금융시장 전체를 놓고 볼 때 빙산의 일각이었다. 뒤이어 여러 모기지 업체가 파산하기 시작하였다. 시 정부 등이 발행한 지방채를 보증했던 AAA 등급 업체들은 대형 손실 및 등급의 하향 조정 가능성에 직면하여 긴급 자금 투입을 모색할 수밖에 없는 상황이었다.

이렇듯 금융 부문이 입은 치명타로 인해 각 정부와 중앙은행은 비상 경영체제에 돌입할 수밖에 없었다. 가장 극명한 예가 바로 미

정부의 파격적인 금리 인하와 긴급 경기부양을 위한 재정 정책의 실시이다. 그러나 당시 정부, 중앙은행, 감독 당국 등의 공공 부문에 대한 신뢰도는 바닥을 치고 있었다. 그 중에는 전면적으로 정책 방향을 선회하면서 세간을 들썩이게 한 영국 중앙은행도 포함된다. 사실상 거의 모든 선진국의 감독 당국은 어느 정도 비난의 표적이 되었고 신용등급 평가기관도 마찬가지였다.

메인 스트리트(실물경제) 역시 예외일 수는 없었다. 금융시장의 혼란이 전체 경기에 미친 파급 효과에 대해 우려가 제기되었다. '신용경색'이라는 말이 빠르게 회자되자 정치권의 주의가 집중되었고, 특히 미국에서는 여러 차례 의회 청문회가 열리게 되었다. 당시 청문회의 질의 내용은 가장 직접적인 혼란의 요인이 된 서브프라임 모기지 시장의 붕괴를 넘어 실제 및 잠재적인 여파까지 다루었다. 또한 소비자 보호의 실패 및 금융 규제의 와해, 금융 사기의 책임, 거의 기능이 마비된 머니마켓, 은행 간 거래의 취약성 및 신용등급 평가기관의 활동도 논의되었다. 또한 '인내 자본(patient capital)'이라고 일컫는 장기투자 자본의 안정화에 대한 역할 가능성을 검토하면서 일부 정치인들은 이들 자본의 투입을 반기는 대신 그 이면에 숨겨진 동기에 의심의 눈초리를 보내기도 하였다. 이러한 일련의 사태를 보건대, 사태의 장기적인 파급 효과에 대한 우려의 목소리가 제기되고 있는 것도 무리는 아니다. 일각에서는 이번 사태가 경기주기에 따른 일시적 하락이 아니라 세계화 과정의 기반이 통째로 무너질 가능성, 다시 말해 국경과 금융 수단 간의 경계를 초월한 시장 통합 움직임의 궤도 이탈 가능성을 우려하는 목소리가 제기되고 있다.

시장 충돌의 핵심 요인

최근 일부 전문가들의 반응을 보면 실소를 금할 수가 없다. 한때 금융 부문 세계화의 열렬한 지지 세력으로서 강도 높은 정책을 펴는 데 서슴지 않았던 이들이 지금은 기꺼이 그러한 명분을 버릴 수 있다는 반응을 보면 마치 어린 아이들의 축구 경기를 연상케 한다. 즉 양팀 아이들 모두가 떼 지어 소리치면서 공만 쫓는 것과 다를 바 없다. 비유하건대 이들의 접근 방식은 고학년 학생들의 축구 경기와 극명한 대조를 보인다. 경기에 대한 이해도가 높아지고 전략적인 태세를 갖추게 된 고학년 학생들은 경기장 내에서 본인의 포지션을 유지하고자 애쓰며 그에 따라 좀 더 공이 제대로 움직이게끔 경기를 진행한다. 그러나 한때 세계화를 부르짖던 이들 대부분은 어떤 전략적인 구상 없이 데이터에만 전적으로 의존하는 경향이 있다.

그렇다면 독자들은 시장의 소음을 설명할 구조적 요인이 도대체 무엇이며, 왜 시장 주체들은 적절한 분석 도구와 전략을 수립하지 못했는지 그 원인을 알고 싶을 것이다. 하지만 독자들은 다음 세 가지 구조적 요인을 이미 다양한 이름으로 경험하였다.

첫째, 전 세계 경제력 및 영향력의 근본적인 재편이다. 여기에는 이전까지는 광범위한 영향력을 거의 행사하지 못했던 국가들이 성장, 발전함에 따라 이들에게 점진적으로 힘이 이전되는 현상도 포함된다.

둘째, 채권자나 투자자 입장보다는 주로 채무자 입장이었던 몇몇 국가들이 금융 자산을 눈에 띄게 축적했다는 점이다. 덕분에 국부펀드가 광범위한 영향력을 가지게 되었고, 자본 구성을 다각화하려는 이들 국가의 의지가 강화되었으며, 그로 인해 선진국 정치권의 이목이 이들에게 집중되었다.

셋째, 새로운 금융 수단이 크게 증가해 각종 시장의 진입장벽이 근본적으로 변모했다는 사실이다. 앨런 그린스펀과 경제계 주요 인사 등 일각에서는 이러한 현상을 리스크 이전과 분산의 주된 원인으로 보고 있다. 한편 유명한 가치투자자 워렌 버핏(Warren Buffett) 등 또 다른 일각에서는 새로운 금융 수단의 급격한 증가 현상을 대량 금융 살상 무기에 준하는 '시한폭탄'이라고 비유하며 우려의 목소리를 내고 있다.

이 세 가지 구조적 요인들의 상호작용 결과 세계 경제와 금융 체제를 좌우하는 핵심적인 원동력은 지금까지 그리고 앞으로도 근본적으로 변화할 것이다. 즉 새로운 주체, 수단, 상품, 기관이 여러모로 중요성을 갖게 되고, 게다가 이들이 과거와는 다른 방식으로 새로이 얻은 영향력을 행사하면서 시장은 충돌하게 된다. 그간 시장 주체들이 빠르고 효과적인 대응에 실패했던 것도 어찌 보면 당연한 일이다.

이와 같은 시장 충돌 현상은 새로이 세계 경제의 성장, 무역, 가격 형성, 자본흐름 등의 변수를 좌우하게 된 과거에는 상상도 하지 못했던 결정 요인들의 등장을 통해 확인할 수 있다. 그리고 이들 변수는 투자 전략, 사업 모델, 정책 선택 시 매우 큰 영향을 미치게 될 것이므로 투자자가 심각하게 고려해야 할 대상이다.

또한 과거에 금융업계를 주도하던 지배 세력이 오늘날 어려움에 직면하게 된 것만 보아도 새로운 현실을 포착할 수가 있다. 한편 시장 간의 연결 지점도 변화하고 있음에 주목할 필요가 있다. 그 결과 투자자들은 분산투자 방식만으로는 더 이상 예전처럼 안심할 수 없게 되었다. 이 같은 상황에서 대안 투자 방식으로 새롭게 등장한 복잡한 성격의 '구조화 상품(structured products)' 및 이들 관련 투자 조직의 생산과 소비가 큰 폭의 변동을 나타낼 것으로 보이며, 그 결과 값비싼 시행착오를 겪을 수밖에 없을 것으로 보인다.

구조 변화에 따른 체증 현상

이와 같은 근본적인 구조 변화가 탐색이 어려운 또 다른 이유는 역사의 발전 배경에서 그 원인을 찾아볼 수 있다. 물론 뒤늦게 리스크를 인식하거나 리스크의 형태가 달라지기 때문이기도 하지만, 이러한 변화에는 금융시장의 소위 '배수관' 역할과 같은 기본 기능 및 하부구조의 재편도 수반되어야 한다. 그렇지만 많은 투자자들은 자의든 타의든 일단 계속해서 투자에 뛰어드는 경향이 있다. 발전의 기초로서의 하부구조가 건실하지 못하면, 즉 하부구조로부터 제대로 공급을 받지 못하면 시장의 건강은 결코 지속될 수 없다.

앞서 언급한 세 가지 구조적인 요인들은 복합적으로 작용하여 체증 현상을 유발한다. 한마디로 배수관이 새로운 거래와 과거의 거래를 모두 처리해 내지 못하는 것이다. 개별 기업의 경우 포트폴리오 관리자가 새로운 전략을 수립하고 이에 따라 수행하고자 하지만,

미들 오피스(middle office : 포지션 관리, 리스크 관리, 리서치 분석 등의 업무가 해당됨)와 백 오피스(back office : 어카운팅, 트레이딩, 회계처리 등의 업무가 해당됨)가 그러한 전략을 처리하고 유지할 능력이 부족하면 전략은 제대로 수행될 수 없다. 금융제도의 경우는 평가, 가격의 발견, 투명성, 효과적인 감독 등 기본 기능이 압도될 위험이 있기 때문에 체증 현상이 유발된다. 마찬가지로 정책 차원에서도 기존의 방편은 실효성이 떨어지기 때문에 이 같은 체증 현상이 나타난다. 금융 부문의 체증 현상을 해결하는 과정은 간단한 문제가 아니다. 게다가 비용도 높다. 문제점 자체뿐 아니라 부수적인 손상까지 해결해야 하기 때문이다.

투자자의 입장에서는 새로운 세계와 변화의 핵심 요인이 제도 및 조직 전반에 미칠 영향을 이해하는 것 이외에도, 안정 상태에 이르기까지 험난한 여정을 이해하고 항해해 나가야 하는 과제도 안고 있다. 게다가 시장의 사고와 정책적인 실수가 발생될 가능성까지 고려해야 한다. 동시 다발적인 구조 변화를 신속하게 파악하고 대응하는 것이 어렵기 때문에 과거 성공적이었던 투자자들뿐만 아니라 많은 투자자들이 투자세계에서 실패를 하거나 어려운 행보를 이어나갈 것으로 보인다. 또한 일부 기업은 실패할 것이고, 훌륭한 일부 정책 입안자들도 적절한 대응을 할 수 없을 것이며, 일부 국제 제도 및 조직이 존립 취지를 상실하는 상황도 발생할 것이다.

다행히 이러한 경우의 수가 제한적이기만 하다면, 이 같은 상황은 어쩌면 지속적인 영년 변화에 있어서 가벼운 '찰과상' 정도에 불과할 수도 있을 것이다. 많아진다면 세계는 실망스러운 경제 성장, 높은 실업률, 빈곤 증가, 무역 전쟁, 자본 통제, 금융시장의 불안으로 점철된 무질서한 조정 국면을 경험하게 될 것이다.

새로운 투자 환경의 도래

나는 이러한 상황을 배경으로 오늘날 진행되고 있는 근본적인 구조 변화를 자세히 분석해 보고자 한다. 그리고 그 과정에 있어서 변화 요인의 개별적인 여파는 물론, 복합적 여파로 탄생한 새로운 종착지에 대해서도 전망해 볼 것이다. 이를 통해 독자들은 경제 및 금융 변화의 시대에 부합하는 전략을 수립하고, 이를 수행할 개념적인 모델이라고 할 수 있는 분석 원칙을 도출해 낼 수 있을 것이다.

무엇보다 독자들이 새로이 대두되고 있는 범세계적인 장기적 변화의 특성과 여파를 이해하는 데 이 책이 도움이 되었으면 하는 바람이다. 이 같은 목적을 달성하기 위해 오늘날 시장이 당면한 과제와 그 해결 방안에 대해서도 자세히 다룰 예정이다. 그 과정에서 나는 가장 확률이 높은 장기적 결과(분포곡선의 '배' 부분에 해당하는 경우) 및 대대적인 위기의 가능성(분포곡선의 '왼쪽 꼬리' 부분에 해당하는 경우)에 초점을 맞추고자 한다.

또한 장기적 변화의 특성에 대한 이해를 돕기 위해 2007년 여름에 시작된 시장 혼란과 유동성 위기 등 최근 금융계 및 정책의 추이를 설명하는 기본 틀을 제시하고자 한다. 그리고 이러한 사태에서 발견되는 공통점, 즉 구조적 변화로서 새로이 등장한 활동이 기존 제도의 역량을 능가하는 경향 역시 살펴볼 것이다. 이 같은 금융 활동과 금융제도 간의 격차 때문에 개별 기업 및 국가 차원에서, 그리고 다국적 제도 전반에 있어서 조정 기간이 장기화될 것으로 보인다.

요컨대 최근의 금융 활동이 규제 및 감독 당국의 관할 영역을 크게 벗어나는 현상, 전 지구적 위기 상황의 진원지와 피해지의 변화, 특정 투자상품을 평가하는 데 있어서 경험하게 되는 애로 사항, 구조화 투자회사(SIVs, Structured Investment Vehicles) 및 기타 부외 거래(簿外去來 : 기업이나 은행이 대차대조표에 올리지 않은 금융 거래를 말함. 채무 보증, 금융 선물거래 등이 해당됨)의 방편인 콘듀잇(Conduit : 은행 등 금융기관들이 설립한 자산유동화 법인을 말함. 부동산, 카드채, 유가증권 등을 혼합해 유동화함. 긴 유동화 사채 발행은 불가능하고 유동화 기업어음만 발행할 수 있어 일반적으로 'ABCP 콘듀잇'으로 불림)의 확산, 새롭게 떠오른 국부펀드의 저력 등을 살펴볼 것이다.

마지막으로 고도로 발달한 은행체계가 막대한 압박에 시달리게 된 이례적인 모습과 과거에는 상상도 할 수 없을 만큼 활발했던 기업어음 시장이 폐쇄된 배경도 살펴볼 것이다. 또 투자자들이 갑자기 머니마켓펀드(MMF)와 주류 금융기관의 안정성을 우려하게 된 이유도 살펴본다. 그리고 고도로 발달된 시장 메커니즘을 갖춘 각국의 행정 당국이 긴급 경영체제에 돌입하고 그러한 대응을 실시해야만 했던 이유도 자세히 살펴보고자 한다.

CONTENTS

03 소음 속에서 중대한 신호 포착하기

04 새로운 세계에 대한 이해

WHEN MARKETS COLLIDE

최근 기존의 모델이나 관점, 경험으로는 설명하기 어려운 경제 및 금융 현상이 일어났다. 하지만 이러한 '이상 현상', '수수께끼'로 불리는 시장의 동요에도 불구하고 시장 주체들은 이를 단순히 '소음'에 불과하다고 일축하며 무의미하게 여겼다. 그러나 사실 이 현상은 거대한 파장을 일으킨 근본적 변혁 내지는 변화를 나타내는 신호였다.

세계 경제의
이상 징후

01

그린스펀의 수수께끼

지난 몇 년 간 기존의 모델이나 관점, 경험으로는 설명하기 어려운 경제 및 금융 현상이 발생했다. 하지만 이 같은 '이상 현상', '수수께끼'로 불리는 시장의 동요에도 불구하고 시장 주체들은 이를 단순히 '소음'에 불과하다고 일축하며 무의미하게 여겼다. 그러나 이 현상은 거대한 파장을 일으킨 근본적 변혁 내지는 변화를 나타내는 신호였다. 특히 2007년 여름에 시작되어 국제 금융제도의 근간을 뒤흔든 사태와 그 파장은 이를 여실히 보여준다. 이들 신호는 현재는 물론 미래의 투자자들에게 중대한 신호가 될 것이다.

　이와 같은 기현상과 불규칙성에 대한 반응 중 가장 잘 알려진 것이 앨런 그린스펀 전 연방준비제도이사회(FRB) 의장이 미 상원에 제출한 반기 통화 보고서의 한 대목일 것이다. 2005년 2월, 그는 이

보고서에서 "세계 채권시장의 예기치 못한 움직임이 수수께끼 (conundrum)로 남아 있다"고 밝혔다.

당시 그린스펀의 '수수께끼'라는 표현을 둘러싸고 핌코 거래장 내에서 일어났던 반응을 나는 아직도 생생히 기억한다. 당대의 가장 명망 있고 권위 있는 정책 입안자로 불리며 세계 경제를 좌지우지하는 그가 어떻게 미국 금리 곡선(수익률 곡선)과 같은 명확한 사실, 즉 시장 동향을 파악할 수 없는지 모두들 당황스러워 어안이 벙벙할 지경이었다.

그런 언급을 한 인물은 그린스펀뿐이 아니었다. 같은 해 하반기 〈이코노미스트〉지는 커버스토리로 당혹스러운 세계 경제에 관해 기사를 실은 바 있으며, 뒤이어 몇 달 후 전 미 재무부 장관이자 하버드대학 교수인 래리 서머스(Larry Summers)는 인도 뭄바이 (Mumbai)의 인도 중앙은행에서 열린 한 강연회에서 국제수지의 불균형 현상을 두고 "이 시대의 아이러니"라고 표현하였다. 서머스 교수가 지목한 것은 개발도상국에서 선진국으로 또는 빈국에서 부국으로 이동하는 거대한 자본흐름의 양상이었다. 이러한 흐름은 기존의 경제학 원리로는 예측할 수 없거니와 자본의 형성과 집중 등 자본주의적인 생산 메커니즘에도 배치되는 것이었다. 서머스는 "내가 아는 한 이 같은 현상은 예측된 바도 없고 예측할 수도 없었으며, 그로 인한 광범위한 파급 효과에 대해서도 제대로 연구된 바가 없었다"고 밝혔다. 또한 뉴질랜드 재무부 장관은 2006년 9월 〈파이낸셜 타임스〉와의 인터뷰에서 최근 자국 투자자들의 행태에 대해 질문하자 당황스러운 기색을 보이며 "그들은 무분별하고 비합리적이다"라고 지적하였다.

　최근의 현상을 지켜보면서 개인적으로 가장 큰 수수께끼는 투자자들의 반응이었다. 특히 구조적인 불확실성이 커진 가운데 고위험 상품의 과잉 생산 및 과잉 소비가 이루어지도록 금융계가 방치했다는 점 역시 알 수 없는 수수께끼였다. 대체로 불확실성이 커지면 투자는 위축되기 마련인데, 이들 현상이 반비례 관계를 나타내지 않고 정비례 관계를 오래 지속한 것에 대해 나 역시 다른 전문가들과 마찬가지로 놀라울 따름이다. 예를 들어 위험에 대한 대가라는 의미에서 리스크 프리미엄이 폭락한 상황에서 투자자들이 저평가된 리스크마저 감수하고자 했던 행태가 바로 그것이다.

　이런 현상의 정비례 관계는 다음과 같이 전개되었다. 일부 투자자들은 리스크 프리미엄의 전반적인 하락으로 낮아진 기대수익을 받아들이고만 있을 수 없었다. 그래서 추가 수익을 확보하고자 다양한 방편을 모색하였고 가장 좋은 방법이 차입투자, 즉 레버리지(leverage)라고 생각하였다. 투자자들은 대출을 받아 더욱 많은 돈을 다른 최선의 투자 수단에 투입하였고, 이는 자금 대출의 비용보다 기대수익이 높은 한 합리적인 선택으로 판단되었다. 하지만 손익 확대의 포지션(leveraged position)으로 리스크 프리미엄은 더욱 낮아지고 또다시 투자자는 차입을 받는 상황이 이어졌다.

이와 같은 일련의 순환 구조는 설명하기 어려운 수많은 현상이 벌어지는 혼란한 상황에서도 투자자들이 놀라울 정도의 차분함과 자신감을 보였던 수많은 이유 중 하나에 불과하다. 많은 투자자들이 기현상의 원인이 제대로 밝혀질 때까지 관망세를 유지하기는커녕 너도나도 위험도가 높은 거래와 더 많은 차입투자를 감행하였다.

더욱이 월스트리트에서는 갈수록 구조가 복잡한 투자상품을 만들어내어 과열 양상에 불을 지폈다. 예를 들어 '내재 차입금(embedded leverage)'을 허용하는 상품을 만들어냄으로써, 결과적으로 낮은 수준의 기대수익을 확대할 수 있다고 믿는 투자자들의 심리를 더욱 부추긴 셈이 되었다. 이런 사태에 대해 각국의 정책 입안자들은 우려의 목소리를 나타냈다. 하지만 파티에 참석한 사람들이 술에 취해서 엉망이 되기 전에 그 누구도 술병을 치우기 위한 실질적인 조치를 취한 이는 없었다.

몇 달 후 세계 경제는 대대적인 시장 혼란에 빠져들었다. 지난 25년간 발생했던 국제적인 금융 위기 때와는 달리 이번에는 세계에서 가장 발달된 경제, 금융의 중심부라고 불리는 미국이 그 혼란의 진원지였다. 이에 무엇보다 통화 당국과 밀접한 시장들이 타격을 받았다. 바로 은행 간 거래이다. 이러한 시장 혼란의 결과는 실로 상상을 초월했다.

예를 들어 미 재무부 채권시장에서는 하루 동안 무려 100포인트 이상 변동 폭을 보이며 금리의 이상 움직임이 나타났다. 그 중 최소한 한 차례는 유동성과 시장 자본이 너무도 이례적으로 잠식되면서 일어난 상황이었다.

이처럼 업계 전반에 걸친 현상은 통상 타 부문에 대한 피해를 동반하거나 전염성을 띠면서 계획성 있고 합리적인 사람들마저도 예금인출에 가세하여 은행 창구에 줄을 서게 만드는 경향이 있다. 또한 과거의 사례에 비춰볼 때 이 같은 경우 파급 효과는 선진 금융제도를 갖춘 타 선진국이 아닌, 금융제도가 취약한 신흥 경제국이 고스란히 떠안곤 한다.

실제로 엄청난 예금의 인출 현상이 발생하였다. 하지만 그것은 신흥 경제국이 아닌 서구 열강인 영국에서 발생하였다. 충격에 빠진 영국 정부는 모든 은행의 예금을 보증하기에 이르렀고 권위를 자랑하던 영국의 중앙은행마저도 공공 정책의 급전환을 발표하였다. 예전 같으면 이 경우 신흥 경제국의 재무 장관 및 중앙은행장 혹은 국무총리나 대통령까지 옷을 벗었을 정도의 큰 타격이 발생하였을 것이다. 하지만 이번에 옷을 벗은 이들은 다름 아닌 세계적인 은행의 CEO 및 기업의 고위 경영진이었다.

그 외에도 이상 현상은 계속 발생하였다. 흥미로운 사실은 상당수의 이상 현상이 비단 한 시장이나 국가 또는 동일한 시장 주체에 국한되지 않았다는 사실이다. 여러 영역에서 동일한 현상이 빚어졌다. 여기서 한 가지 주목할 점은, 주로 연쇄적으로 일어나던 불규칙성이 이번에는 '동시 다발적'으로 일어났다는 사실이다.

따라서 수많은 기현상이 공존하는 가운데 기존의 투자 기법이 효력을 상실한 것은 어찌 보면 당연한 일인 듯 보인다. 기존의 전략과 사업 모델은 더 이상 세계 경제를 주도하는 지금의 역학 관계를 제대로 반영하지 못한다. 또한 예전에는 그저 저부가가치 활동만 해왔기 때문에 유력 주자로 여겨지지 않았던 국가들이 지배적인 세력들에게 도전장을 내밀고 있다. 동시에 정책 방안 및 조율 장치들은 갈수록 그 의미와 실효성을 상실하고 있다.

나는 최근 대두된 이상 현상들의 특성을 자세히 살펴보고자 한다. 특히 시장 및 정책 사안과 관련된 주제를 집중적으로 분석해 볼 것이다. 나는 이 같은 분석을 통해 불규칙성 속에 변화를 알리는 중요한 신호를 포착해 낼 수 있을 것이라고 생각한다. 그리고 분석을 통해 기대수익과 기대 위험을 좌우하는 국제 성장, 무역, 가격 형성, 자본흐름 등의 펀더멘털이 향후 어떻게 바뀔지를 전망해 보고자 한다.

국제수지의 불균형과
개발도상국의 위상 변화

오늘날 경제학 교과서에서는 여전히 세계 경제에서 자본이 개발도상국에서 선진국으로 유입되는 것을 자연스러운 자본흐름이라고 설명한다. 이러한 주장의 근거는 개발도상국의 자본이 희소하기 때문이며, 따라서 선진국보다 투자자금 단위당 잠재적인 기대수익이 더 높을 수 있다고 보기 때문이다. 또한 개발도상국 금융 부문의 상대적인 낙후성은 비교적 저렴한 개발도상국의 인건비 때문이기도 하다. 이러한 두 가지 요소 때문에 선진국에서 개발도상국으로 투자되는 자본의 한 단위당 기대수익은 높아진다.

하지만 이러한 자본흐름은 특정 위험 요소로 인해 중단되거나 역행될 수 있다. 예를 들어 자본 통제나 전면적인 국유화, 사유재산의 압수 등 자본 유출을 막는 장벽이 발생될 가능성이 있을 경우 개발도상국으로의 자본흐름이 저해될 수 있다. 사실 배당금, 수익, 원금을 정당하게 본래의 투자국으로부터 회수할 수 없다면 개발도상국에 투자할 이유는 없기 때문이다. 이렇듯 자본 유출을 막는 장벽으로 인해 전반적인 자본흐름의 방향은 바뀔 수 있다. 그렇다 보니 종종 개발도상국의 국민들마저도 보유 자산을 보호하거나 은닉하기 위하여 자금을 해외로 이전시키는 등 자본의 도피 현상이 발생하여 국제 자본흐름의 방향이 뒤바뀌는 일이 잦았다.

〔그림 1.1〕에서 알 수 있듯이 지난 몇 년 간 개발도상국의 대외수지는 과거의 실제 추세와 미래의 예측 추세 모두 급격하고도 지속적인 변동을 보였다. 예를 들어 1990년대 말 개발도상국 대외 수지의 적자흐름은 시간이 지나면서 뒤바뀌어 큰 폭의 흑자세가 시작되었다. 즉 개발도상국이 투자액 이상을 저축했다는 의미이다. 이러한 흑자는 규모도 크고 지속적이어서 거대한 외환보유고의 축적으로 이어졌다. 2007년 기준으로 볼 때 중국의 외환보유고는 이때까지 3년 연속 국내총생산(GDP)의 10% 정도에 달하는 속도로 확대되었다.

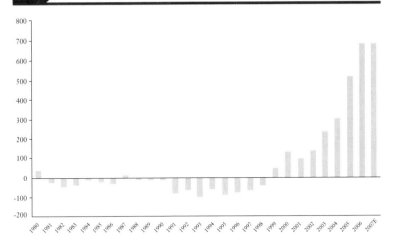

그림 1.1 개발도상국 대외 수지의 급격한 변동*

단위 :10억 달러

* 개발도상국 및 신흥 공업국 경제를 포함

출처 : 2007년 10월 IMF의 〈세계 경제 전망(WEO, World Economic Outlook)〉 보고서

이러한 개발도상국 흑자수지의 이례적인 측면은 흑자 추세와 발맞춰 경제 성장 및 대외 수입이 줄지 않고 확대되었다는 것이다. 이는 과거 개발도상국에서 제약 조건이 까다로운 경제 정책에 의존하여 흑자를 창출하던 상황과는 극명하게 대비된다. 과거 개발도상국이 최근에 실현되고 있는 수준의 흑자를 기록하려면, 정부가 소비를 줄이고 세금을 올리는 동시에 자국 통화를 평가절하하는 정책을 추진하였을 것이다.

하지만 한마디로 지난 몇 년은 달랐다. 개발도상국은 경기 둔화가 아닌 경제 성장세를 지속하면서 흑자세를 유지하였다. 게다가 흑자의 상당 부분을 꾸준히 저축하였다. 이와 같은 유례없는 현상은

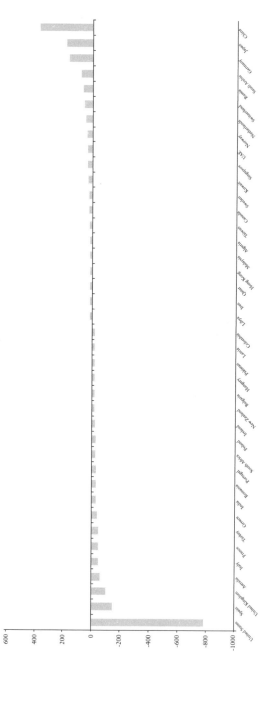

단위 : 10억 달러

그림 1.2 극심한 비대칭을 보인 국제수지 불균형 분포

출처 : 2007년 10월 IMF의 〈세계 경제 전망〉 보고서

48

또 하나의 이상 현상을 낳았다. 가장 눈에 띄는 예는 미국이 개발도상국들 덕분에 큰 폭의 경상수지 적자를 감당할 수 있었다는 점이다. 실제로 미국의 적자 규모는 한때 전 세계 저축액의 90% 이상을 잡아먹기도 했다. 물론 미국의 적자 폭이 국제 저축에 미치는 부담은 감소하긴 했으나, 각국의 국제수지 불균형 분포는 여전히 한쪽으로 편중되어 나타났다. 바로 미국의 국제수지가 타국과 비교해서 유난히 두드러지게 불균형적인 상태를 나타내고 있다는 점이다([그림 1.2] 참조).

핌코에서는 이 같은 국제수지 불균형의 과도한 이상 현상을 '안정적인 불균형(stable disequilibrium)'이라고 불렀다. 미국의 적자 규모는 분명한 불균형의 신호였다. 미국의 적자를 낮은 금리로 충당해 준 개발도상국들 덕분에 불균형은 적어도 단기간은 안정적으로 유지되었다. 그 과정에서 신흥 경제국('신흥 경제'에 대한 명확하고 표준화된 정의는 아직 없지만 분석상 여기서는 IMF와 세계은행의 정의를 기준으로 하였다)들은 미국의 채권국이 되었다([그림 1.3] 참조).

상대적으로 가난한 나라들이 부유한 나라에 돈을 빌려주는 상황을 한번 상상해 보라. 이는 곧 이들 빈국이 해당 부국에 대해서 가지는 권리가 커진다는 뜻이다. 선진국 자산의 소유자로서 영향력이 커진 개발도상국의 입에서 이제는 자금 분배의 계획에 대한 이야기만 나와도 세계 시장에는 큰 입김으로 작용하는 것이다. 예를 들어 채권가격의 형성, 특정 기업에 대한 평가, 환율의 움직임을 살펴보면 이들의 영향력을 실감할 수 있을 것이다.

이와 같은 현상은 개발도상국의 입지가 채무국에서 채권국으

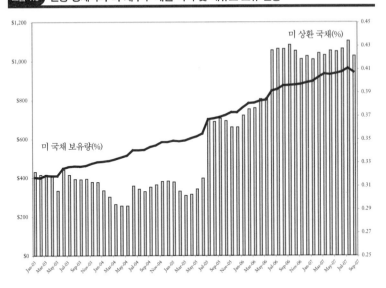

그림 1.3 신흥 경제국의 미 재무부 채권 축적 및 대규모 보유 현황*

* 중국, 타이완, 석유수출국기구(OPEC) 회원국, 한국, 홍콩, 멕시코, 싱가포르, 인도, 브라질, 태국, 폴란드, 이스라엘, 터키 포함

출처 : 미국 재무부, '해외 자본 유출입 동향(TIC, Treasury International Capital)' 데이터

로 바뀌면서 투자자들이 세계 경제 속에서 자국의 위상을 점차 달리 인식하게 되는 계기가 되었고, 앞으로도 그럴 것임을 알려주는 수많은 징후 중 하나에 불과하다. 실제 그 변화의 규모는 어마어마했다. 한편 포트폴리오 구축 및 외국인 직접투자 등을 통한 외환보유고의 축적 움직임에 불을 붙였던 거대한 규모의 자본수지 흑자도 그 계기로 작용하였다.

불과 몇 년 전만 해도 개발도상국은 경제적 어려움을 유발하는 주된 진원지였다. 따져보면 1980년대 라틴아메리카의 잃어버린 10년 동안 세계 경제가 입은 피해는 경제 침체, 사회적 여건 악화에만 그친 것이 아니었다. 미국 및 다른 여러 나라의 머니 센터 뱅크(money center bank : 대규모 상업은행)의 존립 자체가 라틴아메리카의 부채 재조정으로 휘청거렸다. 1994~1995년 멕시코의 '데킬라 위기(Tequila crisis)'가 이를 여실히 보여준다. 당시 미국은 수백만 멕시코 국민이 심각한 경제 위기와 높은 실업률을 피해 국경을 넘어 미국으로 몰려올지도 모른다는 걱정에 대규모 긴급 지원이라는 대응책을 마련해 놓아야 했다. 이외에도 1997~1998년의 아시아 외환 위기, 1998년의 러시아 채무불이행 사태가 잇따랐고, 이는 미국의 대표적인 헤지펀드 롱텀 캐피털 매니지먼트(LTCM, Long-Term Capital Management)의 파산 사태로 이어져 국제 금융체제의 안정을 위협하기도 했다.

최근 개발도상국이 과거와 같은 전면적인 위기를 일으킬 가능성은 감소했지만 국제 불안을 야기할 가능성은 커졌다는 인식이 확산되고 있다. 이는 수년 전만 해도 상상할 수 없었던 인식의 변화이다. 또한 세계 경제 성장에 대한 신흥 경제국의 기여도 측면에서나, 미국 정부, 은행, 중개업체, 기타 민간 부문의 사업체에 대해 개발도상국이 대규모의 자금을 기꺼이 제공하고 있다는 점 때문에 이 같은 인식은 점점 더 굳어지고 있다.

2007년 여름에 시작된 국제 금융시장의 대혼란 와중에 신흥 경제국의 국제적 위상 변화가 부각되었다. 선진국 여신시장의 일부가 와해되고 은행 간 활동이 마비될 정도로 심각한 시장 혼란에 직면했을 때에도 신흥 시장은 대단한 회복력을 보여주어 많은 이들을 놀라게 하였다. 더욱 놀라운 것은 이들 신흥 경제국 중 일부가 시티그룹, 메릴린치, 모건 스탠리, UBS 등 대표적인 서구 금융기관의 자생력을 보호하는 데 중심적인 역할을 했다는 점이다.

심지어 일부 신흥 경제국의 경우는 회복력만 보여준 데 그치지 않고 사실상 시장 안정화를 주도하였다. 예를 들어 2007년 11월 27일 아랍에미리트 아부다비 투자청(ADIA)은 시티그룹에 75억 달러에 달하는 자금을 투입하겠다고 발표하였다. 이로써 ADIA의 전환사채가 일반주로 의무 전환됨과 동시에, ADIA는 시티그룹 최대의 단일 주주(5%에 약간 못 미치는 지분율)가 되는 것이다. 이러한 ADIA의 발표는 시티그룹의 대규모 대손상각에 투자자들이 부정적으로 반응하면서 주가가 폭락한 직후에 나온 것이었다. 그 전날 주가는 29.8달러로 장을 마감해 연초 대비 40% 이상 폭락을 기록하였다. 게다가 이 기간 다우지수는 4.4% 상승했었다. ADIA의 발표가 전해지자 시티그룹의 주가는 그 주의 거래 기간 동안 12%가 회복되었고, 그 다음 주에는 4%가 추가로 더 회복되었다. 이는 다우지수가 500포인트 이상의 회복세를 보이면서 당시 5년 내 최대 수준의 반등세를 기록하는 데에도 주된 역할을 하였다.

한편 몇 주 후 UBS는 100억 달러의 서브프라임 손실을 발표하면서 시티그룹의 전철을 밟아 싱가포르 투자청이 보유한 국부펀드에 지분을 매각하겠다고 밝혔다. 시티그룹처럼 UBS에 대한 자금 투입 역시 향후 주식 지분으로 전환될 채권을 발행하여 진행되었다. 이에 대해서도 시장은 대규모의 장기투자 자본인 인내 자본이 유입되어 안정화를 주도할 것이라는 전망이 현실화되고 있다며 호의적으로 반응하였다. 이후 모건 스탠리도 2007년 12월 대형 손실 발표와 함께 아시아에서 50억 달러의 자금을 확보했다고 발표했다. 중국은 중국투자공사를 통해 모건 스탠리의 지분 10%에 해당하는 전환사채를 매입하였다.

한마디로 세계 경제에서 차지하는 개발도상국의 광범위한 역할은 지금까지와 마찬가지로 향후에도 확대되고 변화될 것이다. 이는 불과 몇 년 전만 해도 금융업계에서는 상상조차 할 수 없었던 일이며, 더욱 놀라운 것은 지금의 변화는 전반적인 변화의 일부에 불과하다는 사실이다. 〈파이낸셜 타임스〉의 경제부 편집자인 마틴 울프(Martin Wolf)는 2007년 시장 혼란의 원인을 설명하면서 선진국과 신흥 경제국 간의 역할이 바뀌는 현상을 두고 "미국 자체에서 일어난 여신 확장과 금융 혁신이 그 주범이다. 비주류 경제의 족벌 경영이나 정경유착에 의한 경제체제인 '정실 자본주의(crony capitalism)'를 탓할 것이 아니라, 세계 경제의 핵심부에서 일어난 무책임을 탓해야 한다"고 밝혔다.

금리 수수께끼

강조하건대 이러한 기현상은 보다 큰 전체적인 현상의 일부에 불과하다는 사실이다. 앨런 그린스펀의 저서 《격동의 시대(The Age of Turbulence)》(2007년)를 살펴보면, 세계 최대의 채권시장이 직면한 금리 움직임의 수수께끼에 대한 일면이 잘 나타나 있다.

"나는 FRB의 통화 정책국장인 빈센트 레인하트(Vincent

Reinhart)에게 대체 어찌된 노릇이냐고 불평을 토로했다. 연방기금 금리를 인상했는데도 10년 만기 재무부 채권 수익률이 오르지 않고 오히려 떨어졌기 때문에 당황스러웠다. 긴축 경기가 시작되는 시점에서 수익률 악화라는 지극히 이례적인 현상이 발생하였다."

2005년 2월 의회의 증언에서 그린스펀은 이 같은 현상을 자세히 설명하며, "최근 몇 개월간 FRB에서 연방기금 목표금리를 150포인트나 인상했음에도 불구하고 장기금리는 낮아지는 경향을 보였다. 이는 대부분의 경험과는 반대되는 현상으로, 장기금리의 상승은 일반적으로 단기금리의 상승으로 이어졌던 것이 보통이다"라고 밝혔다. 그린스펀의 말은 이 금리 수수께끼가 시장에서 결정되는 모든 금리에 영향을 미쳤음을 암시하고 있었다.

또한 그린스펀은 장기채권을 언급하며 "지금껏 긴축적인 통화 정책을 시행하면 장기금리마저도 상승하는 경향이 있었다. 그러나 최근 사태를 보면 단기금리가 상승하는 동안 장기금리는 하락하였다. 실제로 지난 6월 6.5% 수익률을 냈던 10년 만기 채권이 지금은 5.25% 수익률 수준이다"라고 밝혔다. 마지막으로 그린스펀은 이 같은 수수께끼 현상이 미국 국경 밖에서도 일어나고 있다고 덧붙였다. 이런 기현상이 다른 선진국에서도 확인되고 있다는 것이었다.

그린스펀이 설명한 기현상은 급기야 수익률 곡선이 전도되는 현상으로까지 이어졌다. 즉 장기금리가 만기가 짧은 단기채권 금리 보다도 아래로 떨어졌던 것이다([그림 1.4] 참조). 한마디로 저축하는 사람들은 처음부터 더 낮은 이자를 받음으로써 장기채권에 투자한 대가로 보상이 아닌 손해를 입은 것이다.

그림 1.4 FRB 금리 인상과 함께 일어난 미국의 수익률 곡선 전도 현상

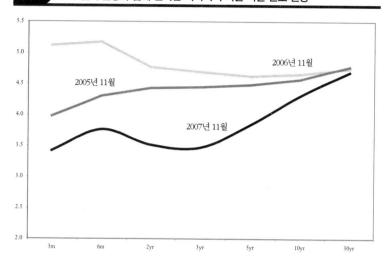

출처 : 〈블룸버그(Bloomberg)〉

이와 같은 수수께끼에 대해 여러 의견이 제시되었다. 즉 이례적인 전 세계의 자본흐름을 지목한 의견도 있었고, 제도적인 원인을 꼽는 의견도 있었다. 전자에 해당하는 적합한 예는 '과잉 저축' 가설이다. 이는 벤 버냉키(Ben Bernanke)가 그린스펀 의장 후임으로 취임하기 전 FRB 경제자문위원회(Council of Economic Advisors)에서 이사로 재직하던 당시 제시한 설명이다. 버냉키의 가설에 따르면 미국의 대규모 경상수지 적자가 다른 나라의 적자 사례보다 오래 지속될 가능성이 높다고 한다.

버냉키의 논리는 간단하다. 개발도상국이 예상외의 경상수지 흑자를 기록하면서부터 이들 개발도상국의 중앙은행(새로이 등장한

국부펀드와 함께)은 신중한 태도를 견지함과 동시에 모두가 예상했던 대로 움직였다. 즉 흑자세의 지속성 여부를 보다 정확하게 판단하고 고도화된 자산관리 전략이 마련될 때까지 일단 매입이 가능한 투자 상품 중 가장 리스크가 적고 유동성은 높은 금융 자산인 미 재무부 채권을 사들인 것이다. 처음 이들은 단기채권을 집중적으로 공략했으나 외환보유고의 축적 움직임이 탄력을 받으면서 보다 만기가 긴 채권 및 기타 자산에까지 투자 대상을 확대하였다.

이와 같은 매입 형태는 철저한 이윤 극대화를 추구한 것이 아닌 안전성과 유동성을 고려한 것이었다. 다시 말해 공고하고 유동성 있는 시장을 구축하고 있고, 국채 관리 정책의 예측 가능성이 높으며, 역사적으로 재산권과 법치주의를 존중하고 있다는 점에서 미 재무부 채권의 투자가 보상받는 것이지 수익률로 보상받는 것은 아니었다. 신흥 경제국의 매입세는 미 재무부 채권가격의 상향 압력으로 작용하였고 FRB가 연방기금 금리를 크게 높였음에도 불구하고 수익률은 더욱 떨어졌다. 신흥 경제국이 최고의 수익성을 보장하는 상업적인 기회를 좇는 것이 아님이 드러나면서, 시장에서는 이 같은 움직임을 '비경제적', '비상업적' 행태라고 불렀다.

편협한 이익 극대화라는 관점에서 비경제적인 것으로 판단되는 투자 행태를 보인 것은 국부펀드만이 아니었다. 일부 연금기금 역시 채무 면역용으로 미 재무부 채권을 매입하였다. 연금 가입자의 연금 수령의 시기가 아직 멀었으므로, 이 기금은 '채무 주도형 운용 (LDIs, Liability-Driven Investments : 초과 수익을 추구하기보다는 위험-면역에 초점을 맞춘 보수적인 위험 회피 성향의 투자 전략)'으로 투자

하여 미래 지급액의 일부는 리스크가 없는 현금과 연금 지급 시기에 근접한 파생상품을 매입했다가 충당하는 것이 합리적이었다. 그러나 이미 설명했듯이 재무부 채권 매입의 목적은 전적으로 채무 상환의 시기를 일치시키고자 한 것이지 수익 가치를 노린 것은 아니었다. 마찬가지 현상이 영국에서도 벌어졌다. 그 결과 미국과 영국에서 모두 수익률 곡선이 과거와는 반대로 하강 곡선을 그렸다.

시장은 경제 전망을 예측할 수 있는 공공 부문보다 훨씬 정확한 예측 지표라는 말이 있다. 그래서 연방 공개시장위원회(FOMC, Federal Open Market Committee)가 수차례 인플레이션에 대한 경고를 내놓았음에도 불구하고 시장에서는 대대적인 경기 둔화의 전망을 알리는 신호가 나왔고, 이로써 통화 당국이 금리를 적극적으로 인하해야 한다는 예측이 나왔다. 이에 따라 장기금리는 FRB가 유지해 왔던 금리 수준 이하로 떨어졌다. 흥미로운 것은 주식시장의 분위기는 채권시장의 분위기와 달랐다는 것이다.

결과적으로 수익률 곡선은 정상을 되찾았지만 그렇게 되기까지 대대적인 금융시장의 혼란을 경험해야만 했다. 서브프라임 모기지 사태의 파급 효과에 대한 불안 심리와 이와 관련해 수많은 금융기관이 직면할 어려움 등 신용경색의 우려가 확산되면서 전 세계 각국의 중앙은행들은 대규모 유동성 투입에 나서야만 했다. 게다가 FOMC는 2007년 9월 금리를 50포인트 인하하였고, 10월과 12월에 각각 25포인트를 추가 인하하였으며, 긴급 금리 인하 조치를 통해 75포인트를 인하한 것까지 포함하여 2008년 1월 125포인트를 추가적으로 인하하였다.

동시에 FRB는 높아진 할인율과 연방기금 금리 간의 격차를 줄이기 위해 특단의 조치들을 취했고 단기 경매 방식 대출 시스템(TAF, Term Auction Facility : 외환시장에 달러화를 효율적으로 공급하는 방법으로 '단기 자금대출'이라고도 함)을 도입해 직접적으로 대규모의 유동성을 투입하였다. TAF로 은행들은 자신들의 보유 자산을 유동화할 수 있었다. 미 의회 증언에서 버냉키는 "TAF의 목적은 은행의 현금 축적을 억제하고, 가계 및 기업에 대한 대출을 장려하기 위한 것이다"라고 밝혔다.

유동성 시장의 위기

금리 수수께끼의 또 다른 특이점은 금리 추이가 전도된 시점이 활발한 경제 성장세의 지속이 예상됨에 따라 미 주식시장이 공고한 가격 상승세를 보일 때였다는 점이다. [그림 1.5]에서 알 수 있듯이 미국의 주가(다우존스지수와 S&P 500지수 기준, 기술주 중심의 나스닥 제외)는 채권 수익률 곡선이 전도된 시점에 사상 최고점을 연일 갱신하며 치솟았다.

미국의 채권시장 및 주식시장은 세계 최고의 유동성을 자랑하는 시장이다. 따라서 경제학자들은 이 두 시장을 정보처리와 가격형성에 있어서 가장 효율적인 시장이라고 간주한다. 하지만 이 두 시장에서 세계 최강 경제 대국의 전망에 대한 상반된 신호를 보내왔고, 게다가 상반된 신호들은 동시에 감지되었다.

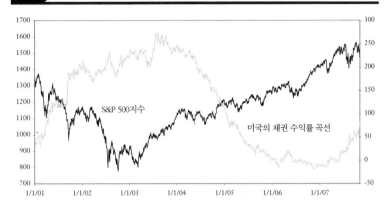

그림 1.5 미국의 채권 수익률이 전도될 때 주가의 움직임

S&P 500지수

미국의 채권 수익률 곡선

1700
1600
1500
1400
1300
1200
1100
1000
900
800
700

300
250
200
150
100
50
0
-50

1/1/01   1/1/02   1/1/03   1/1/04   1/1/05   1/1/06   1/1/07

※ 미국의 채권 수익률이 전도될 때 주식은 연일 최고가를 갱신하였다.

출처 : 〈블룸버그〉

이에 대해 다시 한 번 다양한 의견이 제기되었지만 어떤 설명도 의미 있는 공감대를 형성하지는 못했다. 일부 의견은 공고한 주식시장이 탄탄한 기업의 재무구조를 반증하는 것이라고 판단하였다. 기업의 보유 현금이 매우 풍부해 배당금의 지급 규모가 높아지고 주식 환매에 대한 구상을 추진할 가능성이 커졌다는 것이다. 또 다른 의견은 전반적인 세계 경제의 활황 및 미국 기업이 갈수록 해외 판매를 통해 확보하는 이익이 커지고 있다는 점을 지목하였다.

세 번째 강조된 시각은 사모펀드(PEF, Private Equity Fund : 소수의 개인 및 법인 투자자들을 대상으로 자금을 모아 기업 경영권에 참여해 기업가치를 높인 뒤 큰 수익을 얻는 고위험, 고수익 형태의 펀드)의 영향력이다. 즉 사모펀드 업체가 다량의 현금을 끌어들였고, 과도하게 관대한 금리 및 계약 조건으로 인해 차입이 가능했다는 점을 지목하였다. 때문에 사모펀드 업체는 주가 하락의 징조만 보이면 즉시 기업공개를 통해 보유 지분을 처분하는 방식인 'PTP(Public-To-Private)' 거래를 통해 공개기업을 인수할 수 있었다. 이러한 움직임을 포착하고 이해하게 된 일부 투자자들은 즉시 전면에 나서 사모펀드 투자에 가세하기도 했으며, 일부 투자자들은 특정 기업에 대해 사모펀드들이 관심을 보인다 싶으면 시장 전반의 가격 자체를 재조정하기도 했다.

미국 주식시장과 채권시장이 상반된 추이를 보인 이유와 그 추세가 이토록 오래 지속된 이유를 확실하게 판단할 수는 없다. 그러나 한 가지 분명한 것은 이 현상을 단순히 시장의 '소음'으로 무시하지 말아야 한다는 것이다. 특히 이상 현상이 여러 수수께끼 같은 사건을 동반할 때는 더욱 그렇다. 다행히 이 모든 사태의 실체가 조금씩 밝혀지고 있다. 이들은 현저한 변화를 나타내는 조짐이었던 것이다. 실제로 많은 투자자와 정책 입안자들이 소음으로 생각했던 상황이 국제 금융제도의 재편을 알리는 중대한 신호였다. 그리고 국제 통화제도 및 시장 근간의 일부가 특히 이 같은 변화에 취약했음이 명확히 드러났다.

다음 장에서는 이 같은 현상으로 인해 치러야 했던 값비싼 대가에 대해 구체적으로 살펴보도록 하겠다.

WHEN MARKETS COLLIDE

2007년 세계 금융시장 혼란의 진원지가 미국이 될 것이라고 예측한 사람은 극소수에 불과하였다. 그리고 이 사태가 미국 금융제도의 신경을 마비시킬 것으로 예상한 사람도 극히 드물었다. 하지만 2007년 8월 17일을 전후로 며칠 동안 세계 최고의 전문성을 자랑하는 미국의 금융시장은 거의 마비 직전까지 갔으며, 현재까지도 위기 상황은 해소되지 않고 있는 실정이다.

금융 중심부의
혼란

: 국부의 이동

02

IMF의 역할에 대한 재고찰

국제 시장의 '감시자' 역할로서 남보다 빠르게 즉각적인 행동을 취해야 하는 전문 기구라면 누구보다 먼저 시장에서 들리는 소음 속 신호를 정확히 감지하고 예측해 낼 수 있어야 할 것이다. 더욱이 전 세계의 회원국으로 구성되어 있고 조직의 설립 조약에 근거하여 위임된 권한을 지닌 국제기구라면, 국제사회의 안위를 증진하기 위한 변화의 주역이 되어야 하는 것이 마땅하다.

결국 이들의 설립 취지는 국내 및 국제적인 고려 사항을 조율하는 것이 목적이기 때문이다. 그러나 사실상 이들은 현재와 미래보다는 여전히 과거의 임무를 수행하는 데 적합한 구조를 띠고 있다.

전통적으로 국제통화기금(IMF)은 국제적인 활동을 맡고 있으며, 현존하는 가장 권위 있는 다자간 기구로 인정받아 왔다.

그러한 IMF는 다음의 몇 가지 권한과 특징을 가지고 있다.

- IMF는 사실상 전 세계를 아우르는 회원국으로 구성되어 있다. 2007년 말 기준으로 185개국이 참여하고 있다.
- 다국적 인력으로 조직되어 있는 동시에 가장 많은 경제학 박사 학위 소지자를 보유한 조직이며, 이들 실무자들은 실제 정책들을 직접 다룬다.
- 세계 각국에 대한 독보적인 접근권을 가진다. IMF 회원국은 설립 조약에 입각해 정기적으로(주로 연례적으로) IMF 방문단의 점검을 받는 등 다수의 의무 조항에 합의해야 한다.
- 국내 정책을 '감시'하고 보완한다는 권한으로 국제적 의무 사항을 집행한다.

이와 같은 특징을 감안하면 지난 몇 년 간 전 세계에서 전개된 상황, 이를테면 국가 정책의 불확실성, 이례적인 형태의 국가 간 자본흐름의 등장, 국제사회 질서를 침해하는 요인에 대한 국가 차원의 대응 능력 부족 등의 사안에 대해 IMF가 효과적으로 대처했을 법도 하다. 그러나 실제로 그러했을까? 안타깝게도 IMF는 고전을 면치 못하였다.

IMF의 당면 과제

2005년 IMF 총재였던 로드리고 드 라토(Rodrigo de Rato)는 당시 IMF의 당면 과제에 대해 언급하면서 "과연 IMF가 앞으로 전개될 거대한 거시경제적 과제에 대처할 만반의 준비가 되어 있는지 의문이다"라고 밝힌 바 있다. 또한 그는 "IMF가 변화하는 세계 속에서 존재 의미를 유지할 의무가 있다"고 덧붙였다.

이보다 더 단도직입적인 발언도 있다. UC 버클리대학의 경제학 및 정치학 교수인 배리 아이켄그린(Barry Eichengreen)은 IMF를 "유동성의 바다에 떠 있는 방향타 없는 배"라고 묘사하였다. 또 미국의 전 국제 문제 담당 재무 차관인 팀 애덤스(Tim Adams)는 임기중에 공식석상에서 "IMF가 운전석에 잠들어 있다"고 일침을 가했다. 또한 골드만 삭스의 수석 경제학자인 짐 오닐(Jim O'Neil)은 "규모가 큰 개발도상국 가운데 과연 어떤 나라가 IMF를 필요로 하겠으며 IMF의 의견에 신경이나 쓰겠는가?"라고 말할 정도였다. 카네기

멜론대학의 아담 레릭(Adam Lerrick)은 "각국 정부의 수반들은 더이상 IMF의 계획에 긴장하지 않는다. 더 이상 IMF의 돈이 필요 없기 때문이다"라고 말했다. 〈파이낸셜 타임스〉역시 한 사설에서 "조만간 전 세계의 외환보유고 수준이 IMF 기금 규모의 20배에 육박하게 된다. 이제 IMF가 주요국에 대해 명령을 내릴 수 있는 시대는 지났다"는 내용을 실으면서 이러한 입장에 공감을 표했다.

IMF의 취약점에 대한 자성의 목소리와 비판이 제기되면서 더욱 많은 사람들이 IMF 비판에 가세하였다. 비판의 한가운데에는 정치색이 양극단인 여러 선진국들도 포함되어 있다. 한 진영에서는 IMF를 서구 제국주의 및 탈식민지 시대의 수단으로 생각하는 이들도 있으며, 다른 한 진영은 IMF가 시장 기능 및 관련 규율의 효율성을 저해한다고 생각하는 이들도 있다. 이외에 항상 존재해 오던 비판 세력도 있다. 절대적으로 국가적인 권리가 다자간 기구의 의무보다 우선이라고 생각하는 이들이다. 이 진영에는 IMF가 수혜국에 제시하는 요구 조건에 반대하는 세력이 해당되는데, 주로 아시아 및 라틴아메리카 대륙의 국가들이 이러한 목소리를 내고 있다.

법률상 IMF는 분명히 본연의 임무에 해당하는 과제임에도 대처할 능력이 부족하여 임무를 제대로 수행하지 못하고 있다. 이러한 주된 문제점 이외에도 IMF는 수많은 문제점을 안고 있다. 민관을 통틀어 모든 기관이나 활동이 그러하듯이 IMF의 사업 모델도 현재 세계 경제에서 일어나고 있는 변화에 대응하기에는 미비하다.

오늘날 제기되고 있는 IMF의 당면 과제를 정리해 보면 다음과 같다. 이는 IMF뿐만 아니라 전 세계의 금융기관들 역시 명심해야 할 중요한 사안으로 그 시사점이 매우 크다 하겠다.

첫째, IMF는 전통적으로 비교적 잘 다루어왔던 기존의 경제 문제와 IMF의 약점인 금융 혁신의 문제가 갈수록 상충하면서 발생하는 국제 사안들을 해결해야 한다는 것이다. 오늘날 IMF는 금융 혁신의 부진으로 인해 전문성 및 신뢰성 있는 자문 기관으로 인정받지 못하고 있다. 이렇게 약화된 IMF의 권위는 대외 수지의 개선에 힘입어 개발도상국들이 자금이 필요할 때 더 이상 IMF를 찾지 않는다는 점 때문에 더욱 위축되고 있다. 그 결과 IMF는 이제 과거처럼 그들에게 '요구 조건'을 제시할 수 없게 되었다.

둘째, 내부 예산 문제를 해결해야 한다는 것이다. IMF의 수익 모델은 자금 대출 활동의 비중이 높다. 그러다 보니 채무국들이 상환을 시작하면서 수익이 줄어들었다. IMF는 현재 해마다 예산 적자를 기록하고 있으며 적자 폭이 커지는 바람에 준비금까지 갉아먹고 있는 실정이다. 안 그래도 국제사회의 경제 및 금융의 움직임에 효과적으로 대처하는 방법을 배워야 할 시점에 예산 여력이 정체 또는 축소되고 있으니 여간 곤란한 문제가 아닐 수 없다.

셋째, IMF의 정책 방향 및 활동에 관한 문제이다. IMF 내에서 제대로 대변되지 못하고 있는 국가들의 정책 활동은 과거와 달리 앞으로 세계 경제를 더욱 많이 좌우할 전망이다. 사실 IMF의 의사 결정 체계가 시대에 뒤떨어진 봉건주의적 체계임은 이미 널리 알려져 있다. IMF 내에서 인구 규모가 불과 1,000만 명을 약간 넘는 벨기에의 투표권(전체의 2.13%)은 중국의 투표권(2.94%, 총인구 13억) 및 러시아의 투표권(2.74%, 총인구 1억 4,100만)과 동일하며, 브라질과 멕시코의 투표권을 합친(2.61%, 도합 인구 3억) 것과 비슷하다. 이렇듯 균등하게 분배되지 못한 각국의 대표성은 GDP, 무역, 준비금 등 어떤 지표를 기준으로 보아도 부인할 수 없는 명백한 사실이다.

IMF의 대표성 상실 논란

IMF 총재직은 전통적으로 유럽 출신만 선출되는 등 그 정당성과 대표성이 현저하게 결여되어 있다. 마찬가지로 세계은행 역시 1944년 설립 이후 늘 미국인이 총재직을 맡아왔다. 이에 지난 몇 개월간 봉건적인 선출 과정을 폐지하자는 의미 있는 합의가 이루어졌다. 특히 IMF와 세계은행의 총재가 바뀌는 2007년에는 '열려 있는 투명한 선출제도'를 도입하자는 서유럽과 미국의 의견에 힘입어 선출 방식에 변화의 움직임이 나타나고 있다. 하지만 그들 역시 완전한 변화는 원치 않는 것으로 보인다. 사실상 현행 국적 기반의 선출제도는 유지하기로 의견이 모아졌기 때문이다.

이와 같은 IMF의 선출제도를 둘러싼 규탄의 목소리가 세계 언론뿐 아니라 공직자 세계에서도 흘러나오고 있다. 2007년 9월말 유럽 출신의 IMF 신임 총재 선출 발표 이후 러시아 부총리는 〈파이낸셜 타임스〉에 강한 비판의 글을 게재하였다. 그는 기고문을 통해 IMF와 세계은행을 언급하며 "두 기관이 성공하기 위한 전제 조건은 국제사회의 신뢰와 조직 운영의 원칙에 대한 절대 과반수 회원국의 합의이다. 그리고 어떤 조직 구조라도 한 국가 또는 여러 국가가 타 국가에 대하여 지배적인 위치를 확보하는 구조라고 판단된다면 그 조직은 정통성을 잃게 될 것이요, 실효성 있는 도구로서의 기능은 상실될 것이다."

이 모든 비판의 목소리는 단순하고도 강력한 한마디로 요약할 수 있다. 즉 현재 세계 경제에 불고 있는 변화의 바람은 너무도 거세기 때문에 한때는 국제 통화제도의 핵심이었던 기관들을 주변부로 밀어냈고, 앞으로는 더욱 변방으로 밀어넣을지도 모른다는 이야기이다. 무엇보다 이러한 근본적인 환경 변화는 민관을 통틀어 전 세계의 수많은 다른 조직들도 직면하고 있는, 그리고 직면하게 될 현실이라는 점이다.

시장 변동성 미스터리

최근 이상 현상이 증폭되기 시작하였고 국제 제도의 부진은 더욱 확실해졌으므로 시장의 불확실성을 나타내는 기존의 지표들은 당연히 상승 곡선을 그릴 것으로 전망되었다. 하지만 실상은 반대였다. 시장의 변동성을 나타내는 여러 지표들을 보면 2007년 여름까지 몇 년 간 불확실성이 증폭되는 대신에 진정되는 양상을 보였음을 알 수 있다. 이는 이른바 '안정 성장기(Great Moderation)'를 기다리는 시장의 거시적인 성향을 부분적으로 반영한 것으로 보인다. 안정 성장기란 세계 경제권이 경제 및 재무 지표의 등락 폭이 줄어드는 시기로 접어들었다고 판단되는 단계이다.

시장 변동성이 줄어든 경향은 언론에서 가장 주목하는 한 지수에서 확실히 드러났다. 그것은 바로 'VIX' 이다. 월스트리트의 이른바 '공포 지수(fear index)'로 불리기도 하는 VIX는 '시카고 옵션거래소 변동성 지수(Chicago Board Options Exchange Volatility Index)'를 줄인 말이다. 이 지수는 다변화된 주식 바스켓(basket)의 각 옵션가격의 가중 평균치를 토대로 잠정적인 변동성을 나타내는 지표이다.

VIX가 완전히 정확하다고는 할 수 없지만, 이 지수가 지속적인 움직임을 보일 경우에는 시장의 불확실성 정도를 알려주는 중요한 정보를 담고 있다고 보면 된다. 현재 많은 투자자들이 리스크 관리의 전략 수립 시 중요한 요소를 판단하기 위해 주로 VAR(Value At Risk, 위험 평가 모형)을 기반으로 한 비슷한 방식들을 사용하고 있는데, 한편 VIX 지표가 하강 곡선을 그리면 곧 많은 투자자들이 리스크 감수의 폭이 커질 것으로 예상하면 된다.

[그림 2.1]에서 알 수 있듯이 한창 이상 현상이 벌어지던 시기에 VIX가 보인 패턴은 너무도 분명하다. 예상과는 반대로 이 곡선은 2007년 여름까지 서서히 하향세를 보이면서 주목을 받았다. 다시 말해 투자자들은 시장에 불규칙성이 동시 다발적으로 나타난 시기에 더 많은 리스크를 떠안기로 했다는 의미이다.

VIX만이 이 같은 양상을 보인 것은 아니었다. 고정 수입 및 외환시장의 변동성 지표도 비슷한 추이를 나타냈다. 실제로 이들 시장 및 장내 주식의 변동성을 나타낸 그래프는 모두 비슷한 패턴의 곡선을 보였다. 모두 한 가지 측면에서 전반적인 일관성을 보였다. 각기

그림 2.1 시장 변동성 지수 VIX

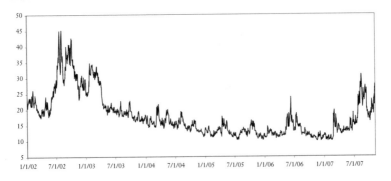

※ 2007년 여름까지 예상을 뒤엎고 하강 곡선을 그린 시장 변동성 지수 VIX

출처 : 〈블룸버그〉

다른 자산군, 다양한 지역, 서로 다른 주요 원인 간의 상관관계가 눈에 띄게 커졌다는 점이다.

　투자자의 움직임이 변하면서 VIX는 하강 곡선을 그렸다. 가장 눈에 띄는 것은 각종 '캐리 트레이드(carry trade : 저리의 차입금으로 보다 수익률이 높은 곳에 투자하여 플러스 캐리, 즉 이익을 실현하는 거래 방식)'의 활성화이다. 특히 외환시장에서 금리가 낮은 국가의 통화를 차입하여 금리가 높은 국가에 투자하는 형태로 캐리 트레이드가 활발히 이뤄졌다.

　지난 몇 년 간 차입 선호도가 높은 통화는 단연 일본 엔화였다. 단기금리가 1% 미만이었기 때문이다. 이 거래를 통해 차입금이 투자된 곳은 브라질, 아이슬란드, 뉴질랜드, 터키 등이었다.

　[그림 2.2]는 이와 같은 추세를 명확히 보여주고 있다. 엔화 대

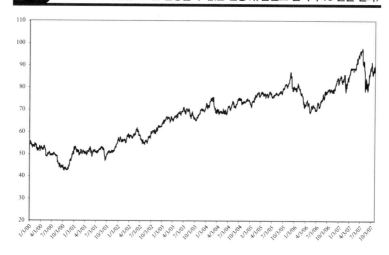

그림 2.2　이자율 평가이론만으로는 설명할 수 없는 현상(뉴질랜드 달러화 vs 일본 엔화)

출처 : 〈블룸버그〉

비 뉴질랜드 달러화의 가치는 두 가지 괄목할 만한 현상에도 불구하고 가파르게 상승했다.

　　첫 번째 현상은 뉴질랜드의 경상수지 규모가 크고, 이것이 증가하는 추세였다는 사실이다. 통상적으로 이는 향후 통화의 강세보다 약세를 예고하는 신호이다. 두 번째 현상은 캐리 트레이드의 확산 및 수익성은 오랫동안 널리 공인되어 온 경제 이론인 '유위험 이자율 평가(uncovered interest rate parity)' 논리와 배치된다는 점이다. 이 이론에서는 두 국가의 금리차가 현재와 미래의 환율차와 같다고 간주한다. 그러므로 뉴질랜드 재무부 장관이 자국 통화에 투자하는 투자자들의 '합리성'을 의심했던 것도 당연한 일이다. 하지만 이들 투자자들은 상당히 긴 기간 동안 수익을 거뒀다.

이러한 모든 현상은 다음 장에서 자세히 살펴볼 몇 가지 눈에 띄는 구조적인 변동과 밀접한 관련이 있다. 전반적인 리스크 감수의 의지가 증가하는 동시에 감시 역량이 미흡한 감독 당국으로 감시 업무가 이동하는 현상이 일어난 것이다. 이들 감독 당국은 전문성, 활용 수단, 태도 면에서 역부족이었다. 또한 신규 투자상품이 크게 증가하였고, 은행은 장부상에 기재하지 않는 고위험 투자 방식인 콘듀잇을 활용하기 위해 높은 금리를 감수해야 했다. 이에 대해 핌코의 빌 그로스와 폴 맥컬리(Paul McCulley)는 '그림자 금융 시스템(the shadow banking system)'이라고 지칭하며 이 같은 현상을 꼬집었다.

구조화 투자회사(SIVs)와 기타 콘듀잇은 공식 규정 및 회계처리 절차에 있어서 '부외 자산'으로 분류된다. 실제로 이들 부외 자산을 통해 은행은 당시 매력적인 '규제 차익'을 유리하게 이용할 수 있었다. 자세히 말해 콘듀잇을 통한 투자 활동 시 장부에 기재되는 자산에 대해 적용되는 지원 자본 의무화에 대한 규제 제한을 받지 않아도 되었다. 하지만 이와 같은 이론상의 무간섭 원칙은 현실적으로는 불가능하였다. 특히 그들의 부모 격인 대형 은행과의 지원 관계는 긴급 자금원, 부분 보증, 명예 실추의 위험이라는 형태로 존재하였다.

그러나 결과적으로 다수의 대형 금융기관이 가뜩이나 자본 건전성 및 기업 평판이 좋지 않던 시기에 출혈이 큰 SIVs를 장부에 올릴 수밖에 없게 되었다. 〈블룸버그 뉴스(Bloomberg News)〉에 의하면, 2007년 11월 26일 HSBC는 자사와 연결된 두 SIVs에 투자한 약

450억 달러의 상당 지분을 장부에 포함하겠다고 공식적으로 발표하였다. 이로써 HSBC의 법정 자본 비율은 리스크에 대한 가중치까지 전부 반영할 경우 9% 미만으로 약 0.5%포인트 하락하였다. 다른 은행들도 HSBC의 전철을 밟았다. 몇 주 후 시티그룹은 대형 SIVs 프로그램에 투입된 자산을 장부에 올리겠다고 발표하였다.

복잡한 투자상품에 따른 리스크를 이해하고 평가할 전문성이 부족했던 금융기관들의 장부로 이 같은 상품들이 거침없이 흘러들어간 데에는 신용평가기관, 특히 무디스와 S&P의 공도 적지 않았다. 공인 신용평가기관이라는 지위 때문에 이들 평가기관은 리스크 노출을 피하기 위해 신용평가기관의 등급을 참고하는 투자자들에게는 사실상의 문지기 역할을 한다. 통상 투자 지침서에는 기준 등급 이하의 평가를 받은 투자상품은 매입하지 말라고 씌어 있다. 신용평가기관들은 구조화 상품에 대해 후하게 AAA등급을 부여했고, 그 결과 이들 상품은 상당수의 보험사, 연기금, 기타 투자자들의 자산 포트폴리오에 버젓이 포함될 수 있었다.

결국 시장에서 이들 구조화 상품에 대한 등급을 BBB 이하로 재조정하면서 신용평가기관 평가 기준의 타당성은 도마에 올랐다. 또한 이들 기관이 구조화 상품을 내놓는 금융업체로부터 대가를 지급받는다는 점 때문에 이해 상충의 가능성을 둘러싼 의혹도 증폭되었다. 결국 "신용평가기관의 신용은 누가 평가할 것인가?" 하는 문제가 재차 불거졌다.

아직 검증되지 않은 복잡한 리스크 구조의 신생 상품이 과잉 생산되고 과잉 소비된 것 말고도 파급 효과는 컸다. 같은 기간 중 고

도화된 선진 경제로서는 상당히 이례적인 만기 불일치 현상이 미국의 금융계에서 일어난 것이다. 단기 자금으로 장기 채무를 충당하면서 발생한 미국의 만기 불일치 현상은 과거 개발도상국의 금융 위기를 촉발했던 상황마저 연상하게 할 정도였다(예를 들어 멕시코는 1994년, 태국은 1997년, 터키는 2002년에 금융 위기를 맞았다).

저널리스트 길리언 테트(Gillian Tett)는 〈파이낸셜 타임스〉에 기고한 글에서 이러한 상황을 지목하며 "10년간 금융업체들이 구조화 상품을 어마어마하게 만들어낸 것도 놀랍지만, 경악을 금치 못할 수준의 자금 불일치를 통해 이를 만들었다는 점이 더욱 놀랍다"고 밝혔다. 또한 그녀는 "정말 충격적인 사실은 자금 불일치 위험이 이처럼 오랫동안 아무 눈에도 띄지 않았다는 점이다… 최근까지도 그 위험을 예상한 정책 입안자, 은행가, 투자가는 거의 없었다"고 덧붙였다.

생각해 보라. 세계 각국의 경제가 더욱 이해하기 어려워진 이때에 다자간 금융 부문 규제 장치의 효과는 우리에게 실망스러웠고, 투자자들은 시장에서 각종 금융 기법을 동원한 신생 구조화 상품, 부외 콘듀잇, 공공 및 민간 전문 감시 조직의 관할을 벗어난 각종 투자 방편을 통해 더 큰 리스크를 기꺼이 감수하였다. 그 과정에서 너무 많은 투자자들이 변동성의 기술적인 감소를 리스크의 실제 감소로 착각하는 함정에 빠졌다. 또한 금융 혁신의 결과 국제 시장에 걸쳐 리스크가 분산되기는커녕 과도한 리스크가 시장의 가장 민감한 부문 및 가장 위태로운 기업의 장부에 집중 분포되는 현상이 일어났다.

시티그룹의 CEO 척 프린스는 〈파이낸셜 타임스〉와의 인터뷰에서 이 상황에 대해 "유동성에 있어 음악이 멈추면 사태는 복잡해진다. 하지만 음악이 나오는 한 계속 서서 춤을 춰야 한다. 우리는 여전히 춤을 추고 있다"라고 언급하기도 했다. 이 기사는 2007년 7월 10일 본지의 1면을 장식하면서 대서특필되었다.

하지만 과연 척 프린스를 비롯한 많은 이들이 음악이 멈출 경우 시티그룹 및 다른 금융기관에 어떤 상황이 전개될지 생각은 해봤는지 의문이다. 2008년 1월까지 시티그룹은 기관 및 개인투자자로부터 신규 자금을 조달하기 위해 고군분투하였다. 심지어 CEO 및 고위 경영진이 줄줄이 사임하였다. 게다가 신용등급이 AA-로 낮아지는 수모를 경험하였고, 신용등급 전망이 '부정적'으로 평가되면서 또다시 굴욕을 당하였다.

그해 1월의 어느 날 저녁 퇴근길에 나는 BBC 월드서비스의 뉴스 게시판이 온통 시티그룹의 역대 최대 규모의 손실 발표 소식으로 뒤덮인 것을 보고 놀라움을 금할 수 없었다. 며칠 후 〈월스트리트 저널〉에는 이 '적자 무덤(pool of red)' 현상의 깊이를 확실히 전달한 표가 하나 실렸다. [표 2.1]은 이를 발췌한 것이다. 이 표를 보면 은행 및 중개업체 등이 서브프라임 모기지 사태로 총 1,080억 달러(결코 1,080만이 아님)를 대손상각했다고 나와 있었다. 그리고 이 수치는 심지어 잠정 집계치(2008년 1월 기준)였을 뿐 사태의 심각성을 전부 보여준 것도 아니었다.

일반적으로 복잡한 금융상품 및 차입 매수 등으로 더 큰 리스크를 감수해야 하는 압박 속에서 그때 그때 달라지는 무모한 리스크

표 2.1 적자 무덤

기업	상각액(단위 : 10억 달러)
메릴린치	22.4
시티그룹	19.9
UBS	14.4
모건 스탠리	9.4
HSBC	7.5

출처 : 2008년 1월 18일자 〈월스트리트 저널〉, 수잔 크레이그(Susanne Craig), 데이빗 레일리(David Reilly), 랜달 스미스 (Randall Smith)의 기사

관리 방식에 과도하게 의존하는 것은 자산 운용가, 주식 투자자, 정 책 입안자라면 누구라도 밤잠을 설칠 수밖에 없는 불안한 사태를 초 래하는 지름길이다. 감당할 수 있는 범위를 벗어난 리스크를 떠안고 있는 금융기관과 자체적으로 이해하고 처리할 수 있는 역량 이상의 리스크를 감수한 금융기관, 그리고 이 두 가지를 모두 감행한 금융 기관들이 결국 우려했던 사태를 일으키고야 말았던 것이다.

금융 중심부의 혼란

2007년 여름에 시작된 시장 혼란의 내막을 감안하면, 이번 사태가 지난 25년간 정립된 규칙과 극명하게 다른 양상을 보인 것은 일면

당연하다고 할 수도 있다. 하지만 그렇더라도 제도 전반의 이탈 현상을 일으킨 요인, 피해 시장 부문, 실제 피해 내역을 살펴보면 여전히 범상치 않고 의문스럽다.

왜냐하면 범세계적인 경제 및 금융 충격하면 그 동안 가장 먼저 우려되었던 곳은 늘 신흥 경제국이었다. 이들에게는 선진국이 갖추고 있는 금융 전문성이 부족하기 때문이었다. 신흥 시장의 금융기관은 구조적으로 취약하며 연계 매매 및 기타 보증의 방편이 한정되어 있는데다가 과거에 큰 손실 및 일부 자산 압류까지 겪었던 금융 위기를 경험한 국민의 경우 경계심이 커서 이들 국가는 자본 이탈의 가능성도 높다.

그러므로 2007년 시장 혼란의 진원지가 미국이 될 것이라고 예측한 사람은 당연히 극소수에 불과하였다. 그리고 이 사태가 미국 금융제도의 신경을 마비시킬 것으로 예상한 사람도 거의 없었다. 하지만 8월 17일을 전후로 며칠 동안 세계 최고의 전문성을 자랑하는 금융업계는 거의 마비 직전까지 갔다. 시장 참여자들은 일찌감치 여름휴가를 접고 동료들과 '자본 보호안'을 논의해야만 했다. 여느 때와 달리 위험 자산(주식 및 원자재 상품 등)에 대한 논의뿐만 아니라 현금의 구체적인 투입처에 대한 논의까지 진행하였다.

나 역시 2007년 8월 14일 휴가를 접고 황급히 HMC의 일터로 복귀해 동료들과 현금 관리 방안을 논의했던 기억이 난다. 당시 우리는 상당액의 현금을 축적해 놓는 등 방어적 포지션으로 여름을 맞았다. 논의의 초점은 현금을 어디에 투자해 놓았는지(우리는 탄탄한 금융 중개업체가 운용하는 머니마켓펀드에 넣어뒀었다)를 넘어서 머니마켓펀드가 이들 자금을 어떻게 투자하는지까지 이르렀다.

모든 입수된 정보를 평가한 뒤, 우리는 보유 현금 중 상당 부분을 1~3개월 만기 미 재무부 채권에 투자하기로 결정하였다. "투자가 수익으로 돌아올 것이냐가 아니라, 투자 원금 자체가 돌아올 것이냐를 걱정할 때가 온다"는 투자 격언이 그야말로 딱 들어맞는 순간이 아닐 수 없었다. 위험 회피와 전체적인 안전 자산에 대한 선호 분위기가 시장에 확산되는 바람에 미 재무부 채권이 그렇게 반등할 줄은 당시에는 몰랐다. 또한 수많은 머니마켓펀드가 지원 자본의 투입만 아니었으면 완전히 붕괴되었을 정도의 심각한 손실을 기록하게 될 줄도 몰랐다.

물론 내가 몸담고 있던 HMC에서만 이 같은 논의가 있었던 것은 아니었다. 그리고 그때까지 가장 흥미 없는 투자시장으로만 간주되어 온 미 재무부 채권시장 한가운데서 우려했던 일들은 전개되기 시작하였다.

월스트리트에서는 국채시장을 서서히 투자 경험을 쌓고자 하는 초보 투자자가 아니면 은퇴를 앞두고 스트레스 없는 인생을 즐기려는 투자 경력 30년쯤 되는 베테랑들이 모여 있는 곳이라고들 생각한다. 하지만 8월 중순 미 재무부 채권이 갑자기 큰 폭으로 요동치기 시작하였다. 은행 및 기타 시장에서 현금을 축적하면서 런던 은행 간 거래 금리(LIBOR, London Interbank Offered Rates : 금융기관 간 거래를 관장하는 금리)도 마찬가지의 이례적인 변동을 보였다([그림 2.3] 참조). 그리고 여신시장의 다양한 부문에서 매입자들이 관망세로 돌아서자 거래는 사실상 중단되었다.

그림 2.3 금융 중심부의 혼란

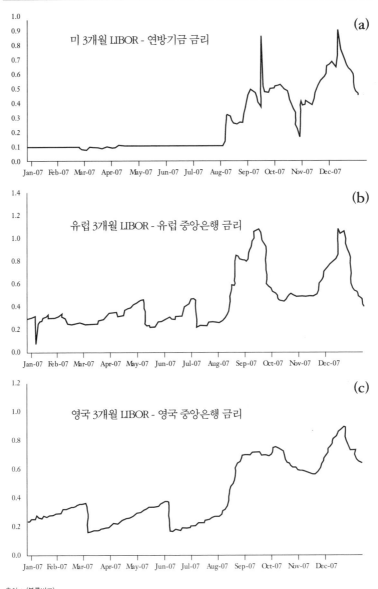

미 3개월 LIBOR - 연방기금 금리 **(a)**

유럽 3개월 LIBOR - 유럽 중앙은행 금리 **(b)**

영국 3개월 LIBOR - 영국 중앙은행 금리 **(c)**

출처 : 〈블룸버그〉

채무와 디플레이션의 소용돌이를 일으키는 역학 구조에 관한 하이먼 민스키(Hyman Minsky)나 어빙 피셔(Irving Fisher)의 유명한 저서들을 보면 그해 7월과 8월에 일어난 혼란을 잘 이해할 수 있다. 금융 혼란의 소용돌이의 중앙부에는 각종 채무·채권 관계의 토대가 되는 담보의 가치 하락이 위치해 있다. 담보 가치가 불확실해지면서 채권자는 현재 및 미래의 대출 계획을 더욱 신중하게 수립한다. 2007년 여름 소용돌이의 여파가 그러했듯이 은행업계 전반까지 미칠 경우에 이 같은 현상은 특히 위험하다.

피해 규모와 파장

그렇다면 이 같은 현상으로 인한 피해 규모는 얼마나 될까? 미국 금융계의 심장부까지 강타할 정도로 강도 높은 위기 상황이라면 신흥 경제국은 어마어마한 치명타를 입기 마련이다. 어쨌든 선진국이 재채기만 해도 신흥 경제는 최소한 감기에 걸린다는 것이 일반적인 통념이다.

그런데 또 한 번의 이례적인 상황이 발생하였다. 신흥 시장이 비교적 잘 버텨냈던 것이다. 과거 국제적인 위기에 크게 민감했던 것과 달리 이번에 신흥 시장에서는 기대 이상으로 효과적인 리스크의 분산을 보였다. 신흥 경제국들의 주식시장도 마찬가지였다((그림 2.4) 참조). 게다가 앞서 언급했듯이 위기의 전염으로 피해를 입기는커녕 일부 신흥 경제국들은 낮은 가격에 선진국 자산을 사들임으로

그림 2.4　신흥 시장 주식 vs 선진국 주식

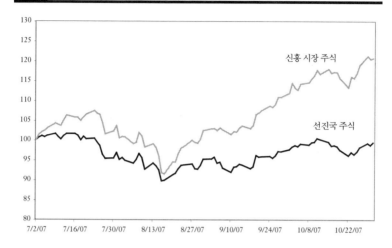

※ 신흥 시장은 더 이상 글로벌 쇼크의 최약자가 아니다.(2007년 7월=100)

출처 : MSCI(Morgan Stanley Capital Investment) 지수(유럽, 호주, 극동 지역은 선진국에서 제외. 유럽, 중동은 신흥 시
　　　 장에서 제외. 모두 해당 국가의 통화 기준)

써 상황을 유리하게 이용하기까지 했다.

　　선진국에서는 이러한 회복력을 찾아보기 힘들었다. FRB와 유
럽 중앙은행(ECB, European Central Bank)은 긴급 유동성을 시장에
투입해야 했다. 유럽 중앙은행의 과감한 대응은 특히 긴박한 움직임
과 규모 측면에서 주목을 받았다. 덕분에 장 클로드 트리셰(Jean-
Claude Trichet) 유럽 중앙은행 총재는 2007년 〈파이낸셜 타임스〉로
부터 '올해의 인물' 로 선정되기도 하였다.

　　FRB의 정책 대응으로도 잇따른 경제 및 금융 폭락의 도미노
현상이 멈출 줄 모르자, 중앙정부는 대대적인 재정 정책을 수립하기

에 이른다. 정책의 주안점은 예산의 구조적 취약성을 악화시키지 않으면서도 즉각적인 지원책을 제공하는 것이었다. 이 같은 방안은 래리 서머스의 말에 따르면 "목표를 조준한(targeted), 일시적(temporary)인, 적시(timely) 지원이라는 3T 원칙"에 입각한 것이었다. 동시에 처음에는 조용히 시작된 주택시장에 대한 지원 조치도 적극적으로 추진되었다.

개별적인 정책 대응과 더불어 주요 선진국 중앙은행 간 공조 정책도 실행되었다. 예를 들어 FRB와 유럽 중앙은행은 캐나다 중앙은행, 스위스 중앙은행, 영국 중앙은행과 합작으로 정책안을 마련해 추진하였다. 특히 영국 중앙은행의 참여는 괄목할 만하다. 왜냐하면 처음에는 영국 중앙은행이 이 같은 정책을 시장의 기강을 무너뜨리고 도덕적 해이를 조장하며 미래 금융 위기의 씨앗을 뿌리는 행위라며 거부했기 때문이다. 하지만 이러한 공식적인 입장을 천명한 지 얼마 지나지 않아, 2007년 여름 영국 중앙은행은 입장을 선회해 겁에 질린 예금주들의 집중적인 인출 사태를 겪던 노던락(Northern Rock) 은행에 대해 긴급 구제금융의 일환으로 유동성을 투입하였다. 이후 주기적으로 유동성 투입이 잇따랐다.

당시 노던락의 비상임 이사회 의장이었던 매트 리들리(Matt Ridley)는 〈이코노미스트〉지에 보낸 서한을 통해 급작스러운 유동성 정체 현상에 대해 다음과 같이 언급하였다.

"대출 품질이 기업 금융시장의 유동성을 좌우한다고 거듭 조언을 받았다. 고품질 대출 자산은 계속해서 자금을 유치하는 반면, 저품질 대출 자산은 부실화하기 시작한다는 것이다. 그런데 8월 9일을 기점으로 기업 금융시장 전반에서 유동성이 마르기 시작하면서 대출 상품 간의 품질 구분은 사라졌으며, 이러한 사태는 최악의 예측치보다 더 오랜 기간 동안 지속되었다."

〈파이낸셜 타임스〉의 영향력 있는 칼럼니스트 마틴 울프는 본지의 기고문을 통해 영국 중앙은행의 머빈 킹(Mervyn King) 총재가 "세계에서 가장 무책임한 업계와의 담력 싸움에 패배한 원인이 노던락 사태"라고 밝혔다.

게다가 영국 은행업계 전반에 걸친 집중적인 인출 사태를 우려하여 재무부 장관 알리스테어 달링(Alistair Darling)은 영국 정부가 모든 예금을 보증하겠다는 공식 발표까지 하였다. 당시 회견장에 있던 한 소식통은 이로써 "은행 등 각 기관이 보증된 예금액으로 도박을 할 수 있는 문이 열렸다"고 말하기도 했다.

중앙은행들이 금융 부문의 위기 타개를 위한 긴급 유동성 투입 요청을 달가워하지 않는 데에는 또 다른 이유가 있다. 유동성 투입은 인플레이션을 낮게 유지하고 인플레이션 기대 심리를 억제하기 위해 필요한 유동성의 관리 방침과 배치되기 때문이다. 그 결과 유동성을 투입하면 실질금리를 낮추고 정책의 신뢰성을 높이며 인플레이션이 없는 장기 성장을 도모하고자 쌓아 왔던 공든 탑이 무너질 수도 있다.

컬럼비아대학의 길레르모 칼보(Guillermo Calvo) 교수는 유동성의 '급정체'라는 개념을 널리 전파한 인물이다. 여러 신흥 시장에서 금융 위기가 발발했던 당시 및 직후에 진행된 그의 연구 결과를 보면 최근 두드러지고 있는 시장 혼란의 유형에 대한 중요한 정보를 얻을 수 있다. 특히 두 가지 발견 사항을 주목할 필요가 있다.

한 가지는 대부분 '외부 요인'이 유동성 급정체의 주된 도화선이었다는 점이다. 즉 유동성 위기로 야기된 이탈 현상의 피해지 자체가 진원지는 아니라는 점이다.

두 번째는 타격의 심각성이 내부 금융 부문 취약성의 정도에 따라 좌우된다는 것이다.

이러한 두 가지 교훈은 최근의 위기 상황에서도 재확인되었다. 유난히 고전했던 통계적 차익거래와 자본 차익거래 헤지펀드 전략을 생각해 보자. 위기의 원인은 헤지펀드 시장 밖에서부터 시작되었다. 가장 큰 타격을 입은 펀드들은 레버리지, 만기 불일치, 자금 대출의 부족, 고객 상환이라는 원인 중 하나이거나 혹은 그 이상의 요소로 인해 취약했던 펀드들이었다.

기타 부문으로의 파급 효과도 명백하였다. 일부 헤지펀드는 완전히 시장에서 퇴출되는 등 치명타를 입었다. 무책임한 금융 활동, 비양심적 채무자, 탐욕스러운 채권자, 편법적인 활동, 제도의 상충, 감당할 여력이 거의 없는 가계(일부 비극적인 재산압류까지 겪음) 부문이 입은 피해 등 위기 상황이 정치적인 요소를 배제할 수 없는 상황이었기 때문에 특히 정치권의 목소리가 거세졌다.

EU의 유럽 역내 시장 및 서비스위원회의 찰리 맥크리비(Charlie McCreevy) 위원은 2007년 10월 아일랜드에서 열린 와코비아(Wachovia) 은행 국제회의의 개회사에서 이 같은 분위기를 다음과 같이 설명하였다. "무책임한 대출, 무분별한 투자, 부진한 유동성 관리, 신용평가기관의 지위 남용, 결함이 있던 VAR 모형은 보다 많은 이들에게 문제를 던져준다. 풍랑이 지나간 지금 수많은 금융시장 주체의 실태가 만인의 눈앞에 낱낱이 공개되었다. 심지어 밑바닥까지 훤히 드러난 곳도 많다. 이번 신용 위기로 만천하에 노출된 추악한 실태는 결코 자랑거리가 못된다."

결론: 네 가지 과제

이번 금융 위기 풍랑은 우리에게 다음 네 가지 중요한 사안을 남겼다. 투자자들에게 미래의 기회와 위험에 대해 알려줄 길잡이로서 이들 사안은 깊이 연구해 볼 가치가 있다고 판단된다.

첫째, 우리는 광범위하고 동시 다발적인 이상 현상들을 겪었다. 이는 기존의 오랜 모델, 전략, 통념에 수수께끼를 던진 실로 방대한 이상 현상이었다.

둘째, 근본적 동인에 대한 중대한 암시가 들어 있는 신호인지 아닌지를 면밀히 살피는 대신에, 이러한 이상 현상을 그저 소음이라고 성급히 판단한 투자자들이 너무 많았다. 그래서 심각한 불규칙성이 시장에 만연했음에도 불구하고 초반에 많은 투자자들은 잠정적인 변동성 감소에 발맞춰 더 큰 리스크를 감수하였다. 동시에 필요한 감시 활동을 수행할 공공 및 민간 감독기관에서부터 리스크가 옮겨가자 정책 입안자들은 그저 자유방임(laissez-faire)적 태도를 취하였다.

셋째, 전반적으로 소음에서 신호를 분간해 내지 못했던 탓에 투자자와 정책 입안자 모두 진행되고 있던 근본적인 변화의 성격과 여파를 이해할 수가 없었다. 결과적으로 세계 경제의 장기적인 목표점을 바꾸어 놓았을 뿐 아니라, 앞으로의 여정이 더욱 험난하게 되었다.

넷째, 피할 수 없는 조정 국면이 시작되자 많은 사람들이 방심하고 있다가 허를 찔렸다. 그 결과 오랫동안 시장 시스템의 원활한 기능을 담보하던 요인들이 충격을 받았다. 하지만 예상외로 신흥 시장보다는 대부분 선진국이 큰 피해를 겪었다.

WHEN MARKETS COLLIDE

우리는 아직 충분히 깨닫지도 이해하지도 못한 범세계적인 변화의 시대에 살고 있다. 때문에 불규칙성과 이상 현상이 시장, 정책, 제도적인 요소에 가져올 광범위한 여파를 제대로 파악하지 못한 투자자들이 태반이다. 이 장에서는 시장의 전환점을 감지하고 이해하기 위한 분석 기준에 대해 자세히 살펴보고자 한다. 나는 독자들이 이로부터 소음 속 신호의 의미를 파악할 수 있는 도구를 얻게 되길 바란다.

소음 속에서
중대한 신호
포착하기

03

인간의 평균 회귀 경향

앞서 설명한 이상 현상에 직면했을 때 사실 가장 속 편한 대응책은
그저 무시하는 것이다. 실제 2007년 여름이 올 때까지 몇 년 간 일
부 금융기관 및 경제 전문가들은 이러한 태도로 일관하면서 이상 현
상을 별 의미 없는 정보로 간주했다. 한편 소음의 직접적인 요인을
파악한 사람들마저도 이를 일시적이고 되돌릴 수 있는 현상으로 간
주했다. 그래서 투자 및 정책 분야에서 취한 대응책이라고는 고작
소음을 줄이는 것뿐이었다. 이러한 접근은 소위 '평균 회귀(mean
reversion)' 또는 흔한 말로 '평소대로의 방식(business as usual)' 이
라고 요약할 수 있을 것이다.

최근 기현상이 동시 다발적으로 발생한 원인과 관련하여 눈여
겨봐야 할 인간 행동의 또 다른 측면이 있다. 그것은 사태 자체를 일

시적이고 되돌릴 수 있는 현상으로 간주하는 것뿐 아니라, 이러한 기현상이 시장의 리스크와 수익 패턴을 더욱 크게 변화시킬 부정적인 순환의 고리, 즉 피드백 루프(feedback loop)는 발생시키지 않을 것이라고 생각하는 전형적인 행동 경향이다. 사실 이것은 분석적으로나 기능적으로 그 자체로서 간단한 접근법인 동시에, 대다수의 역사적인 사례를 통해 검증된 방식이기도 하다. 하지만 진정으로 과거의 사례를 거울삼는다면 '이번에는 상황이 다를 것'이라는 생각은 버리는 것이 현명한 판단이다.

일반적으로 변화란 마음 편한 일상생활의 여건과는 정면으로 배치된다. 예측 가능성과 반복 속에서 걱정 없이 살아가는 것이 대부분의 일상이다. 우리는 알게 모르게 기존의 통념이나 개념적인 모델로 역사적인 상황을 설명하고 현재의 활동을 관장하며 미래의 활동을 내다볼 수 있다고 생각하면서 안주한다. 하지만 존 메이너드 케인즈가 말했듯이 "새로운 아이디어를 내는 것이 어려운 일이 아니라, 기존의 아이디어로부터 탈출하는 것이 어려운 일이다. 자라온 환경이 평범한 사람들에게 있어 기존의 관념은 머릿속 구석구석까지 뿌리 박혀 있다."

이는 투자자들이 구조적인 변화, 전환점, 제도 변경을 한발 늦게 깨닫고 대응할 위험이 크다는 것을 의미한다. 이 책에서 일관적으로 다루고 있는 주제가 지금 우리는 아직 충분히 깨닫지도 이해하지도 못한 범세계적인 변화의 시대에 살고 있다는 점이다. 이 때문에 불규칙성과 이상 현상이 광범위한 시장, 정책, 제도적인 요소에 가져올 여파를 충분히 파악하지 못한 투자자들이 태반이다.

따라서 이 장에서는 시장의 전환점을 감지하고 이해하기 위한 분석 기준에 대해 자세히 살펴보고자 한다. 나는 독자들이 이로부터 소음 속 신호의 의미를 파악하여 연구할 수 있는 도구를 얻게 되기를 바란다.

한편 소음 속에서 신호를 살피기 어려운 이유와 신호를 간과할 경우 치명적인 손상을 입게 됨에도 불구하고 발견이 매우 까다로운 원인을 설명하고자 한다. 나는 이를 설명하기 위해 전통 경제학, 재무론, 신생 학문인 행동과학 및 신경과학의 지식을 통합적으로 접목할 것이다. 앞서 언급한 바 있지만 통합적 접근법은 뒤늦은 문제 인식과 이에 수반된 대가를 분석하는 데에서 한 걸음 더 나아가 타격이 큰 피드백 루프의 발생 가능성을 생각해 볼 수 있는 최선의 토대를 제공한다.

시장의 전환점을 이해하는 기준
: 역공학 방식

오늘날 복잡다단한 세계에서 소음은 피할 수 없는 현실이다. 정치, 경제, 사회적인 관계 속에서 마찰이 없을 수는 없으니 말이다. 게다가 이들 관계가 한 방향으로만 전개되는 것도 아니다. 또한 적응해야 할 예기치 못한 상황들도 늘 벌어지기 마련이다. 가정에서도 마찬가지이다. 예를 들어 첫 아이를 낳은 부모를 생각해 보자. 이들은 생소하기 이를 데 없는 아기의 표정과 소리에 대처해야만 한다. 대부분 이들은 어떤 소리가 소음이고 어떤 소리가 신경을 써줘야 할 중요한 신호인지를 확실하게 판단할 지식이나 경험이 없다.

소음은 늘 우리를 둘러싸고 있으며 쉬지 않고 들려오기 때문에 보통 두 가지의 극단적인 대응 방식을 취하게 된다. 즉 아예 무시하거나, 일일이 집착하거나 둘 중에 하나이다. 어떤 경우에는 양쪽 모두 상당히 위험하다. 만일 소음을 무시하면 중요한 변화를 놓칠 수 있고, 너무 집착하면 사소한 일로도 압도당할 수 있다. 그렇다면 어떻게 해야 균형을 맞출 수 있을까?

나는 경제학을 전공했기 때문인지 다양한 문제를 생각할 때 늘 준거의 기준을 경제학에서 찾는 경향이 있다. 그리고 앞서 언급했듯이 여기서 활용할 기준은 1990년대 말 내가 일하던 런던의 살로먼 스미스 바니의 이머징 마켓 부문 트레이더인 동료 에드워드 코웬을 관찰하면서 배운 것이다. 사실 대학 시절 그 모델을 처음 접하게 되었지만 적용하지 않고 있던 것을 그와 함께 근무하면서 비로소 참고하게 되었다. 그것은 바로 노벨 경제학상 수상에 빛나는 유명 경제학자 밀턴 프리드먼(Milton Friedman)의 비유로 유명해진 모델이다.

프리드먼은 당구 선수가 고도의 수학적인 기술 및 기타의 기술이 있다고 가정할 경우, 당구 선수의 움직임은 대부분 예측이 가능하다고 주장하였다. 달리 말해 항상 당구 선수는 빠르고 정확하게 자신의 기술로 가장 적기에 최고의 샷을 위한 각도와 편향을 계산할 수 있다는 것이다. 사실 이 같은 프리드먼의 접근법이 제대로 된 과학적인 방식인지의 여부를 둘러싸고 많은 논란이 있어왔다.

프리드먼은 명망 있는 철학자인 칼 포퍼(Karl Popper)의 이론으로부터 힌트를 얻어 모델을 가장 확실히 검증할 수 있는 방법은 "모델의 예측 결과를 실제 결과와 비교하는 것"이라고 주장하였다. 따라서 이를 위해서는 (당구 선수의 예에서 사용한 방식처럼) 가능한 단순화된 가정을 토대로 모델을 만드는 것이 안전하다. 나 역시 그랬듯이 이러한 방식에 대해서는 이견이 있을 수 있으나, 그래도 특정 결과를 초래한 행동 유형을 역공학(reverse engineering)적으로 분석할 때 이 방식이 유용한 것은 사실이다. 현재 이른바 '블랙박스(black box)' 모델을 활용한 다수의 헤지펀드가 알게 모르게 프리드먼의 방식을 효과적으로 적용하고 있다.

이제 문제는 과연 살로먼 스미스 바니의 트레이더 에드워드 코웬의 반응을 역공학적으로 분석할 수 있는지의 여부이다. 먼저 그가 체계적인 접근법을 취해서 시장의 소음을 분석하고 이에 따라 대응한다고 가정해 보자. 그렇다고 절대 풍부한 길거리 지식으로 시장 소음에서 신호를 찾아내는 그의 능력을 부인하려는 것은 아니다. 오히려 분석 모델에 기반하여 그의 행동을 역분석하려는 시도이다.

나는 수년간의 경험을 통해 역공학 분석에 다음 여섯 가지의 주요 단계가 필요하다는 결론을 도출하였다.

- 1단계 : 이례적인 시장 이탈 현상을 일으키는 소음의 진원지를 파악한다.
- 2단계 : 중요한 신호를 포함하고 있을 가능성이 있는 각각의 소음을 대할 때는 모두 원칙에 입각해야 한다.
- 3단계 : 실제 신호 내용을 경제 및 시장 현상에 대한 선험적 모델링에 근거한 평가 방식을 통해 분석한다.
- 4단계 : 내용 분석을 할 때에는 목표에 영향을 주는 요소와 과정에 영향을 주는 요소를 구별한다.
- 5단계 : 이 과정을 모두 거친 후에 전문가 및 여론 주도층의 견해를 적극적으로 수집한다.
- 6단계 : 주기적인 요인뿐 아니라 장기적인 영향을 주는 요인도 조사한다.

1단계인 소음의 진원지를 파악하는 것은 아마도 가장 어려운 단계일 것이다. 비유하건대 이는 수백 명의 항공기 조종사들이 게이트 밖으로 항공기를 조종하여 나가기 전에 매일 직면하는 문제들과 비슷하다고 하겠다. 일반적으로 승객들이 탑승하고 자리에 앉는 동안 조종사들은 점검 목록대로 상황을 점검하느라 분주하다. 그들은 이때 시각적인 방법을 사용하며, 부분적으로는 매우 복잡한 계기판에 의존한다. 그들은 이 같은 훈련 방식에 따라 '이상 현상'을 찾아낸다.

뛰어난 투자자들도 이와 다르지 않다. 즉 동일한 과정을 밟는다. 투자자들은 수많은 시장 데이터를 관찰하면서 이상 현상을 찾아내는 데 초점을 맞춘다. 최고의 투자자들의 경우, 이미 알고 있는 바를 단순히 재확인해 주는 방대한 양의 빈도 높은 데이터는 일단 걸러내는 효과적인 방법을 개발하여 활용하고 있기도 하다.

이때 길거리 지식이 풍부하고 시장 본능이 뛰어난 동료 트레이더 코웬처럼 이러한 과정을 쉽게 통과하는 사람들도 있을 것이다. 하지만 대부분의 사람들은 항공기 조종사들이 연수를 받을 때와 마찬가지로 연습과 훈련을 반복해야만 이 과정이 습득된다. 실제 투자 세계의 경우 처음에는 작은 시장의 사례를 대상으로 했을 때 이 같은 과정이 잘 습득된다. 내 경우에는 1990년대 말 살로먼 스미스 바니에서 이 훈련을 처음 시작하였다. 당시 나는 매일 아침 그날 나올 것으로 예정되어 있는 데이터에 대하여 내 예상을 작은 노트에 꼼꼼하게 기록하였다. 그리고 매주 일요일에는 다음 한 주 동안의 경제 및 시장 동향에 대해 짐작되는 가설들을 예상하여 기록하였다.

나는 이 훈련을 보다 철저히 수행하고자 동료 트레이더와 영업 인력들에게 매일 내가 기록한 노트를 돌리면서 최신 예상치를 전달하였다. 노트를 받는 사람들은 이를 일종의 서비스로 가벼이 생각했지만, 매일 배포하는 노트 덕분에 나는 쉽게 얻기 힘든 또 한 가지의 능력을 개발할 수 있었다. 그것은 바로 시장 주체들의 평가와 그로 인해 그들이 직면하는 방대한 데이터 속에 들어 있는 신호를 능률적으로 해석할 수 있게 되었다는 점이다.

이후 핌코의 이머징 마켓 사업부에서도 이 훈련은 계속되었다. 두 회사 모두에서 내 일일 노트는 다루는 범위도 넓어졌고 내용도 복잡해져서 시간대가 다른 세계 각국에서 열심히 일하는 동료들에게 직접 받은 귀중하고 결정적인 정보도 포함하게 되었다. 이렇게 해서 탄생한 것이 우리가 활동하는 국제 시장이라는 유기체에 대한 큰 그림이었다. 이러한 역공학적인 방식의 훈련은 이상 현상 및 기타 형태의 소음이 발생할 경우 이를 파악하는 데 큰 도움이 되었다.

일단 초반의 선별 작업을 수행할 수 있게 되면 투자자는 그 다음 다섯 단계를 밟을 준비가 된다. 즉 그들은 각각의 소음을 분석할 수 있게 되며, 소음 속에서 신호를 찾을 때는 필연적으로 '양성 오류(false positive : 정상적인 것을 비정상적인 것으로 판단하는 오류)'가 들어 있다는 사실을 깨닫게 된다. 투자자는 경제 및 시장 현상의 과거 특징적인 내막을 배경 지식으로 삼아 분석을 하는데 이로써 이상 현상을 비교적 빠르게 파악할 수 있다.

이상 현상을 분석할 때는 이 현상이 안정 상태와 관련되었을 가능성과 안정 상태에 도달하는 과정과 연관되었을 가능성을 모두 고려하는 것이 중요하다. 후자의 경우에는 간단히 확인되기 어렵다. 즉 이상 현상이 도달 과정에 대하여 지대한 영향을 미침으로써 과정의 방향 자체를 바꾸어 놓고 마는 일련의 요인을 발생시킬 수 있다는 것이다.

일단 여기까지 단계를 밟은 후에 시장 참여자는 여러 전문가 및 여론 주도층의 의견을 수집하게 된다. 전문가들 중에도 아직 소음 속의 신호를 파악하는 데 필요한 심층적인 분석을 하지 않은 사람이 많을 수 있기 때문이다. 시장 참여자로서 투자자의 임무는 신속한 대처와 남보다 빨리 효과적인 정보를 전달하는 것이다. 따라서 이들은 일단 전달할 이야기만 구성이 되면 결단력 있게 내용의 구상을 마무리하고 가장 효과적으로 이야기를 전달할 방법을 수립해야 한다(예컨대 영리를 추구하는 분야라면 마케팅 방법을 수립할 것이다).

마지막 단계는 문제의 이상 현상을 초래한 근본 요인의 깊이가 어느 정도일지 알아보는 것이다. 대부분 이들 요인은 주기적인 성격을 띤다. 하지만 종종 장기적인 특성을 가지고 있을 때도 있어서 지금까지 오랜 시간을 통해 검증된 방안이라도 신뢰성 및 장래의 실효성이 근본적으로 흔들리기도 한다.

합리적인 바보

아마 이러한 접근 방식에 비판적인 의견을 제시하는 독자들도 있을 것이다. 내가 프리드먼의 방식을 변형하여 적용한 것은 이해했다고 치더라도, 투자자에게 금새 와 닿지 않는 의미 있는 신호가 시장 소음에 포함되어 있다는 가능성을 제시하는 또 다른 정통 이론으로 반박할 독자들도 분명 있을 테니 말이다. 그리고 가격의 괴리라도 발생한다고 하면 차익거래 중개인들은 발 빠르게 들어와 상황을 이용할 것이다. 어쨌거나 경쟁이 치열하고 보수도 높은 시장이 아니던가?

이러한 맥락 속에서 경제학자들 간에 오가는 가벼운 이야깃거리를 하나 소개하고자 한다. 어떤 사람이 길에서 1달러짜리 지폐가 떨어져 있는 것을 발견했다고 하자. 경제학적 관점에서 볼 때, 이 사람은 진짜 이것이 1달러짜리 지폐라면 땅에 떨어져 있을 리 없다는 '합리적' 판단으로 이 돈을 줍지 않는다. 진짜라면 다른 누군가가 이미 가져갔어야 할 것이기 때문이다. 과연 이 행동은 합리적일까? 개인적인 일화를 하나 소개하겠다.

2007년 8월 나는 HMC의 사무실에서 미팅을 하던 도중에 대외 관리 그룹을 총괄하는 마크 타보르스키(Mark Taborsky)로부터 지금은 폐쇄된 보스턴 차사건 박물관(Boston Tea Party Museum : 미국 독립혁명을 이끈 가장 중요한 사건인 보스턴 차사건에 대한 정보를 보관하고 있는 박물관)이 있는 다리에 불이 나고 있다는 소식을 전해 들었다. 이 다리는 HMC의 16층 창문에서 내다보면 전체가 훤히 보일 정도로 멀지 않은 거리에 위치해 있다. 나는 마크에게 다리를 건너는 사람들이 평소대로 그냥 다리를 건너고 있지 않느냐며 불이 났을 리 없다고 딱 잘라 말했다. 진짜 불이 난 것이 맞다면 사람들이 긴박하게 움직이지 않겠는가? 그러나 알고 보니 마크의 말이 맞았다. 그로부터 몇 분이 지났을까, 불길이 크게 번져 더 이상 사람들이 다리를 건너지 못하게 되었다. 연기가 하늘로 솟아오르자 그제야 현장에는 소방차들이 모습을 드러내기 시작했다.

다음 날 〈보스턴 글로브(Boston Globe)〉지에는 "어제 교량 건설의 현장에서 시작된 불꽃으로 인해 한 세기의 역사를 자랑하는 보스턴 차사건 선박과 박물관까지 불길이 번져 이곳 관광 명소가 불타게 되었다"는 기사가 크게 실렸다. 또한 "어제 불길로 인해 시커멓게 변한 금융가의 하늘을 보고 수백 명의 행인들이 몰려들었다"는 내용도 있었다. 당시 나는 겉보기에 전혀 이상하지 않은 보통의 논리에 입각하여 이 사건을 간과한 셈이었다.

어찌 보면 나는 '합리적인 바보(rational fool)'라고 할 수 있을 것이다. 본래 이 용어는 1998년 노벨상 수상자인 하버드대학 경제학 교수 아마티아 센(Amartya Sen)이 처음으로 사용한 말이다. 합리적인 바보란 항상 자신의 이익을 최대화하는 데만 몰두하는 인간의 성향을 정의한 말로서, 기존의 경제적인 특징으로 인간 행동을 규정함으로써 비롯되는 문제를 묘사한 말이다.

하지만 우리는 확실한 관점을 확보하고 있다고 자신했음에도 불구하고 결국 상황을 잘못 진단하는 우를 범하는 데에는 그럴 만한 이유가 있다는 데 주목해야 할 것이다. 시장 참여자들이 모조리 '비합리적'이어서가 아니다(물론 일부 비합리적인 사람들도 있다). 즉 비대칭 정보 및 시장의 불완전성과 같은 경제학 이론 등에서의 영향력 있는 연구 결과 밝혀진 다른 이유들 때문이다. 심리학과 신경학의 통합 연구 분야는 물론, 분포곡선의 꼬리 부분에 해당하는 사건들을 분석한 최근의 연구에서 어떠한 불완전한 요인이 존재하고 있음이 밝혀졌다는 점도 눈여겨볼 만한 대목이다.

즉 여기서 한 가지 분명히 해야 할 사실은, 시장 참여자의 합리성 여부가 핵심이 아니라는 점이다. 시장 참여자가 비합리적이라는 가능성은 권위 있는 신고전주의 경제학파 및 이와 밀접한 재무론 분야의 효율시장 학파(전통적으로 시카고대학과 인연이 깊음)에서는 강력하게 부인하고 있다. 사실상 무엇을 포착하고자 몰려드는 날카로운 사람들이 가득한 금융시장에서 시장 참여자가 비합리적이라는 점은 언뜻 생각해 보면 이해가 되지 않는다.

영화 〈월스트리트〉(1987년)에서 극중 고든 게코(Gordon Gekko) 역을 연기했던 마이클 더글러스(Michael Douglas)가 텔다 제지(Teldar Paper) 주주를 대상으로 했던 연설을 살펴보자. 고든 게코는 청중에게 "내외 귀빈 여러분, 달리 표현할 말이 없으나 직설적으로 말하자면 '탐욕'이라는 것은 좋은 것입니다. 탐욕은 옳습니다. 탐욕은 효과적입니다. 탐욕은 진화하는 영혼의 본질을 분명히 보여주고 꿰뚫어보며 이를 담고 있습니다. 생명, 돈, 사랑, 지식에 대한 탐욕은 어떤 형태로든 인류의 도약을 의미했습니다." 고든 게코의 말에 공감하든 혐오하든 간에 그의 시각을 공유하려는 수많은 사람들이 금융 산업을 좌지우지해 왔음은 부인하기 어렵다. 그러다 보니 비합리적인 행동은 지속되기 어렵고 값비싼 비용을 초래한다. 승자에게는 매우 후하게 보상하는 이 업계에서는 합리적인 사람들조차 돈을 벌어보려는 욕망에 덤벼든다.

따라서 문제는 비합리성이 아니다. 진짜 문제는 상당히 합리적인 시장 참여자들이 왜곡을 일으키는 요인에 영향을 받을 때가 있어, 그 결과 시장이 새로운 현실에 서서히 적응하면서 평가와 유동성의 이탈 현상이 대두된다는 점이다. 남들이 보면 한마디로 합리적인 바보의 모습인 셈이다. 이것이 진짜 문제가 맞다면(물론 맞다), 두 가지 사안을 추가적으로 고려해야 한다.

첫 번째는 이와 같은 상황이 발생할 경우 추가적인 왜곡이 뒤따를 것인지의 여부이며, 두 번째는 합리적이며 정보에 입각한 투자

자들의 바람직한 반응으로서 평형상태에서의 추가적인 이탈이 일어
날 것인지의 여부이다.

이러한 왜곡 현상은 정보의 실패만큼이나 직관적일 수 있고 붕
괴의 조짐을 나타낼 수도 있다. 또한 분포곡선의 두툼한 꼬리 부분
에 해당하는 사건의 가능성과 특징을 이해하지 못하는 등의 지성적
인 편견에 따른 왜곡 현상만큼이나 복잡할 수 있다. 이와 같은 현상
은 미래에 대한 가이드로서 과거를 이용하여 지적인 지름길을 얻고
자 하는 자연적인 인간의 본성과 연관되어 있다.

복합적 접근법의 유효성

다음은 이 같은 왜곡 현상을 조장하는 근본적인 원인에 대해 자세히
분석해 보고자 한다. 먼저 내가 가장 좋아하는 경제학적 발견이자 유
용한 분석 수단인 '레몬시장(The Market for Lemons)' 이론부터 살
펴볼 것이다. 이 이론의 기원을 찾으려면 25년 이상을 거슬러 올라
가야 한다. 레몬시장 이론은 불완전한 정보에 기초하여 행동하기 때
문에 발생하는 비정상적인 선택에 관한 이론으로, 이 이론은 비슷해
보이는 사건의 결과들이 시기에 따라 왜 다른지를 설명하는 데 매우
유용하다. 나는 먼저 다양한 결과를 초래한 원인에 대해 간략하게
설명하고 경제학, 재무론, 행동이론, 신경과학을 복합적으로 접목하
고자 한다. 그리고 '다중 평형상태(multiple equilibria)' 및 '차선의
이론(theory of second best)'에 관한 연구 내용을 토대로 투자자들

의 반응이 지니는 영향력을 설명하면서 마무리 짓고자 한다.

논의에 앞서 과학의 역사와 철학에 대한 토마스 쿤(Thomas Kuhn)의 권위 있는 연구 결과에서 밝혀진 중요한 발견 사항을 몇 가지 언급하고자 한다. 토마스 쿤은 과학의 발전이 직선적이지 않으며 오랜 시간이 걸리기도 한다고 강조한 바 있다. 불가피하게도 패러다임의 전환은 정체와 진행을 반복할 수밖에 없다. 과거의 패러다임에서 벗어나지 못하는 이들은 불규칙성이 장기화된다든지 하는 반박할 수 없는 확고한 증거가 나타날 때까지 기다린다. 처음에는 불규칙성의 원인을 패러다임의 부적합 때문이 아니라 연구진의 실수에서 찾는다. 그러나 과거 패러다임의 관점에서 새로운 패러다임을 바라보는 데에 따른 어려움으로 애로는 더 많아진다. 이렇듯 옛것에서 새것으로의 전환은 더디고 험난하다.

신호를 찾기 위해서는 소음 이외의 다른 것도 살펴봐야 한다. 그 이유는 다양한 분야를 참고할 경우 분석 내용이 과도하게 단순화된 전제로만 채워질 위험을 줄일 수 있다. 보통 이론이나 모델은 과도하게 단순화된 전제가 주를 이룬다. 이 때문에 애초에 전제 자체가 과도하게 단순화되었다는 사실을 잠시라도 잊을 경우 실제 적용에 차질이 생긴다. 반면에 특정 가설을 뒷받침할 학문 분야가 다양할수록 정확성과 적용성을 확보할 확률도 높아진다.

이와 관련하여 나는 25년 전에 알게 된 놀라운 주장을 하나 소개하고자 한다. 당시 옥스퍼드에서 열린 세미나에서 지금은 고인이 된 경제학자 존 힉스(John Hicks : 사회 회계학을 창시하였으며 국민경제 계산의 이론화에 기여했다)는 말, 기호, 도표로 제시되어야 특정 이론이 설득력을 얻어 확고하게 성립될 수 있다고 주장한 바 있다. 여기서는 그 정도로 포괄적이지는 않더라도 다양한 보충적인 시각들을 동원하여 시장 참여자가 소음 속의 신호를 무시하는 것은 깊게 내재된 천성이며, 이러한 특성 때문에 투자자가 적기에 중요한 전환점을 알아채고 대응하기가 어렵다는 주장을 제시해 보고자 한다.

소음 분해하기

레몬시장 이론으로 도출된 아이디어 _____ 겉보기에 비정상적인 시장 행동과 결과를 설명한 기존의 이론적인 접근 방식은 '시장의 불완전성'에 토대를 두고 있다. 말하자면 핵심적인 활동 여건이 붕괴되지만 않는다면 시장의 기능은 완전했을 것이라는 개념이다. 가장 빈번한 붕괴 사례는 적절하고 원활한 시장 체계의 기능에 있어서 필수적인 '정보'를 취합하고 배포하는 과정에서 발생한다. 실제로 그러한 붕괴가 일어나기 때문에 기존의 신고전학파 경제학 및 효율적 시장이론은 혼란의 신호, 합리성의 한계, 구조적인 불확실성이라는 개념에 의해 보완되어야만 한다. 따라서 정보의 실패는 극단적인 경우 판매자와 구매자의 생산적인 교류와 거래가 불가능할 정도의 단절까지 일으킬 수 있다. 그 결과는 유동성의 급정체를 비롯한 잇따른 시장의 혼란이다. 분명 2007년 여름의 상황은 그랬다.

내가 가장 유용한 분석 도구로 꼽는 것이 레몬시장 이론이다.

나는 기술적 유동성의 세계 속에서 그 효과가 증명된 투자 전략을 알리고자 레몬시장을 수없이 활용하였다. 본래 레몬시장은 2001년 노벨 경제학상 수상자인 UC 버클리대학의 조지 애커로프(George Akerlof) 교수가 1970년 발표한 논문에서 그 기원을 찾을 수 있다. 애커로프 교수는 정보의 역할, 정보의 비대칭성, 붕괴의 신호를 설명하고자 '중고차 시장'을 예로 들었다. 이 과정에서 그는 극단적인 경우 정보의 비대칭성과 붕괴의 신호는 시장 전체의 마비 등을 포함한 시장의 부정적인 움직임을 초래할 수 있다는 것을 보여주었다.

여기서 '레몬'은 숨어 있는 결함이 있는 자동차를 뜻하는 영어 속어이다. 즉 레몬은 향이 좋고 맛있어 보이지만 먹기엔 너무 시다는 점에서 겉만 그럴듯해 보이는 중고차를 레몬에 빗댄 것이다. 이제 구매자가 좋은 자동차와 불량 자동차를 구별하기 위한 정보가 충분하지 않을 경우 어떤 일이 벌어지는지 살펴보자. 결과적으로 판매 대상 차량 가운데 불량 차량이 포함되어 있다는 사실 때문에 결함이 없는 자동차의 시장가격이 떨어질 확률이 매우 높다.

수직 상승의 신호는 강도가 너무 약하고 수직 하강의 신호에 곧잘 묻히기 마련이다. 정상적인 시장 신호로는 정보 격차를 신속하게 줄일 수 없다. 그 결과 시장에서는 변화가 전개된다. 변화 가운데에는 시장의 평균 품질이 낮아진다는 인식에 대응하여 고품질의 차량 판매자가 시장을 빠져나가는 현상도 포함된다.

2장에서 살펴본 노던락의 사례에서 매트 리들리의 말을 기억하는가? 노던락의 유동성 위기 이전에 그의 말을 빌리면 "고품질 대출 자산은 계속해서 자금을 유치하는 반면, 저품질 대출 자산은 부실화하기 시작한다"라는 가정이 있었고, 이는 기존의 경제학 및 재무이론으로 뒷받침되었다. 하지만 레몬시장 이론에 따르면 시장의 혼란기 동안에는 이 가정이 성립되지 않음을 알 수 있다. 대신에 고품질 시장 부문의 변화가 전개된다. 매트 리들리의 말을 다시 한 번 빌리자면 "유동성이 마르기 시작하면서 대출 상품 간의 품질 구분은 사라졌으며 이러한 사태는 심지어 최악의 예측치보다 더 오랫동안 지속되었다."

그렇다면 투자자가 레몬시장의 상황을 구별할 수 있는 방법은 무엇일까? 그것은 바로 개별 가격을 펀더멘털과 비교하여 평가하고, 이들 가격이 경쟁 상품군 및 보완 상품군과 비교하였을 때 어떤 움직임을 보여왔는지 살피는 것이다. 이렇게 하면 시장의 불완전성으로 촉발된 군중행동에 의해서 자산가격이 영향을 받을 때 이를 포착해 유리하게 이용할 수 있다. 이와 같은 과정을 통해 정보 및 신호의 불완전성에 의해서 시장이 최적으로 움직이지 않는 상황을 유리하게 활용할 수 있다.

기존 시장의 불완전성을 넘어 _____ 가격 괴리, 비효율적 분배, 비정상적인 투자 행동 등으로 규정할 수 있는 시장 붕괴의 상황을 초래하는 불완전성에 정보 제약만이 있는 것은 아니다. 성숙도가 낮은 경제에서는 취약한 국정 운영의 체제, 유동적인 재산권, 그리고 일관성이 결여된 법치주의의 적용으로 시장 붕괴가 일어날 수 있다. 실제로 수많은 불완전한 시장 상황이 이상 현상과 이에 따른 궤도 이탈을 일으킨다. 하지만 이것만으로는 성숙한 금융시장에서 활동하는 전문 투자자들이 엄청난 실수를 저지르는 이유를 설명하기에는 부족하다. 게다가 이러한 실수는 시간이 지남에 따라 반복될 수 있다. 따라서 정보에 입각한 전문 투자자들도 모르는 사이에 편견이 형성되어 바로 잡히지 않는 정황을 살펴볼 필요가 있다.

이 문제를 이해하는 데에는 전통 경제학 및 재무론을 넘어 행동과학 및 신경과학 영역의 이론을 참고하는 것이 도움이 된다.

검은 백조 ─────── 2장에서 살펴보았듯이 이상 현상의 동시다발성과 과거의 모델만으로 자신 있게 투자를 지속하여 더 많은 리스크를 감수하는 투자 성향은 기존의 흐름과 배치된다. 그러나 이러한 배치되는 성향은 과거의 사례들을 살펴보면 흔히 확인될 수 있다. 왜냐하면 역사적으로 투자자들은 '극단적인 사건'을 과소평가하는 경향이 있기 때문이다.

나심 니콜라스 탈렙은 자신의 저서 《블랙 스완(The Black Swan: The Impact of the Highly Improbable)》(2007년)에서 이 문제에 대한 중요한 견해를 제시하였다. 그는 "드문 사건, 극단적인 효과, 후향적(retrospective : 과거를 되돌아보는 것을 기초로 하는 방식)인 예측 가능성"이 모두 합쳐져서 일어나는 사건을 사전에 체득하지 못하는 인간의 성향을 분석하고 있다. 그의 표현을 빌리자면 이 같은 '검은 백조의 무지'는 큰 여파를 동반할 수 있는 중대한 변화의 가능성을 무시하려는 보편적인 성향으로 이어진다.

탈렙은 수많은 검은 백조의 예들을 제시하면서 이것이 비단 금융의 변화, 자연재해, 대규모의 전쟁(1차 세계대전 등)에만 국한된 현상이 아니라고 말한다.

　일상 속의 다양한 분야에서 검은 백조 현상은 주기적으로 발생하지만 인류는 검은 백조 현상을 확실하게 이해하는 데에 여전히 거부감을 가지고 있다. 일반적으로 사람들은 이 세상은 구조적이며 이해할 수 있는 곳이라고 생각하고 싶은 마음이 크다 보니 이 같은 성향이 나타난다. 그리고 국제사회의 복잡성이 발생할 때, 특히 극단적인 사건에 해당하는 현상이 반복되어 나타나면서 마음 편한 생각이 어긋났을 때조차 인간은 분포곡선의 꼬리 부분에 해당하는 사건을 기존 시각의 재구성된 것에 지나지 않는 것으로 간주하는 등 사후적인 설명에서 위안을 찾는 경향이 있다.

　이에 탈렙은 '삼중 불투명(triplet of opacity)' 때문에 많은 사람들이 속아 넘어간다고 말한다. 즉 현재 사건을 과도하게 단순화하고, 역사적인 사례를 왜곡하며, 데이터의 해석 능력을 과대평가하는 내재적인 성향이 있다는 의미이다. 그 결과, 첫째 가능성이 희박한 사건을 본능적으로 과소평가하게 되고, 둘째 미래를 예측하는 데 있어서 과거에 대한 해석에 과도하게 의존한다. 그 결과 가능성이 낮은 사건의 여파는 증폭될 수밖에 없다.

　탈렙은 이와 같은 일반적인 편향성이 투자세계에 입문하게 되는 현대 재무학도들에게 가르치는 전통 금융 모델에 내재되어 있다고 불만을 토로하면서 열띤 논쟁을 일으킨 바 있다. 그는 "금융경제학의 환경은 치료되는 환자보다 죽는 환자가 많았던 중세 의학을 연상시킨다"고 주장한다. 그가 내세우는 이론은 시중의 금융상품 다수에 기반이 되는 정규분포(종 모양 곡선)를 겨냥하고 있다. 금융상품들은 상세한 분석이 매우 미흡한 '예측된 확률'에만 초점을 맞춤으로써 사건의 심각성을 가리는 경향이 있고 결과적으로 해당 사건의 발생 가능성과 그 여파를 과소평가한다고 말한다.

전미 의료협회인 NBME(National Board of Medical Examiners)의 연구진이자 펜실베이니아대학 와튼대학원 교수인 하워드 와이너(Howard Wainer) 역시 접근 방식은 다르나 유사한 결론을 도출하였다. 그는 2007년 "가장 위험한 방정식(The most dangerous equation)"이라는 기사에서 인류가 평균에만 초점을 맞추고 '변동(평균 근처의 표준편차)'은 무시하는 경향이 있으며, 이는 너무도 많은 분야에 있어 '위험'한 태도라고 말한다. 그는 "변동을 무시함으로써 혼란이 일어나는 매우 긴 기간, 방향을 잃은 다양한 분야, 변동을 간과함으로써 일어나는 결과의 심각성"을 지적한다. 그는 몇 가지 역사적인 사례를 꼽으면서 변동을 간과한 결과 "수세기 동안 천문학적인 손실이 발생하였으며 말할 수 없는 고통을 겪게 되었다"고 밝혔다.

이와 같은 주장은 구조적인 이탈 현상이 일으키는 예외적인 결과 및 과거와 미래 세계의 충돌에 관한 이 책의 가설과도 일맥상통한다. 게다가 금융시장의 소음 속에 들어 있을지도 모를 신호 등 정상을 벗어난 예외적인 상황을 고찰하는 것이 왜 효과적인지도 강조한다. 앞으로 7장에서 살펴보겠지만 이 같은 주장은 특히 새로운 장기적인 종착지로의 험난한 여정을 감안할 때 두터운 꼬리 부분에 해당하는 사건으로부터 스스로를 보호하는 것이 매우 중요하다는 점을 뒷받침해 준다.

행동과학 및 신경과학 측면 _____ 점점 더 많은 투자자들이 투자세계를 비롯해 각계의 지성인들이 똑같은 실수를 반복하는 현상을 전문적으로 연구하는 학문에 관심을 기울이고 있다. '행동경제학'과 '재무론'으로 분류되는 이들의 연구는 주로 심리학 이론에 기초하고 있으며, 신경과학에 관련된 지식도 시간이 갈수록 접목되고 있는 추세이다.

행동과학 및 신경과학 분야는 자산가격의 변화, 투자자의 행동, 기업 재무의 동향을 설명하는 데 있어서 전통적인 접근법을 보완해 준다. 이들 학문은 투자자들이 기대수익이 아닌 거대한 수익을 반복적으로 추구하는, 흔하지만 비효율적인 투자 성향을 이해하는 데에 유용하다. 또한 투자자들의 군중행동 및 이익과 손실에 대한 비대칭적인 민감함을 보이는 현상도 다루고 있다.

이들 분야에서는 또한 최초 기업공개(IPO) 및 일부 투자자들의 수동적인 성향, 주저하는 태도, 자국 증시의 선호 현상을 분석하는 데에 유용한 정보를 얻을 수 있다. 투자자들의 고집스러운 자국 증시의 선호 현상에 따라서 포트폴리오의 다변적 구성이 미흡해지는 현상도 설명이 된다. 이 책의 후반부에서는 실제로 구조적인 변화가 진행되는 동안 시장 주체가 어떠한 입지를 구축하는지 논의해 보고자 한다. 비교적 신생 분야에 속하는 이러한 통합 이론을 참고로 내가 제시하게 될 접근법은 전통적인 편견을 극복하면서 실행할 수 있는 이론들이다.

시간이 지날수록 권위를 얻고 있는 통합 이론은 전통 경제학 및 재무론적인 접근법을 지배했던 합리적인 인간 행동의 개념과는 거리가 멀어 보이는 행동 양상이 반복적으로 관찰되면서 형성되었다. 즉 시간에 따라 선호도가 달라지는 현상 및 유익한 행동인줄 알면서도 따르지 않으려는 성향 등이 그것이다.

또한 기업의 연금 불입액 지원 등 '잉여 현금(free cash)'을 활용하겠다는 의지, 여러 가지 선택안을 해석할 때는 별개의 것으로 간주하지만 결국은 복합적으로 실행하고 마는 '협소한 선택'과 '매몰비용(sunk costs : 이미 발생했거나 지출했기 때문에 회수가 불가능하거나 용도를 바꿀 수 없는 비용)'이 미래 결정에 과도하게 영향력을 미치는 상황도 포함된다.

이러한 발견 사항을 설명하기 위해서 행동과학에서는 시장 행동을 좌우하는 몇 가지 심리적인 특징을 적용, 모형화하려는 시도를 하였다.

예를 들어 자신감, 낙관론, 신뢰, 임의적인 시장의 결정에 대한 과도한 의존도가 나타날 때 투자자의 행동이 얼마나 영향을 받는지를 분석해 왔다. 또한 자동적인 인지 작용 및 의도적인 논증 작용 간의 공통점을 파악하기도 했다.

누구나 위 사안들 중에서 적어도 한 가지에 대해서는 본인이 민감하다는 사실을 발견했을 것이다. 이들 행동에 대한 통합 이론의 설명은 이 장의 초반에서 설명한 전통적인 '시장 실패' 이론과는 다르다. 왜냐하면 완전한 정보가 있고 반복 학습(즉 동일 현상의 빈번한 재발)을 통해 배울 수 있을 때에도 이 같은 행동이 일어나기 때문이다. 즉 통합 이론에서 제시하는 설명은 의사 결정에 있어서 감성이 미치는 영향을 토대로 한다.

이 책의 주제를 감안하면 독자들은 또 다른 행동 현상이 존재한다는 것을 유념할 필요가 있다. 바로 '처분 효과(disposition effect)'이다. 처분 효과란 보유 자산의 가격이 매수가격 이하로 떨어졌을 때 매도하기를 주저하는 현상을 말한다. 핌코의 창립자인 빌 그로스 등 성공한 투자가들은 종종 동료들에게 손해를 보게 만드는 자산은 붙들고 있고, 이익이 되는 자산은 내다 파는 성향을 경계하라고 경고한다. 행태재무론에서는 처분 효과가 평균 회귀의 가능성에 대한 과도하고 왜곡된 맹신을 반영한다고 본다. 이와 같은 현상은 투자 결정을 협소하게 선택할 경우 쉽게 나타난다. 또한 이런 현상은 매몰비용의 효과와도 관계가 있다.

한편 뇌의 다양한 부분이 함께 작동하는 원리를 설명한 이론은 이들 설명을 보충해 준다. 보통 신경과학 전문가들은 나와 같은 비전문가들에게 뇌의 진화 과정을 설명할 때 블록 쌓기의 과정을 예로 든다. 즉 새로운 기능이 기존 기능에 추가되는 자연적인 진화 과정이라는 뜻이다. 실제 인간의 행동과 의사 결정은 다양한 계통이 복합적으로 이루어진다. 각각의 계통 간에는 불가피한 충돌이 있을 수 있고 각각 상충되는 결과를 내놓을 수도 있다. 이러한 원인으로 전문가들은 대개 '감성적 뇌'라고 하는 변연계와 '분석적 뇌'라고 하는 외측 전두엽 간에 빈번한 충돌을 지목한다.

예일대학의 로버트 실러(Robert Shiller) 교수는 행태재무론 분야의 선구자로《이상 과열(Irrational Exuberance)》이라는 저서로 세계적으로 주목을 받은 인물이다. 그는 최근의 한 인터뷰에서 "인간의 의식은 믿을 수 없을 정도로 강력하다. 놀라운 수준의 계산 능력을 가지고 있다. 그러나 동시에 큰 실수를 저지르기도 하고 어리석은 일을 범하기도 한다"고 언급하였다.

변화란 힘든 과정이다

세부적인 과학이론과 실생활에서의 다양한 적용 사례에 관심이 있는 사람이라면 카네기멜론대학, 하버드대학, 프린스턴대학 등의 연구진이 실시한 흥미로운 연구를 참고해 보는 것도 좋을 것이다. 즉각적인 보상과 지연된 보상 간에 선택을 할 때 뇌가 어떻게 작동하는지 살펴보기 위한 자기공명영상(MRI)의 활용 등의 연구가 그 예이다. 이들의 연구 결과는 비교적 단순하면서도 확실하다. 바로 구조적인 변화를 빠르게 파악하여 대응하는 인간의 능력은 '시장의 불안정성'이라는 전통적인 관념 이외에도 수많은 걸림돌에 직면하게 된다는 것이다. 이들 걸림돌은 기초적인 뇌의 작동 원리와 관련이 있다. 즉 앞서 설명한 이상 현상이 발생할 경우 투자자의 분석적인 뇌 영역은 너무 복잡해져서 그냥 감성적 뇌 영역의 지배를 받게 될 가능성이 크다는 점이다.

이러한 사실은 변화에 직면했을 때 열린 자세를 보이지 못하고 적응이 느린 인간의 일반적인 성향과도 관련이 있다. 실제로 구조적인 변화는 많은 사람들이 안전하다고 여기는 영역 밖에 속한다. 사람들이 과거 지향적인 기준에 의존하는 경향이 있어서 이러한 변화를 파악하기가 어렵기 때문이다. 그러한 결과로 뒤늦게 상황을 깨닫는 바람에 변화에 따른 혼란은 증폭된다.

2007년 10월 하버드대학의 신임 총장으로 취임한 드류 파우스트(Drew Faust)는 취임식에서 대학이 변화에 대처하는 자세에 대해서 언급하였다. 교육과 더불어 연구에 주력함으로써 대학은 항상 지식 확장을 목표로 조직되어 있다. 지식 확장은 어떤 식으로든 곧 과거의 경험, 특권, 통념이 진화해야 함을 의미한다.

10월의 취임식이 있던 어느 날 오후 하버드 캠퍼스에 모여 있던 청중들에게 파우스트 총장은 변화란 대학에서조차 어려운 것이라고 설명하며 다음과 같이 연설하였다.

"대학에서는 그 특성상 어지러운 통제 불능의 문화가 조성된다. 이는 미래에 대한 대학의 주된 책임이다. 교육, 연구, 강의는 늘 변화를 위한 것이었다. 배움으로써 변화하는 학생, 세계관을 바꿔놓을 탐구에 따른 세계의 변화, 지식이 정책으로 이어질 때 변화하는 사회 등… 지식의 확장은 변화를 뜻한다. 하지만 종종 얻는 게 있는 만큼 잃는 것도 있고, 발견하는 만큼 방향도 상실하는 것이 변화라서 이는 편안하지 않다. 마키아벨리(Machiavelli)가 말했듯이 변화를 반기는 사람은 없다. 하지만 미래를 내다보면 대학은 불편한 변화를 받아들여야만 한다. 이것이 이해의 폭을 넓히는 근간이기 때문이다."

그러므로 오늘날 투자자가 답해야 할 문제는 왜 평소 효율적인 시장이 구조적인 변화에는 한발 늦게 대응하는지가 아니다. 왜 투자자의 대응이 가지각색인가도 아니다. 중요한 것은 변화로부터 어떤 결과가 도출될 것인가 하는 점이다.

다중 평형상태

투자자가 시장의 전환점을 놓쳐 뒤늦게 대응할 가능성을 분석해 봤으니, 이제는 이러한 여건에서 세계는 어떻게 변화할 것인가를 살펴볼 차례이다. 뒤늦게나마 세계는 새로운 평형상태에 안착할 것인가? 아니면 적응 과정 자체에서 또 다른 변덕스러운 상황이 발생할 것인가? 만일 또 다른 변덕스러운 상황이 발생할 가능성이 있다면 그 상황은 투자자들에게는 어떠한 의미인가?

이론이 아닌 실제 금융시장의 진화를 연구하는 경제학자들은 '다중 평형'이라는 개념을 종종 동원할 때가 있다. 이러한 개념은 인과관계의 일대일 대응 방식을 버리고, 대신 보다 복잡하게 얽힌 상호 작용과 결과를 나타낸다. 다중 평형의 개념은 최근 행태재무론에서 실시된 연구로 뒷받침된 바 있다. 바로 차익거래의 한계에 대한 연구이다. 이와 같은 연구에서는 상당 기간 동안 시장이 빈번하게 평형상태에서 벗어나는 경우가 있다는 것을 보여준다. 시장에 '합리적' 주체가 '비합리적' 주체와 상호 작용함으로써 비합리성이 상쇄됨에도 불구하고 이 같은 현상이 발생한다. 가장 두드러진 예가 뻔히 보이는 구조적인 가격 괴리를 시장이 조정하지 못하는 경우이다.

다중 평형의 중요한 요인 가운데 피드백 루프와 경로 의존성(Path dependency)이 포함되어 있다는 점이 눈에 띄는 특징이다. 한마디로 '임계치를 넘기는 사건(threshold-crossing event)'이 한 차례의 반응을 일으키고, 이는 처음에는 전혀 일어날 이유도 없었던 또 한 차례의 반응을 촉발시킨다는 이야기이다. 이 장의 서두에서 살펴본 불완전하고 비대칭적인 정보가 발생할 경우에 이 과정은 더욱 흥미진진한 양상을 띠게 된다.

이러한 개념이 복잡하다면 일상생활과 관련된 사건으로 어마어마한 심리적 변화가 일어나는 과정을 생각해 보면 쉽게 이해될 것이다. 특히 스포츠팬들이라면 이 현상에 대해 잘 알고 있을 것이다. 왜냐하면 연쇄적인 파급 경로를 통해 상대적으로 단순한 사건을 시작으로 경기흐름이 완전히 달라지면서 대세가 역전되는 경우를 수없이 보았을 것이기 때문이다. 미식축구에서 단 한 가지의 작전으로 대세가 역전되고, 관중의 이목이 집중되며, 팀의 사기가 충천되고, 경종이 울리기도 한다. 다중 평형의 연쇄적인 파급 효과는 아이들과 해변에서 모래성을 쌓을 때에도 발견할 수 있다. 처음 한동안은 쌓여가는 모래성의 측면으로 많은 모래가 도로 흘러내린다. 그러나 어느 단계에 이르면 떨어지는 모래의 수가 적어진다.

이 모든 현상의 중심에는 이 책의 전체를 연결하는 주제가 자리잡고 있다. 바로 체제 변화를 야기하는 촉매 작용이다.

전염 _____ 연쇄적인 유동성 문제의 가능성에 직면하면 왜 정책 입안자들이 과잉 반응하는지도 다중 평형 현상으로 설명할 수 있다. 결국 단일 평형 구도에서 다중 평형 구도로 전환이 일어난다는 것은, 앞으로 곧 이어질 결과의 순서들을 정확히 예측하기가 훨씬 힘들어진다는 뜻이기 때문이다. 그래서 정책 입안자들이 소극적으로 반응할 경우 하방 위험은 커진다.

앞서 설명했듯이 2007년 여름에 시작된 유동성 위기의 상황을 보면 이 현상의 두 가지 확실한 예를 볼 수 있다. 첫 번째 예는 영국에서 찾아볼 수 있다. 노던락의 대규모 인출 사태로 영국 정부는 영국 내 모든 은행의 예금을 보증해야 했다. 다시 말해 특정 은행에서의 만기 불일치라는 부분적인 문제가 은행의 모든 예금을 모두 보증하는 사태를 촉발했고, 이는 도덕적 해이가 발생할 위험을 알면서도 발생한 조치였다. 다중 평형 이론의 용어로 말하자면, 처음에는 현실화될 이유가 전혀 없었던 예상이 노던락의 체제 변화로 자연스럽게 현실화되면서 정부는 또 다른 위기를 불러일으킬까봐 이를 미연에 방지하는 데 주력했던 것이다.

두 번째 사례는 미국 FRB가 그해 9월에 기대 이상의 큰 폭으로 금리를 인하하여 시장을 놀라게 했던 사실이다. 이후 연이어 금리 인하가 이어졌고 그 중에는 2008년 1월 22일 상당히 이례적이면서도 파격적인 75포인트 긴급 인하 조치까지 포함되었다. 그러나 효과는 없었다. 즉 특정 시장의 이탈 현상이 전반적인 신용경색으로 이어져 경제 활동을 위협하고 실업을 유발하며 다수의 국민 계층에서 불필요한 고통을 일으키지 않도록 하겠다는 의지에서 비롯되었으나 효과는 없었다.

이와 같은 조치는 FRB가 대응책을 마련할 때 '보증안'을 강구할 것이라는 신호를 동반하였다. FRB 위원장인 벤 버냉키는 "성장을 지속하고 하방 위험에 대비한 적정 수준의 보증을 위해 추가적인 특단의 조치를 취할 준비가 되어 있다"고 의회에서 증언하였다. 또한 버냉키는 이 같은 증언을 통해 FRB의 정책 입안 조직은 "각별히 경계하고 유연성을 갖춰야 한다"고 밝혔다. 이 역시 특정 시장의 이탈 현상이 전반적인 상황으로 비화하는 것을 막고자 한 대응 방안이었다. 이와 같은 통화 정책 대응과 함께 주택 압류 및 이에 따른 주택가격의 급락과 소비자 신뢰도의 하락을 미연에 방지하기 위한 재정 정책 및 준 재정 정책도 동반되었다.

다중 평형과 전염이라는 개념은 경기 변동부터 기후 변화 및 환경 구조에 이르는 광범위한 분야에 적용된다. 내가 이들 개념을 처음 접한 것은 25년 전 신흥 시장을 관찰하면서부터이다. 당시 나는 특정 국가 및 지역의 위기 상황은 초기 여건이 똑같지 않은 다른 나라들에도 부수적인 피해를 초래하는 경향이 있음을 발견하였다.

당시 신흥 시장은 특히 세 가지 서로 다른 전파 경로를 통하여 전염 효과 및 다중 평형에 취약하였다.

- 경제 : 신흥 경제국은 높은 채무 이자를 부담할 수익을 창출하기 위해 수출을 통한 선진국으로의 접근이 필요하였다.
- 자금 : 신흥 경제국은 새로운 자금원을 동원할 수 있어서 만기 차입금의 상환 시기를 사실상 연장할 수 있었다.
- 기술 : 신흥 경제국 입장이기에 전략적(즉 전문적이고 보다 안정적인) 투자자금의 흐름은 제한적이었고, 따라서 그 외의 방편으로 전술적인 투자자금을 동원하는 것이 중요하였다.

이들 세 가지 전파 경로는 매우 밀접한 관련을 맺고 있다. 경제적인 이탈 현상으로 전반적인 국제 자금의 흐름이 둔화될 수 있고,

그 과정에서 전술적 투자자들은 신흥 시장의 위험을 피해 철수할 수 있다. 게다가 각 경로들은 개별 신흥 시장들을 아우르면서도 상당한 연관 관계를 가지고 있다.

내가 신흥 시장의 이러한 현상을 실제로 처음 접한 것은 1982년 여름 옥스퍼드에 있다가 3개월간 IMF 인턴십에 참가하기 위해 워싱턴D.C.로 떠났을 때였다. 당시에는 '신흥 시장' 또는 '신흥 경제'라는 말은 쓰이지 않았다. 대신 '개발도상국'이라는 말이 가장 널리 쓰이고 있었고, 여전히 그 이전에 쓰이던 '저개발국' 또는 '제3세계'라는 말도 흔히 사용되고 있었다.

당시 나는 '통화 대체(currency substitution)' 프로젝트 하계 인턴십에 참가하면서, 그리고 〈블루시트(Blue Sheet)〉라는 일간지를 통하여 국제 금융 상황에 대한 정보를 매일 접했다. IMF에서 전 세계 주요 경제 및 금융 소식을 요약해 발간했던 이 일간지의 어조와 내용은 8월이 되자 급격하게 바뀌었다. 멕시코가 국제 채무 상환의 의무를 더 이상 준수할 수 없게 되었다고 공식적으로 발표하면서 변화는 시작되었다.

멕시코에 대한 소식은 주요 국제 사건으로 확대되었다. 미국의 대표적 은행인 체이스 맨해튼 및 시티뱅크의 건전성에 대한 우려가 높아졌다. 특히 멕시코 및 인근 국가에 빌려준 자금의 규모가 자사의 자본금을 초과했던 대형 머니센터 뱅크들의 경우 문제가 더욱 심각했다. 멕시코 이외의 다른 라틴아메리카 국가들에 대한 차관 계획이 무산되었고, 해당 국가들은 이 때문에 하나같이 국채 모라토리엄 선언 및 채무 재조정이라는 수순을 밟았다. 다국적 대출기관들은 한마디로 멕시코의 발표 이전에는 상상도 못할 수준의 대대적인 비상경영체제에 돌입해야만 했다.

당시 이와 같은 전염에 따른 기능적 여파가 어떤 것인지 제대로 배울 수 있었던 기회가 있었다. 몇 년 후 IMF가 당시로서는 이례적인 방침을 마련하여 (지금은 일상적인 방침이 되었지만) 나를 비롯한 IMF 내부 팀원들이 뉴욕 각 은행 및 투자 운용사를 방문하여 민간부문 자금의 개발도상국 유입 현황을 조사하고 정보를 수집하도록 하였다. 멕시코 소식 직후 금융권의 대응이 어떠했는지를 묻자 회사의 직원들 상당수는 칠레와 콜롬비아 등에 대한 신규 차관의 제공을 중단했고, 기존의 여신 한도를 부분적으로 갱신해 주기로 결정했다고 대답했다.

당시 은행 및 투자회사의 조치는 IMF 경제학자들에게는 비논리적이라는 인상을 심어주었다. 칠레와 콜롬비아는 신중한 국가 경제 및 재정 운영을 통하여 다른 나라보다 탁월한 실적을 보인 국가들이었기 때문이다. 그러나 이 같은 기본적인 분석은 우리가 보기에 기술적으로 타당하지 않은 것이었으므로 적용되지 않았다. 이 두 국가는 자국 밖에서 일어난 일 때문에 신용 할당의 수준이 높아지는 상황을 경험하였다. 다행히 두 나라 모두 개발도상국 전반에 걸친 신용경색의 기간을 채무 재조정의 과정 없이 무사히 헤쳐 나갔다.

나중에 밝혀졌지만 멕시코 정부의 발표는 1980년대 라틴아메리카가 겪은 '잃어버린 10년'의 시작이었다. 당시 라틴아메리카의 성장률은 곤두박질쳤고 무역은 감소하였다. 몇몇 정부가 공황 상태에 빠져 정부 지출 축소, 사회보장 부문(교육 및 보건 등)과 인프라 부문의 보호가 미비해지면서 빈곤이 확대되었다.

선진국에서는 은행업계의 대대적인 자본구조 개편 작업에 가려 라틴아메리카의 성장과 복지에 대한 우려가 주목을 덜 받았다. 자본구조 개편 작업의 핵심은 은행들이 전 세계 개발도상국에 대한 채권을 재조정하더라도 버틸 수 있게끔 자본 기반을 마련할 시간을 버는 것이었다. 이에 IMF와 세계은행은 대책에 대한 더 큰 재량권을 부여받았다. 동시에 '과잉 부채 부담(debt overhangs)' 및 '브래디채권(Brady bond)' 등과 같은 새로운 용어들이 등장했다. 브래디채권은 신흥 경제에 대한 은행의 채권을 증권화해서 판매한 미 재무부 장관 니콜라스 브래디(Nicholas F. Brady)의 이름을 딴 것으로, 이는 국제 금융에 있어 보다 낙관적인 시기를 여는 전기를 마련하였다.

이 낙관적인 기간 동안 신흥 경제는 서서히 국제 자본시장에 대한 접근성을 회복하였다. 그래서 새로운 금융상품 및 투자 활동이 확산되는 결과를 낳았다. 더 높은 신용 위험을 감수함으로써 투자자들은 채권 형태로 재조정된 은행에 대한 각국의 채무를 매입할 수 있었다. 채권 수익에는 선진국 정부와 기업이 발행한 채권금액에 대한 이자 외에도 상당한 프리미엄까지 포함되었다. 하지만 이러한 새롭고 보다 낙관적인 시기가 여세를 몰아 전개되면서 전 세계는 빠르게 신흥 경제의 광범위한 영향력에 대해 깨닫게 되었다. 그리고 다시 한 번 그 영향력은 파괴적인 결과를 낳게 된다.

1994년 12월과 1995년 1/4분기 동안 국제 시장은 다시 한 번

흔들렸다. 또다시 멕시코가 도화선이었다. 채무 상환의 불일치로 한 주권국이 통째로 채무 상환 불능의 위기를 경험해야 할 지경이었다. 당시 IMF 총재였던 미셸 캉드쉬(Michel Camdessus)가 필요한 자금 및 IMF가 부담해야 할 자금 규모를 발표했을 때 IMF의 몇몇 이사들의 얼굴에서 드러났던 충격적인 표정을 나는 생생히 기억한다. 대대적인 2단계 국제 금융 구제안을 통해 위기는 모면할 수 있었다. 1단계는 긴급 자금의 투입이었으나 이것으로는 불충분하였다. 1995년 3월, 2단계 추가적인 자금의 투입이 이루어졌다.

그로부터 2년쯤 지난 후, 국제사회는 라틴아메리카만이 국제 금융시장에서 혼란을 일으킬 수 있는 요인이 아님을 알게 되었다. 1997년 여름에는 아시아에 금융 위기가 닥쳤다. 한국, 인도네시아, 태국 등 이전까지 널리 칭송되었던 '아시아의 기적'을 이끈 주역들의 금융체제가 엄청난 내부 쏙발을 일으켰다.

그리고 1998년 8월이 되자 혼란의 여파는 서쪽으로 확산되어 러시아까지 덮쳤다. 같은 해 8월 17일 러시아는 채무불이행을 선언하였다. 그 과정에서 시장에서는 대대적인 이탈 현상이 일어났고, 9월이 되자 국제 금융업계의 몇몇 부문이 붕괴 직전까지 가는 상황에 이르렀다.

차입 비중이 높은 LTCM 헤지펀드의 종말 및 이에 따라 LTCM의 포지션을 질서 있게 청산하고 금융시장의 유동성을 재확보하고자 미국이 앞장서 진행한 정책적인 노력을 보면 당시 상황을 생생하게 알 수 있다.

차선의 이론

다중 평형과 전염에 대한 분석은 자연히 '차선의 이론'으로 이어진다. 이 이론은 켈빈 랭카스터(Kelvin Lancaster)와 리처드 립시(Richard Lipsey) 두 경제학자가 1956년에 내놓은 자료에서 그 기원을 찾아볼 수 있다. 이들은 하나 또는 그 이상의 '최적 조건'이 충족되지 못하는 상황에서 어떤 것이 최선의 대응인지를 분석하였다. 직관적으로는 최선의 대응이 또 다른 최적 조건을 충족하는 것이라고 생각할 수 있을 것이다. 그러나 그들의 연구 결과 이러한 대응은 피하라고 경고한다. 그들은 일단 하나의 최적 조건이 충족되지 않으면, 다른 최적 조건도 같이 충족시키지 않는 편이 최선의 대응 방식이라는 것이다.

나는 종종 이 중요한 이론을 학생들에게 설명할 때 대학 시절 인기가 많았던 이른바 '리스크 게임'을 언급하곤 한다. 리스크 게임은 간단한 보드 게임으로 게임자들은 서로 국가와 대륙을 정복해 세계를 지배하기 위해 경쟁한다. '군사'의 움직임은 기본적으로 주사위를 던져 결정된다. 즉 이 게임에서 주로 승리하는 사람은 확률에 기반해 전략을 수립하는 게임자이다. 이 게임 한 판이 며칠까지는 아니더라도 몇 시간은 걸리기 때문에 더욱 그렇다.

나는 시간이 지나면서 최적의, 그리고 확률에 기반한 접근 방식도 때로는 환경에 따라 변형하여 적용해야 함을 발견하였다. 예를 들어 확률 기반의 방식을 철저하게 고수하는 것은 상대편 게임자가 확률 기반 방식에 아무 영향을 받지 않을 경우에는 권장할 만한 방법이 아니라는 점을 알게 되었다. 상대방이 확률 기반의 방식에서 더 많이 벗어나 있을수록 본인 역시 평소 확률 기반의 전략에서 탈피하여 상대방에 대적해야 할 가능성이 크다는 것이다. 이런 상황에서는 본래 게임의 동기 및 상대방에게 있어 최적 행동이 무엇이냐가 아예 변경된다.

차선의 이론은 금융시장에서 중요하게 적용할 수 있다. "시장은 나의 지불 능력보다 더 오랜 시간 비합리적일 수 있다"고 한 케인즈의 발언도 핵심은 차선의 이론이다. 2007년 상반기에 시장에 팽배했던 이례적인 인수합병의 열기에 투자자들이 어떻게 대응해야 하는가를 설명할 때 차선의 이론이 유용하였다. 그리고 앞으로 4장에서 살펴보겠지만 차선의 이론을 보면 복잡하고 고도로 발달한 지금까지 성공적이었던 투자 모델 중 일부가 향후에는 위태로운 모델이 될 수밖에 없는 이유도 알 수가 있다.

결론

이 장에서 절충적이고 통합적인 분석을 동원한 이유는 간단하다. 시장 안에서의 소음 속에서 신호를 간파하고자 할 때는 본래 인간이 천성적으로 변화를 거부하는 다양한 이유가 있음을 고려하라는 의미에서이다. 또한 변화 감지의 지연을 일단 극복한 다음에는 시장이 알아서 재조정할 것이라고, 즉 초기의 충격이 없었던 상태로 회복될 것이라고 가정하면 안 된다. 더딘 변화의 감지 자체가 새로운 구도를 만들어낼 가능성이 매우 크기 때문이다.

바로 이러한 생각 때문에 여러 사람들이 새로운 세계의 출현에 촉각을 곤두세우고 있을 뿐 아니라 여기에 이르는 과정도 신중하게 분석해야 한다고 깨달은 것이다. 바로 그 분석 내용이 다음에 이어지는 4장과 5장에서 전개된다. 과정과 목표 지점의 핵심 요소를 이해하면 투자자는 리스크는 최소화하면서도 변화하는 세계를 십분 활용할 수 있는 유리한 고지를 점령하게 될 것이다.

WHEN MARKETS COLLIDE

이제 미국, 유럽, 일본을 파악하는 것만으로는 세계 경제 및 금융의 상황을 제대로 이해할 수 없다. 앞으로는 급격히 성장하고 있는 신흥 시장 국가들을 파악하는 것 역시 중요해질 것이다. 따라서 투자자들과 정책 담당자들, 즉 시장 참여자들은 새로운 자금 풀이 행사하고 있는 영향력을 구체적으로 파악해야 할 것이다.

새로운 세계에
대한 이해

04

04

변화에 따른 불일치

앞서 3장에서 논의한 개념들은 현재 세계 경제에서 일어나고 있는
중요하고도 근본적인 변화를 좀 더 잘 이해할 수 있게 해준다. 이 장
에서는 내가 HMC와 핌코에서 일하면서 동료들과 작업한 수년간의
분석 결과를 제시하고자 한다. 이러한 연구 결과는 과거의 세계와
새로이 나타나고 있는 미래의 세계 간의 불일치한 점을 뚜렷하게 보
여준다. 이들 두 세계는 세 가지 중요한 측면에서 차이를 나타낼 것
으로 보인다.

첫째, 이제 미국, 유럽, 일본을 파악하는 것만으로는 세계 경제
및 금융 상황을 이해하는 데 충분하지는 않을 것이다. 앞으로는 신
흥 시장 국가들을 제대로 파악하는 것 역시 중요해질 것이기 때문이

다. 빠르게 변화하는 신흥 시장의 경제 및 금융 상황을 이해하는 과정이 필요하다.

둘째, 투자자들과 정책 담당자들, 즉 시장 참여자들은 새로운 자금 풀(pool, 공동 출자)이 행사하고 있는 영향력을 좀 더 구체적으로 파악해야 할 것이다. 이러한 자금 풀 중 일부는 국가 투자기관들, 예를 들면 국부펀드(SWFs)에 집중되어 있다. 자산가치를 판단할 때에는 이러한 새로운 투자 주체들이 무엇을 사고 무엇을 팔 가능성이 높은지, 그리고 그 이유는 무엇인지에 대한 평가가 중요하다.

셋째, 앞으로는 경제 및 금융에 관한 기초적인 여건만을 토대로 향후 상황을 예측하기는 힘들어질 것이다. 많은 경우 쌍방향의 상호 작용이 갈수록 증가하고 있는 경제 내의 기초 여건들에 대해서 금융 혁신이 주도하는 시장에서의 기술적인 측면들이 얼마큼 영향을 미칠 수 있고, 또 실제로 얼마큼 영향을 미치는지도 파악해야 한

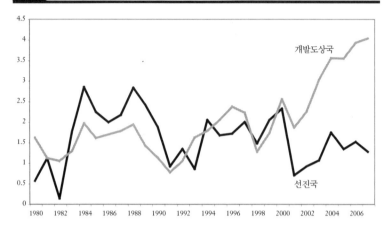

그림 4.1 세계 경제 성장의 핵심 세력이 되고 있는 신흥 경제국의 상승 추세(연간 변화 백분율*)

* 구매력 평가지수(PPP) 기준 GDP 비중을 근거로 함.

출처 : 국제통화기금(IMF)

다. 더욱이 투자자들은 변화하는 금융의 하부구조와 상품 구성의 본질을 완벽히 이해해야만 한다.

신흥 경제권이 세계 경제의 성장률, 교역 수준과 방향, 가격 형성 과정, 국가 간 자본흐름의 안정성에 미치는 영향력은 점차 증가하고 있고, 앞으로도 이러한 증가세는 지속될 전망이다. 사실상 신흥 시장 국가들은 이미 세계 경제의 성장세에 가장 크게 기여하고 있으며([그림 4.1] 참조), 그들은 세계 교역에서도 커다란 부분을 차지하면서 그 비중도 점차 확대되고 있다. 이들은 글로벌 생산 사슬에 값싼 노동력을 공급함으로써 물가 급등에도 불구하고 인플레이션을 억제하는 데 일조하였다. 또한 신흥 시장이 대외 준비 자산 증 가분을 배치하는 방식은 금리에 큰 영향을 미쳤다. 물론 이 모든 것 들이 그들의 성격과 전반적인 영향력의 측면에서 불가피한 변화를 경험하고 있기는 하다.

이와 같은 추세는 이미 커다란 중요성을 갖는 것으로 나타났 다. 이는 과거에 나타난 모순과 이상 현상들을 설명할 수 있는 중요 한 요소임에도 불구하고, 지금까지 경제학 및 전문가 집단에서 충분 한 검토가 이루어지지 않고 있다. 그 결과 많은 투자자들이 투자 전 략과 기대수익, 포트폴리오 위험이 내포하고 있는 의미를 완전히 이 해하지 못하고 있다.

마찬가지로 파생상품이 급증함에 따라 국제 금융에 가해진 커 다란 기술 충격의 영향에 대해서도 최근에야 학계에서 본격적으로 연구되기 시작했다. 파생상품 급증이라는 현상은 주택과 여러 신용 영역을 비롯한 수많은 시장에 대한 진입장벽을 현저하게 낮추었다. 그 결과 적격성(suitability)과 지속성에 대한 몇 가지 기본적인 의문 들이 존재하고 있음에도 불구하고 복합 상품의 생산과 소비 형태에 극적인 변화가 나타났다.

이러한 모든 것들이 경제 및 금융 관계에 영향을 미치고 있으 며 정책 결정을 어렵게 만들었다.

이 장에서는 이러한 현상을 좀 더 상세히 고찰해 보고, 투자자 들이 그에 따른 혜택을 활용하고 함정을 피해갈 수 있는 방법에 대 해 논의해 보고자 한다.

새로운 글로벌 성장 동력

미국 경제는 다양한 과잉 문제로 인해 향후 몇 년 간 성장세가 위축될 것으로 전망되는 가운데, 신흥 경제권이 글로벌 성장세 확대의 지속적인 동력이 될 수 있을지 여부에 대한 관심이 증폭되고 있다. 이러한 의문에 대한 해답은 최근 유럽과 일본의 경제 성장세 확대가 단순히 경기 주기에 따른 일시적 회복이 아닌 장기적인 현상이 될 것인지의 여부가 여전히 불투명하기 때문에 쉽게 답하기는 매우 어려운 상황이다.

이는 향후 투자 전략을 세우는 데 있어서 지극히 중요한 문제이다. 이는 결국 시장 내에서 중요한 논의의 핵심인 다음 질문으로 귀결된다. 즉 신흥 경제국은 둔화하는 미국 경제와 어느 정도까지 거리를 둘 수 있을 것인가? 하는 점이다. 전문가들은 이를 '탈동조화 문제(decoupling question : 동조화의 반대 개념으로, 한 국가 경제가 다른 국가나 보편적인 세계 경제흐름과 같은 흐름을 보이지 않고 독자적인 경제흐름을 보이는 현상)' 라고 부른다. 이에 대한 답은 우리가 이들 신흥 시장, 그 중에서도 특히 세계 경제에서 차지하는 중요성이 큰 브라질, 중국, 인도, 멕시코, 러시아, 남아프리카공화국 등의 성장 동력을 어떻게 분석하느냐에 달려 있다.

실용적인 정책 수립 _____ 2001년 노벨 경제학상 수상자인 마이클 스펜스(Michael Spence)의 연구는 이 주제에 관한 가장 훌륭한 통찰을 제시하고 있다. 2006년에 설립된 영향력 있는 독립

기관인 성장개발위원회(CGD, Commission on Growth and Development)를 이끌고 있는 스펜스는 무엇이 지속적인 성장을 가능케 하는가에 대해 철저한 연구를 수행해 왔다. 우선 그는 중국과 관련된 문제들에 초점을 맞추었고, 그보다는 비중이 낮지만 인도의 상황도 집중적으로 검토하였다. 이 두 나라를 집중 조명한 주된 이유는 중국과 인도가 가지는 구조적인 영향력과 '전시효과(demonstration effect : 소비 지출이 자신의 소득 수준에 따르지 아니하고 타인을 모방함으로써 늘어나게 되는 사회적·심리적 효과)' 때문이다. 또한 스펜스는 그 밖의 다른 나라들을 연구하고 방문하는 일에도 많은 시간을 투자하였다.

왜 성장개발위원회는 신흥 경제국들의 상당수가 과거에는 고성장을 지속시킬 수 없었는지 그 이유를 설명하는 과정 속에서 표면화되고 있는 다음과 같은 다양한 요인을 발견하였다.

첫째, 무엇보다도 근본적으로 경제 및 사회·정치적인 연관성에 있어서 상당한 불확실성이 존재하는 상황 하에서 정부 당국자들이 성장 지향적인 정책을 설계하고 실행하는 것은 결코 쉬운 일이 아니다. 이러한 불안 요소들은 제도적으로 구조가 취약하고 세계 경제의 상황이 유동적일 때 더 큰 중요성을 띠게 된다.

둘째, 성숙한 선진 시장의 경험을 신흥 시장으로 그대로 옮길 수 있는 손쉬운 방법이 존재하지 않는다. 대신에 신흥 시장 국가들은 함정들이 도사리고 있는 길에서 독자적인 진로를 찾기 위해서 필요한 자신감과 확신을 키워야만 하였다. 그 과정에서 그들은 좀 더 예상하기 쉬운 미시적인 예측과 불확실한 거시적인 결과를 함께 고려하였다. 그리고 앞으로도 그들은 이 과정을 계속해야 할 것이다.

셋째, 고성장과 포괄적인 성장을 함께 이끌어내기 위해서는 어려운 정책 문제가 불가피하게 수반되기 마련이다. 1990년대 중반, 신흥 시장의 상황에 대해 한 정책 담당자는 나에게 "성공 관리가 위기 관리보다 더 어려울 수 있다"고 말한 바 있다.

스펜스는 각국의 실제 경험에 대한 신중한 해석과 외부에서 행해진 연구를 기초로 하여 다음과 같은 중요한 연구 결과를 도출해냈다. 즉 성공적인 성장 정책이라고 해서 지속성을 달성하기 위해 모든 필요한 조치를 미리 결정하지는 않았으며, 오히려 이는 진행 과정에서 정책 수정을 반드시 필요로 하고, 아직 성숙 단계에 있는 제도와 시장 하부구조의 현실에 대처해야 하는 '수십 년에 걸친 긴 여정'이라는 사실이다.

이러한 통찰은 매우 성공적인 중국의 성장 단계에 대해 스펜스와 내가 실시한 분석에서 여실히 확인할 수 있다. 우리는 "성장 전략과 역학 관계"라는 글에서 다음과 같이 분석하였다.

"처음에는 중국 경제에 근본적인 구조조정과 개혁이 필요하다는 점을 제외하고는 어떤 것에 대해서도 의견 일치를 찾아보기 힘들었다… 중국은 자칫 저지르기 쉬운 실수를 피해 극적인 결과를 가져왔다. 그 실수란 성숙한 해외 시장으로부터 새롭게 습득한 지식을 간단히 취해서 그 이론을 아무런 조정 없이 자국 시장에 그대로 적용하는 것을 말한다."

하지만 실제 중국은 국제적인 사례 연구에서 얻은 교훈과 이론을 모두 고려함으로써 보완 정책의 수립에도 적극적으로 나섰다. 다른 개발도상국들 또한 중국의 이러한 노선을 취하는 사례가 점점 늘고 있다. 즉 이들 국가들은 시장가격과 인센티브의 미시적 역할에 상당한 관심을 기울이는 동시에, 미시적 수준과 거시적 수준 모두에서 중간 과정 도중에 수정하는 데 대해 열린 자세를 가진 것 등이 이에 해당된다. 이러한 '실용적'인 접근법은 장기간에 걸친 실행의 결과보다는 학습과 실험을 강조하였고 적절한 시기에 조정을 가능케 하여 개혁의 속도를 앞당기는 결과를 가져왔다.

인도 역시 이와 같은 탄력적인 접근법을 취했다. 인도 당국은 "많은 사람들을 민주주의 시스템 내로 편입시켜야 할 필요성을 존중하고, 그에 따라 정적이고 항시적인 모델을 기반으로 한 접근법을 피하고, 동적이고 반복적인 접근법을 선택하는 것의 중요성"을 강조하였다.

하버드대학 교수인 대니 로드릭(Dani Rodrik) 역시 비슷한 결론에 도달했다. 로드릭은 아프리카, 아시아, 라틴아메리카의 수많은 성공적인 신흥 경제국들을 대상으로 한 연구에서 각국 경제의 성공은 정책 담당자들이 얼마큼 절충주의적 접근법을 따랐는지의 여부와 연관되어 있음을 발견하였다. 성공한 국가들은 자국의 현 경제 상황에 맞게 그들의 정책을 실행한 것으로 나타났다.

이러한 실용적인 사고방식과 그에 따른 성공 사례는 내가 방문한 개발도상국들에서 갈수록 많이 목격되고 있다. 실제로 중국과 인도의 높은 성과와 급속한 발전으로 강조된 실용주의의 성공, 특히 이 성공이 중국과 인도의 빈곤 완화 노력에 기여한 속도와 규모적인 측면의 성과는 결과적으로 다른 개발도상국들 사이에서는 어느 정도 경쟁 압력으로 작용하였다. 그렇다고 해서 다른 개발도상국들도 모두 극적인 성장세 실현에 성공할 것이라는 말은 아니다. 사실상 그럴 가능성은 희박하다. 국내 차원에서 성공을 관리하고 자국의 성공이 일정한 규칙에 따라 국제적 시스템 안으로 수용되게끔 하는 등 반드시 넘어야 할 과제들이 많기 때문이다. 즉 그 중에서 일부 국가들만이 성공할 것이고, 그에 따라 글로벌 성장 동력에 지속적이고 근본적인 변화의 기운을 불어넣게 될 것이다.

글로벌 성장 동력의 이동 _____ 이러한 세계적인 중심 이동은 이미 주요 경제 지표에 반영되어 나타나고 있다. 국제통화기금(IMF)의 2007년 10월자 국제 경제 반기 분석 자료에서, 경제 전문가들은 그해 시장가격을 기준으로 측정했을 때 중국이 처음으로 세계 경제 성장세에서 가장 중요한 기여 주체가 되었다는 점에 주목하였다. 이 과정에서 중국은 미국, 유럽연합(EU), 일본을 앞질렀다. 〈이코노미스트〉지는 이러한 상황을 다음과 같이 평가하였다. "새롭게 등장한 중국이라는 모터의 힘은 진정 놀랍다. 최근 3~4년간 아시아의 신흥 경제국들은 세계 GDP 성장에 있어 미국보다 더 큰 기여를 해왔다. 올해는 사상 처음으로 중국이 이와 같은 위업을 단독으로 달성할(시장 환율 기준) 것으로 보인다. 이는 미국의 성장 기조가 유지된다 하더라도 마찬가지이다."

아시아의 경제 성장이 수출에 지나치게 의존하고 있다고 우려하는 사람들에 대하여 〈이코노미스트〉지는 "2007년 상반기에 중국과 인도의 소비 지출(실질 달러 기준) 증가분을 합치면 미국의 증가분보다 세계 GDP에서 더 많은 부분을 차지하였다"고 지적하였다. 더욱이 아시아의 성장은 투자에 비해 그 증가세가 훨씬 크게 나타나 투자 효율성이 증대되고 있음을 암시한다.

구매력 평가지수(PPP)를 기준으로 글로벌 성장 기여도를 살펴볼 때 이러한 변화는 훨씬 크게 나타난다. 구매력 평가지수는 시장 환율이 아니라 국가별로 동일한 양의 상품과 서비스를 구입하는 데 필요한 비용을 기준으로 하는 측정 단위이다. 구매력 평가지수를 활용하여 측정해 볼 때, 2007년에 중국과 인도는 각각 미국, 유럽연합, 일본보다 글로벌 성장에 더 많은 기여를 한 것으로 나타난다. 특히 중국의 기여 비율은 미국의 세 배에 이른다. 사실상 인도와 중국을 포함시켰을 때 신흥 경제권은 세계 총생산의 절반 이상을 차지한다.

이에 따라 앞서 나타난 미국의 경기 후퇴 조짐과는 대조적으로 신흥 경제국들에게는 두 가지 뚜렷한 장기적인 동력이 작용하고 있다. 이 힘은 비교적 장기화될 가능성이 큰 미국측 수입 수요의 감소를 부분적으로 상쇄하기에도 충분할 것이다.

첫째, 총수요의 국내 구성 요소들이 점진적이고도 활발하게 온라인화하고 있어 대미 수출의 감소 전망을 상쇄시켜 준다. 둘째, 신흥 경제국들, 특히 원자재 수출국들은 상대적으로 수출 단가가 높은 시기를 맞이하고 있다.

이 밖에도 경기 순환 주기와 관련된 세 번째 요소도 있다. 대다

수 신흥 시장은 미국의 성장세 둔화의 여파를 상쇄하기를 원할 경우 케인즈 경제학 쪽으로 전환하기에 유리한 위치에 있다. 이것은 다시 말해 신흥 경제국들 상당수의 대차대조표가 꾸준하고 안정적인 견조성을 보이고 있어 국내 소비와 투자를 활성화할 수 있는 능력이 있음을 뜻한다. 이는 역사상 이례적인 일이다. 사실 이들 국가는 현재 포퓰리즘(populism : 일반 대중을 정치의 전면에 내세우고 동원시켜 권력을 유지하는 정치체제를 말함)을 추구할 능력뿐 아니라 폴 맥컬리가 '재정 원칙에 입각한 방법'이라 칭할 방식으로 이를 추구할 능력도 있으나 아직까지 그런 의지는 크게 보이지 않았다. 이는 포퓰리즘을 행할 의지는 있지만 능력은 없는 것으로 특징지어지던 신흥 시장 국가들의 기존 이미지와는 대조를 이룬다.

1장에서 언급한 바와 같이 현재 신흥 시장의 성장 단계에서 나타나는 또 다른 놀라운 변화는 국제 준비 자산의 대폭 증가뿐만 아니라 지속적이고도 상당한 규모의 무역과 경상수지의 흑자가 함께 수반되어 왔다는 점이다. 이는 경제의 급성장이 주로 대외 수지의 악화를 불러오던 과거의 패턴에서 크게 벗어난 변화이다. 이전에는 국제수지의 제약들, 즉 국제 준비 자산의 고갈과 해외 차관의 어려움 등으로 인해 정책 담당자들이 재정 지출의 대폭적인 삭감, 세금 인상, 긴축적인 통화 정책을 통해 경제 성장세를 꺾을 수밖에 없는 경우가 많았다. 실제로 일부 경제 전문가들이 경제 성장과 국제수지 간의 불가피하고 확고한 교환(trade-off) 거래가 있을 수밖에 없다고 말하던 시기도 있었다.

선진국에서 개발도상국으로의 글로벌 성장 능력의 변화와 더불어 개발도상국들 내부에서도 중심 이동이 이루어질 것이라는 점은 참으로 흥미롭다. 무엇보다도 중국은 자국의 성장이 수출 시장보다는 내수에 의해서 이루어진다는 점을 차츰 인식하게 될 것이다. 이 과정에서 정책적인 대응이 단계적으로 생산자 지원에서 소비자 지원 쪽으로 변화할 것이다. 적절한 방식으로 이루어질 경우 이러한 변화는 외부(특히 중국을 환율 조작국으로 분류해야 한다는 주장이 일각에서 제기되고 있는 미국)의 보호무역주의 압력을 완화하는 데에도 일조할 수 있다.

중동, 러시아, 라틴아메리카 지역의 원자재 생산국들을 비롯한 다른 개발도상국들 중 상당수도 유사한 중심 이동의 과정을 경험하게 될 것이다. 우리는 여기서도 총수요의 국내 요소가 더 크게 강조되는 것을 보게 될 가능성이 크다. 그 결과 발생하게 될 글로벌 생산 사슬 내의 차이는 다른 개발도상국들이 맡게 될 것이다. 일례로 비록 규모는 더 작지만 베트남의 세계적 영향력이 몇 년 전 중국의 영향력과 얼마나 비슷한 모습을 띠고 있는지만 봐도 이를 잘 알 수 있다.

외부로 향하는 지역주의 _____ 지금까지 우리는 신흥 경제권 각국의 국내적인 상황 변화로 인해 세계 경제에서 그들의 전반적인 역할이 어떻게 변화했는지를 살펴보았다. 그러나 장기적인 목적지로 가는 과정에서 신흥 경제권 내의 일련의 상호 작용에도 중대한 변화가 나타날 가능성이 크다. 특히 동아시아가 이러한 경우에 해당된다고 할 수 있다. 현재 동아시아 각국 정부들은 민간 부문 활동의 국가 간 통합을 지원하는 데 더욱 박차를 가하고 있다.

아시아 민간 부문은 특별히 생산 시너지를 적극적으로 활용해 왔다. 이는 일본 등 좀 더 발전한 선진국들이 생산 부문을 저임금 지역으로 이전한 것에서 뚜렷이 나타난다. 더 넓게는 아시아 내에서 생산이 점점 더 수직적으로 통합되고 있는 정도를 봐도 분명하게 알 수 있다.

기존과 달라진 부분은 각국 정부가 민간 부문이 주도하는 이러한 과정에 참여하는 데에 있어서 얼마나 흥미를 보이는가 하는 점이다. 현재 동아시아 각국 정부들은 민간 부문을 주도하는 데 목표를 두는 정부들과는 정반대로 지원 활동에 역점을 두고 있다. 다른 지역에서도 이 방식을 적용해 보았지만 긍정적인 효과를 거의 얻지 못하였다. 지난 5년간 실행된 눈에 띄는 사업으로는 금융 시스템의 심화(아시아 채권펀드 1과 2 등)와 개인 금융에 어려움이 있을 경우 공적 유동성 풀링(CMI, 치앙마이 이니셔티브 : 2000년 5월 태국 치앙마이에서 열린 아세안 국가들과 한·중·일 국가의 재무 장관 회의 때 합의된 역내 자금 지원 제도)을 목표로 한 사업 등이 있다. 이보다는 덜 가시적이지만 역시 중요한 사업으로는 각종 기준 및 코드의 통합, 정책 조정 기능의 강화, 기업 지배와 규제 활동에 대한 모범 사례의 보급 확산을 위한 프로그램 등이 있다.

이러한 사업들은 생산성을 증대하고 효율적인 국가 간 시너지를 촉진하며 역내 새로운 기회를 열 수 있는 잠재력을 지니고 있다. 이러한 지역주의가 외부로 향하는 방향성을 유지하는 한 이 사업들은 아시아 지역의 글로벌 영향력을 강화하게 될 것이다. 지금까지 나타난 증거들이 그러한 가능성을 충분히 뒷받침해 주고 있다.

여기서 강조하고자 하는 바는, 다음에 열거한 일들이 일어날 것이라고 믿을 만한 충분한 근거가 있다는 점이다.

- 개발도상국들은 점차 글로벌 경제 성장의 중요하고 지속적인 세력으로 발돋움할 것이다.
- 그 결과로서 나타나는 경제 성장의 장기적인 중심 이동은 미국 경제 성장 실적의 변동에 대한 세계 경제의 민감도를 점차 감소시킬 것이다.
- 이와 함께 개발도상국들의 지위 재편이 동시에 일어날 가능성이 크며, 그 결과 내수에 대한 요소가 더욱 강조될 것이다.
- 이 과정에서 신흥 경제국들, 특히 아시아 개발도상국들 간의 상호 작용은 더욱 확대될 것이다.

수년 동안 세계 경제는 단 하나의 엔진, 즉 일각에서는 세계 소비자로 간주되었던 미국 소비자들의 활발한 활동을 연료로 삼는 엔진으로 나는 비행기에 비유되어 왔다. 그런데 지금 이 엔진의 상태가 좋지 않다. 그러나 작은 엔진 여러 개가 켜지고 있어서 비행기는 고도를 유지할 수 있을 것이고, 게다가 이 엔진들은 좀 더 조화롭고 지속 가능한 방식으로 작동하고 있다. 이 전환 과정에서 기체의 흔들림은 있겠지만, 그럼에도 불구하고 세계 경제의 경착륙(hard landing : 경기가 갑자기 냉각되면서 주가가 폭락하고, 실업자가 급증하는 현상을 가리킨다. 경기 경착륙이 일어나면 경기가 고성장에서 급격한 침체기로 돌아서기 때문에 투자가 위축되고 실업이 증가하며, 소득은 줄어들고 주가는 폭락한다)을 막을 수 있는 잠재력을 가지고 있다.

장기적인 지지대를 갖춘 이러한 경제 고성장의 동력이 향후 몇 년에 걸쳐 꾸준히 실현된다면, 다른 세 가지 전달 경로, 즉 무역, 가격 형성, 자본 이동을 바탕으로 개발도상국들이 세계 경제에 미치는 영향력은 더욱 크게 변화하는 것 또한 목격하게 될 것이다.

변화하는 세계 무역의 역학 관계

몇몇 신흥 경제국들이 채택한 성장 전략은 세계 무역에서 그들의 시장점유율을 급증시키는 결과를 낳았다([그림 4.2] 참조). 이와 함께 고부가가치의 실현도 점차 동반되고 있다. 이러한 과정은 개별적이면서도 상호 관련되어 있는 세 가지 요소에 의해서 촉진되었다.

● 소득 증가를 훨씬 넘어서는 소비자들의 수요를 유지하고자 하는 미국의 의지
● 주택 스톡(housing stock : 일상생활에서 흔히 주택이라고 부르는 주거용 건물을 말함)을 포함하여 미국 소비자들이 보유한 자산을 현금화할 수 있는 금융시장의 능력
● 신흥 경제국들이 미 재무부 채권, 모기지, 회사채를 대량 매입함으로써 그들의 무역흑자를 다시 미국으로 환류시키고자 하는 의지

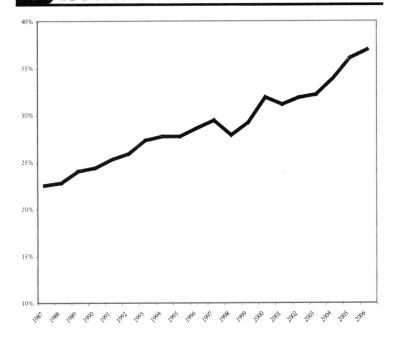

그림 4.2　신흥 경제국의 꾸준한 세계 시장점유율 상승(%)

출처 : UNCTAD(United Nations Conference on Trade and Development, 국제연합무역개발회의)

이들 세 가지 요소가 합쳐진 결과 한쪽에는 미국이, 다른 쪽에는 아시아와 석유수출국들이 자리잡은 래리 서머스가 대규모 글로벌 벤더 파이낸싱(vendor financing : 물건을 판매하는 매도자가 주선한 기관이 인수 금융을 직접 제공하는 방식. 한마디로 벤더가 구매자에게 자금을 지원하는 방식)의 관계라고 규정했던 현상이 나타났다(〔그림 4.3〕 참조).

예컨대 구매자가 GM · 포드 대리점에 들어가 자동차 한 대를

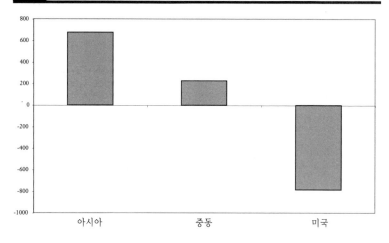

그림 4.3 글로벌 벤더 파이낸싱의 관계(경상수지) 단위 : 10억 달러

※ 참고 : 아시아는 아시아 개발도상국, 신흥 선진국, 일본을 모두 포함

출처 : 국제통화기금(IMF)

구입하고, 포드 모터 크레딧(Ford Motor Credit : 포드 자동차의 금융 자회사)·GMAC(General Motors Acceptance Corporation : GM의 금융 자회사)에서 채권 발행을 통해 제공된 자동차 할부 금융을 사용해 대금을 조달한다면 미국에서 어떤 상황이 펼쳐질지 생각해 보자. 이것은 총체적인 차원에서 미국, 아시아, 석유수출국들 간에 지금까지 일어나고 있는 상황과 매우 유사하다.

이러한 대규모의 글로벌 벤더 파이낸싱 관계에서 보편적으로 나타나는 연결 관계에 대해 간략히 살펴보면 다음과 같다.

● 미국 소비자들(자동차 구매자들)은 아시아로부터 상품과 서

비스를, 석유수출국들로부터 에너지 제품(GM · 포드)을 구입한다.

- 이들 상품이 자동차 구매자들의 소득을 초과하므로 미국 소비자들은 초기에 혹은 차후에 주택 담보대출이나 모기지 재융자(자동차 할부 금융)로 상환할 빚을 내어 상품 금액의 일부를 제공한다.
- 늘어난 주택 담보대출 금액은 월스트리트에 의해 재포장되어 아시아 및 석유수출국들에게 팔린다. 이들 국가는 기꺼이 담보대출을 매입하고자 하는데, 왜냐하면 이는 그렇게 하는 것이 자국의 소득을 전체 금융시장 중 가장 유동성이 풍부하고 복잡한 시장인 미국에 배치할 수 있음을 뜻하기 때문이다.

이러한 역학 관계로 인하여 1장에서 논의한 커다란 세계적인 불균형이 지속되어 왔다. 불균형이 지속될 것인가 그렇지 않을 것인가 하는 이슈는 언론에서도 많이 다뤄졌으며 여러 격렬한 논쟁의 대상이 되어왔다. 일각에서는 이러한 불균형적 요소들이 뿌리 깊은 구조적 문제들을 반영하기 때문에 장기간 계속될 수도 있다고 주장한다. 아마도 이쪽 진영에서 가장 혁신적인 분석은 캘리포니아 산타클라라대학과 도이체 방크의 마이클 둘리(Michael Dooley), 피터 가버(Peter Garber), 데이빗 폴커츠-란도(David Folkerts-Landau)의 연구일 것이다. 다른 쪽 진영에는 뉴욕대학의 누리엘 루비니(Nouriel Roubini)와 브래드 셋서(Brad Setser)의 분석과 핌코 동료인 크리스디알리나스(Chris Dialynas)의 분석이 있으며, 그들은 이 불균형이 오래 지속되지 않을 것이라고 주장하고 있다.

양쪽 진영 모두 미국의 대규모 무역적자가 아시아와 석유수출국들의 대규모 흑자로 상쇄되고 있는 지금의 기본적인 역학 관계가 변해야 할 필요성에 대해서는 동의한다. 그러나 이 변화의 타이밍과 속도, 변화의 규칙적인 특성에 대해서는 의견을 달리한다. 한쪽에서는 천천히 느리게 조정이 이루어질 것이라 예상하는데 반해, 다른 쪽은 경제적인 붕괴와 금융 혼란의 위기를 예측하고 있다.

두 진영 중 어느 쪽이 맞을지는 오직 시간만이 판가름해 줄 것이다. 한편 제시된 양극단의 해법들 대신 여러 번 반복될 수밖에 없는 또 다른 잠정적인 결과가 나타날 수도 있다. 한 가지 분명한 사실은 세계 경제가 근본적인 취약성을 가지고 있다는 점이다. 더욱이 앞으로의 여정이 구체적으로 어떻게 펼쳐질지 여부와는 관계없이 신흥 경제국들의 성장 과정은 향후 글로벌 역학 관계를 크게 바꿔 놓을 것이다.

무역수지의 변화

신흥 경제국들이 점차 생산자에서 소비자 쪽으로 그들의 관심을 집중함에 따라 이들 국가의 수입 성장률은 수출 성장률을 넘어서 증가할 것이다. 그리고 이렇게 증가하는 상황에서 소비자 수요의 구성은 사치품과 관련된 투입량의 비중이 늘어나는 쪽으로 바뀌게 될 것이다.

이러한 변화는 현재 서서히 나타나고 있다. 중국과 인도의 중산층과 상류층의 확대는 수입 수요의 증가를 견인하였다. 에너지, 원자재, 자동차, 육류 등에 대한 중국과 인도의 세계적 수요 점유율의 확대되는 정도를 살펴보면 이러한 변화의 추이를 확실히 알 수 있다. 예를 들어 지난 5년간 에너지 수요 증가분 중 3분의 2가량이 일본을 제외한 아시아 국가들의 소비 증가와 재고 확대에 기인한 것이었다.

나는 향후 10년간 여러 신흥 경제국들의 성격이 소위 수출기계(export machines)에서 소비국으로 변화할 것이며, 이것이 세계무역에서 이들의 영향력의 균형을 잡는 역할을 할 것이라 확신한다. 그리고 그 과정에서 언젠가 이 국가들은 최고의 수입국이 될 것이다. 정책 변화가 이러한 과정을 가속화하고, 현 추세를 이 지역의 소비자들에게는 불리하고 생산자들에게는 유리한 방향으로 변화시킬 것이다. 이와 같은 정책의 전환은 총수요의 구성 요소의 활성화를 더욱 강조하는 결과를 낳게 될 것이고, 또한 저평가된 환율을 포기하도록 유도할 것이다. 구체적으로 말하자면 경제 구조가 진화함에 따라 환율이 시장 수준에 도달할 것이다. 특히 전통 부문으로부터 잉여 노동력이 흡수되면서 추가적인 일자리 창출에 대한 관심이 인적 자본의 축적과 지식 기반 활동으로 옮겨갈 것이다.

몇 가지 요소가 이러한 변화를 뒷받침해 준다. 특히 책임 있는 정책의 변화를 촉진하는 제도적 기반의 강화와 내부 견제 및 균형의 점진적인 개선은 이러한 변화에 힘을 실어줄 수 있다. 그리고 이는 더욱 긴밀해진 세계 경제 및 금융 관계 또한 영향을 미칠 것이며, 특히 다각적인 경제 기반을 가진 국가에서는 더욱 그러할 것이다. 국내 금융시장의 자유화와 통합 속에 영향력이 더욱 커지고 있는 '시장 자경단(market vigilantes)'의 역할도 잊어서는 안 된다.

이러한 변화는 교역국의 상대적인 중요도가 점진적으로 변화하는 양상으로 나타날 것이고, 그 결과 선진국들과의 교역 증가와 함께 신흥 경제국들 간의 교역은 더욱 급격하게 증가할 것이다. 이같은 패턴은 IMF가 내놓은 연구 결과에서 이미 뚜렷하게 나타난다. 즉 신흥 경제국들의 총수출 중 다른 신흥 경제국들로 수출된 비중이 2001년에는 약 10%에서 2006년에는 17%로 증가하였다는 것이다.

결정적으로, 이러한 변화는 신흥 경제국들의 사회경제적인 고려 사항들과도 일치한다. 따라서 해당 정부들은 자국 국민의 정당한 열망을 보다 많이 충족시킬 수 있게 된다. 앞으로 논의하겠지만, 현재 신행 중인 변화는 개발도상국에서 점차 뚜렷이 나타나고 있는 불평등의 문제를 부분적으로 해결하는 데 도움을 줄 수 있다. 이와 더불어 보호무역주의의 위험을 줄이고, 세계 경제의 기반을 더욱 확고히 할 수도 있다.

이러한 모든 일들은 소득의 관점에서 볼 때 선진국들에게는 희소식이다. 특히 미국은 지나친 부담을 지고 있는 국내 소비자들에 대한 의존을 점진적, 부분적으로 줄이고, 대신 세계 다른 지역의 증가하는 수요 욕구에 부합하는 쪽으로 옮겨갈 수 있게 된다. 그러나 이러한 전환 과정은 부정적인 가격 효과를 수반하므로 반드시 제대로 된 관리가 필요하다.

디스인플레이션의 순풍에서
인플레이션의 역풍으로

세계 노동력 ———— 2007년에 발간된 (회고록과 사례 연구가 적절하게 포함된) 앨런 그린스펀의 저서《격동의 시대》에는 중요한 핵심적인 분석들이 잘 설명되어 있다. 미국 내 인플레이션을 막는 데 노력을 기울이고 성공하는 과정에서 연방준비은행, 그리고 전 세계 중앙은행들은 국내 및 세계적인 생산성의 향상으로 야기된 외부로부터의 인플레이션 완화 압력의 혜택을 받았다. 이러한 생산성의 증가는 직접적으로 또는 다른 지역의 제조업체와 서비스 제공업체에게 높은 경쟁 압력을 가함으로써 전 세계 상품과 서비스의 가격 상승을 막는 데 일조하였다.

향후 이와 같은 외부적인 힘의 효력은 축소될 것으로 보인다. 실제 이로 인한 인플레이션의 완화 효과는 이미 서서히 사라지고 있다. 주요 신흥 경제국 중 일부는 현재 점진적인 임금 상승 및 높은 생산성과 저임금 노동력의 부분적인 감소 추세를 보이고 있다. 그린스펀이 자신의 저서에서 지적한 바대로 "세계는 상당수가 고학력이고 저임금인 10억이 훨씬 넘는 노동자들이 과거에는 완전히 혹은 부분적으로 중앙계획적이고 글로벌 경쟁으로부터 고립되어 있던 시장에서 세계적인 경쟁 시장으로 향함에 따라 전 세계가 그 혜택을 보았다… 세계 시장으로의 이와 같은 노동력의 이동은 세계의 임금, 인플레이션, 인플레이션 기대 심리, 금리를 낮추는 역할을 하였다."

여기서 가장 중요한 과제는 바로 변화의 속도를 정하는 것이다.

그림 4.4 원자재 가격의 급격한 상승(GSCI 원자재 지수 기준)

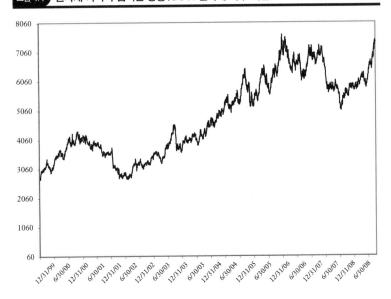

출처 : 〈블룸버그〉

원자재 가격 _____ 이 문제는 단순히 신흥 경제권의 포괄적인 효과로부터 오는 순기능이 점차 그 힘을 상실하는 것만은 아니다. 신흥 경제국들이 천연자원의 가격에 미치는 지속적인 영향력으로 인해 이 순풍이 역풍으로 바뀔 가능성이 있다는 것이 문제이다.

원자재 가격은 지난 3~4년간 크게 상승하였다. 〔그림 4.4〕와 〔그림 4.5〕에서 볼 수 있듯이, 이러한 현상이 더욱 눈에 띄는 이유는 가격 상승 폭이 워낙 크고, 상승 영향이 상존하는 원자재(에너지, 기초 소재, 곡물 등)의 종류가 광범위하기 때문이다.

원자재 가격 급등의 배후에는 신흥 경제권이 중요한 요소로 작

그림 4.5　영향을 받은 여러 부문(1999년 12월＝100)

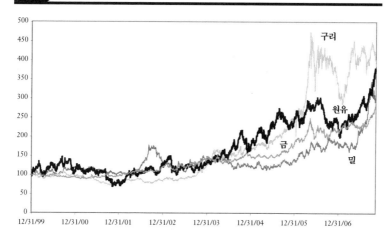

출처 : 〈블룸버그〉, GSCI(Goldman Sachs Commodity Index)

용했음은 틀림없는 사실이다. 신흥 경제국들의 영향력은 두 가지 개별적인 경로를 통해 확산되었고, 이로 인해 제3의 경로가 촉발되었다. 나는 이를 설명할 때 학교에서 배웠던 화폐 수요에 대한 내용을 즐겨 사용한다. 경제학 원론을 보면 화폐 수요의 함수에는 각각 세 가지 요소가 있다. 첫째 '거래 수요'는 우리가 매일 구매 행위를 할 때 교환의 매개체로 화폐를 사용하는 것을 가리킨다. 둘째 '예방적 수요'는 예상치 못한 상황이 발생했을 때 쓸 수 있는 화폐를 보유하고자 하는 우리의 욕망에 기인한 것이다. 셋째 '투기적 수요'는 부의 창출 기회를 이용할 가능성에 대비하여 존재하는 화폐의 수요이다.

　실제 이들 세 가지 요소가 원자재 부문에서 작용해 왔다. 신흥

그림 4.6 신흥 시장의 구리 소비 점유율(2007년)

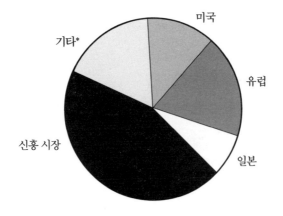

* '기타'에는 신흥 시장이 포함될 수 있다.
출처 : 모건 스탠리

경제권의 급격한 성장 단계는 이들 국가를 더욱 거대한 일상적인 원자재 소비 국가로 만들었다([그림 4.6]과 [그림 4.7] 참조). 이 중 특히 원유의 경우를 살펴보자. 원유는 다양한 생산 및 소비 사슬에서 얼마나 자주 중심에 등장하는지를 기준으로 볼 때 상당한 관심을 집중시키는 원자재이다. 최근 국제에너지기구(IEA)가 발표한 자료에 따르면, 중국의 원유 소비량은 1980년에 하루 190만 배럴(mbd)에서 2000년에 470만 배럴, 2006년에 710만 배럴로 증가하였다. 그 결과 전 세계의 원유 수요 중 중국이 차지하는 비율도 1980년에 2.9%이던 것이 8.4%로 늘어났다. 인도 역시 급격한 수요 증가를 경험하였으며, 세계 원유 수요 중에서 차지하는 비율이 1980년에 1.1%에서 2006년에 3.1%로 상승하였다.

그림 4.7 신흥 시장의 원유 소비 점유율(2006년)

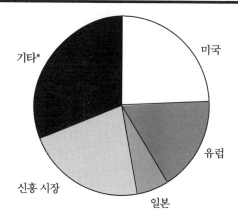

* '기타'에는 신흥 시장이 포함될 수 있다.

출처 : 국제에너지기구(IEA)

IEA는 이러한 급격한 성장 추세가 계속될 것으로 전망하고 있다. IEA는 2030년까지 중국의 수요가 일일 평균 1,650만 배럴(14.2%), 그리고 인도의 수요는 650만 배럴(5.6%)에 달할 것이라고 전망하고 있다. 이와 같은 수요 증가로 인해 개발도상국들의 총 원유 소비량이 처음으로 선진국들의 총 소비량을 상회할 것으로 추정된다. 비교를 위한 기준으로, 1980년 개발도상국 수요는 선진국 수요의 4분의 1에 불과했다.

농산물 역시 신흥 경제권의 수요 증가의 영향이 나타나고 있다. 실제 과거와는 달리 이례적으로 급격한 가격 상승과 곡물 수확량 규모의 확대가(반비례 관계가 아니라) 동시에 나타나고 있다. 일부 신흥 경제국의 부의 증가에 따라 육류 소비도 증가하고 있다. 이에 상응하여 육류 공급업체들이 생산을 늘리고 있으며, 그 결과 동물 사료로 쓰이는 곡물의 사용이 증가하고 있다. 이러한 모든 것이 에탄올 전환 공정과도 일치하고 있어 곡물 가격에 대한 압력이 한층 더 강조되고 있다.

여기서의 수요는 당장의 소비만을 위한 것이 아니다. 이제 개발도상국들도 국부가 증가함에 따라 그들은 자국의 원자재 확보율을 높이기 위해 재고를 비축하는 사치를 누릴 수도 있고 실제 그렇게 하고 있다. 그 예로 중국은 천연자원 확보를 더욱 용이하게 하기 위해 아프리카와 라틴아메리카 지역에 더 적극적으로 관여하고 투자해 왔다.

신흥 시장이 '수요 기반'을 제공함에 따라 투자자들은 믿을 수 있는 기초 여건으로 보이는 이 상황에 기대어 수익을 내기 위해 몰려들었다. 앞으로 6장에서 살펴보겠지만, 이 현상은 투자자들이 소싱(sourcing)과 보관 문제로 골머리를 앓을 필요 없이 각종 원자재를 얻을 수 있는 새로운 상품의 출현에 의해 촉발되었다. 그 결과 전략적, 구조적, 전술적인 동력에 힘입어 투자자들의 금융 수요가 증가하게 된다.

결과적으로 지난 기간을 살펴보면, 원자재 가격은 높으면서(거래적 수요와 예방적 수요에 기인) 동시에 변동이 심했다. 투기적 수요와 더불어 지정학적 요소와 예기치 못한 공급 및 운송 문제의 영향으로 당분간 이 패턴은 지속될 가능성이 크다. 특히 단기적으로 상당히 가격 비탄력적인 공급과 수요 조건들을 고려할 때 더욱 그러하다.

현재 높은 경제성장률을 유지하고 있는 것으로 보아 향후 신흥 경제국들의 천연자원 사용은 심지어 더욱 늘어날 것이다. 마침 미국이 성장 침체기에 접어들면서 선진국들의 소비가 줄어들 가능성이 있다고 해도, 그것으로 이와 같은 수요 확대의 영향이 완전히 상쇄되지는 않을 것이다. 그 이유는 신흥 경제국들은 천연자원 사용의 효율성이 낮고, 당분간은 그 상태가 지속될 것이기 때문이다.

선진국과 신흥 경제국 양측 모두의 보존 노력이 커졌음에도 불구하고 세계 경제는 마치 자신의 소형차를 대형 모델로 바꾼 뒤에 주유소에 가는 사람과 똑같은 상황을 경험하게 될 것이다. 그렇게 되면 같은 거리를 가는 데도 더 많은 휘발유가 들게 된다. 더욱이 신흥 경제국들이 선진국에 비해 훨씬 더 빠른 속도로 성장하고 있는 것을 고려할 때, 이제 자동차는 훨씬 수월하게 장거리를 주행할 수 있게 된다.

이러한 인식은 기후 변화에 대한 논의에서 두드러지기 시작하였다. 이 문제의 해결책을 더욱 복잡하게 하는 것은 과거에 비춰봤을 때, 지금까지 주요한 오염 물질을 배출해 왔던 국가들이 절대적인 기준으로나 상대적으로나 개발도상국에 비해 선진국들이었다는 사실이다.

또한 지정학적 문제들이 그 자체로 원자재 가격을 지속적으로 상승시키는 역할을 할 것으로 보는 이들도 있다. 이러한 관점은 일부 원자재 수출국의 국내 정치에 대한 불안 가능성을 지적하고 있다. 또한 고의든 아니든 테러리즘이 일어날 수 있는 환경을 제공하는 것으로 이해되는 국가들을 고립시키려는 노력을 언급하기도 한다.

일단 원자재 가격에 미치는 이러한 영향력 중의 일부는 대체

연료와 기술 발전 등 새로운 천연자원 공급원의 등장으로 상쇄될 것이다. 그러나 이러한 상황은 당장 오지도 않을 뿐더러 비용도 만만치가 않다. 게다가 원유와 같은 일부 원자재의 경우에는 그 대체 공급원이 사회적·정치적 불확실성이 큰 지역에 위치한다. 이처럼 수요 측면의 문제에 대해 공급 측면의 쉽고 단기적인 해결책이란 없다. 궁극적으로 새로운 공급원이 도입될 때까지는 원자재에 대한 물질적인 수요에 금융 수요가 더해지는 현상이 지속될 것이다. 금융 수요는 투자자들이 원자재를 개별적으로 뿐만 아니라 묶음으로도 거래할 수 있게 해주는 금융상품의 추가적인 확대에 의해서 견인될 것이다.

이러한 복합적인 효과는 원유수출국들의 재정 실적에서 분명하게 드러날 것이다. 중동 지역을 예로 들어보자. 최근 IMF의 자료에 따르면 에너지 제품의 수출 소득은 대략 연평균 7,000억 날러까지 증가하였다. 이는 2001년 수치와 비교할 때 무려 네 배나 증가한 수치이다. 그 결과 2004년부터 2008년까지 누적 수출 소득은 2조 달러라는 어마어마한 수치에 근접할 것으로 보인다. 중동 지역 에너지 설비의 대부분이 정부 소유이므로 이 같은 수출 소득은 직접적으로 공적 자금으로 유입된다. 구체적으로 IMF는 2004년에서 2008년까지 기간 중 원유와 가스의 누적 예산 수입이 1조 5,000억 달러에 달할 것으로 보고 있다. 이 금액 중 약 45%를 저축함으로써(2001년에는 15% 미만) 이미 막대한 외환보유고를 더욱 늘리고 있다.

고유가가 계속되면서 중동 지역의 각국 정부들은 지출 계획을 확대하고 있고, 특히 기반 시설에 대한 투자에 역점을 두고 있다. 걸프협력회의(GCC) 6개 회원국(바레인, 쿠웨이트, 오만, 카타르, 사우디아라비아, 아랍에미리트연합) 중 어느 곳에 가보더라도 즉시 이를 눈으로 확인할 수 있을 것이다. 건축 기중기가 하늘을 뒤덮고, 고속도로에는 만든 지 불과 몇 년 되지도 않아 도로 확장 공사를 하는 현장을 곳곳에서 볼 수 있을 것이다. 또한 이주 노동자들이 그 지역의 노동력을 채우기 위해 몰려들 것이다. 그러나 IMF의 추정에 따르면, 이와 같은 지출 증가에도 불구하고 이들 정부는 지속적으로 높은 수준을 유지할 것으로 보이는 원유와 가스 수출 소득의 40% 가량을 저축할 것으로 보인다.

자산 배분 곡선의 상승

지금까지 경제 전문가들이 새로운 장기적인 종착지의 실체라 일컫는 부분과 그것이 원자재 가격과 소득에 미치는 영향력을 살펴보았다. 이제는 금융 측면을 살펴보고자 한다. 특히 신흥 경제국들이 자국의 증가하고 있는 대량의 외환보유고를 관리하는 방식에 상당한 변화가 있을 것이라는 점 또한 예상해 볼 수 있다. 사실 이미 이러한 변화는 시작되었으며, 이는 투자자들에게 중요한 의미를 가진다.

1장에서 논의했듯이, 몇몇 신흥 경제국들은 국제수지의 상황과 국제 준비 자산의 역학 관계에 있어서 상당히 급격한 변화를 경험하였다. 이 변화가 지속됨에 따라 이들 국가는 채무국에서 채권국으로 바뀌었다. 갑자기 많은 재산을 상속받거나 복권에 당첨된 사람들과 마찬가지로, 대다수 신흥 경제국들은 늘어가는 대외 준비 자산을 관리할 수 있는 기반 시설을 보유하고 있지 않았다. 따라서 이들은 자연히 자산 관리에 대해 보수적이고도 신중한 접근법을 채택하였다. 신흥 경제국들 정부는 기본적으로 이들 자금을 미국의 고정수익 상품에 투자했고, 특히 미 재무부 채권에 상당히 많은 금액을 투자하였다.

이러한 행보가 바로 금리 수수께끼 현상의 이면에 존재하는 중요한 원인이었다. 신흥 경제권이 늘어난 소득을 미국 국채에 집중적으로 투자함에 따라 미국의 금리 인하 압력으로 작용한 것이다. 또한 사실상 투자 금액이 모든 투자 전략이 허용하는 기준을 훨씬 넘어서는 수준이었기 때문에 이러한 압력은 상당히 컸다. 이러한 투자량이 '비영리적'이고 '경제적인 가치가 없는 것'이라고 불린 것도 당연하였다. JP모건 체이스가 실시한 조사에 따르면, 이들 투자는 미 재무부 채권의 기대수익률을 바꿔 놓은 중대한 변화에 대해 전반적으로 둔감했다는 평가이다.

4단계 과정 _____ 신흥 경제국들이 갑작스럽게 늘어난 외환보유고를 투자하는 데에 있어서 즉각적으로 정교한 접근법을 채택할 처지가 아니었다는 점은 결코 놀라운 일이 아니다. 실제로 우리는 핌코의 신흥 시장에 대한 채권 거래 데스크에 나타난 변화를 목격하면서(사실 이것은 신흥 시장의 투자가치에 영향을 끼친 결정적인 상황이었다) 여러 국가들이 채무국에서 채권국으로 전환되는 과정에서 경험한 일들을 자세히 설명하는 간단한 '4단계'의 모형을 구상하였다. 여기서 논의하는 내용을 단순화하기 위해 4단계를 각각 별개의 것으로 설명하기로 한다. 그러나 실제로는 각각의 단계가 겹칠 수도 있고, 단계의 변화가 자동적으로 이루어지지 않을 수 있으며, 각 나라들이 일시적으로 단계에서 벗어날 수도 있음을 미리 밝혀둔다.

1단계: 온건한 방관 _____ 첫 번째 단계는 일종의 '온건한 방관'이다. 채무국 상태에 익숙해진 대부분의 국가들은 자국의 대외수지에 일어나고 있는 변화의 정도를 재빨리 인식하지 못한다. 설령 이러한 변화를 인식했다고 하더라도 어떻게 대처해야 할지를 확신하지 못한다. 이들은 이러한 변화가 일시적인 현상이고, 다시 되돌릴 수 있을 것이라는 가정 하에 이를 그저 무시해 버리는 경향을 보인다.

이와 같은 온건한 방관의 단계는 1990년대 후반과 2000년대 초반에 구체적이고 실제적인 생각이 제기되면서 확대되었다. 가령 많은 신흥 경제국들의 경우 외환보유고의 증가는 각국 정부가 커다란 자금 문제에 직면한 힘겨운 시기에 자가 보험이라는 중요한 완충 역할을 해주었다. 아시아, 특히 중국의 경우에도 외환보유고의 축적은 농장과 국유기업에서 빠져나온 노동자들을 위한 생산적인 고용 창출을 목표로 하는 보다 총체적인 전략의 일환이었다. 또한 원자재 수출국에게 외환보유고는 땅에서 물적 자본을 뽑아내는 것에서 금융 수익의 물꼬를 틀 가능성으로 전환하는 역할을 하였다.

외환보유고의 증가세가 지속됨에 따라 온건한 방관 단계는 지나가고 신흥 경제국들에 의한 전통적인 정책 대응을 특징으로 하는 두 번째 단계로 접어들게 된다. 이와 같은 단계 전환의 촉매 역할을 하는 것은 대량의 자본 유입으로 대변되는 새로운 대외 수지의 상황이 인플레이션 압력의 증가나 과도한 환율 상승을 위협하는 요인을 부추기고 있다는 인식이다. 인플레이션 압력의 증가는 국가의 경제적인 복지에 해가 되고, 특히 국민들 중 빈곤 계층에게는 부정적인 영향을 끼치는 것으로 여겨진다. 과도한 환율 인상의 위험은 향후 수출 실적과 일자리 창출, 그리고 경제 성장을 저해할 가능성이 있다고 판단하고 있다.

2단계: 방어 _____ 이에 따라 신흥 경제국들 각 당국은 대규모의 유입 자본을 '무효화(sterilize)' 할 방법들을 강구하고 있다. 대부분의 경우 이들은 시장 기반의 수단들을 사용한다. 즉 해외에서 생성된 유동성으로 국내 부채를 처리하는 것이다. 일부 당국들(1990년대 칠레 당국과 최근의 콜롬비아 당국을 포함)은 이른바 '바퀴에 모래 뿌리기(sand in the wheel)' 접근법이라고 부르기도 하는 자본 유입에 대한 통제 조치를 취하였다. 그러나 이러한 방법들은 실상을 왜곡하는 효과가 있고, 지속적으로 실행하기 어렵기 때문에 그리 오래 유지되지 못하는 경우가 대부분이었다.

이렇게 무효화된 유입 자본은 해당 국가의 국제 준비 자산에 추가된다. 이는 당연히 고품질의, 즉 무위험의 유동성이 높은 상품에 투자된다. 이때 미국 국채를 매입하는 직접적인 방법을 쓰기도 하고, 중앙은행들의 은행인 국제결제은행(BIS)에 경영을 아웃소싱하는 간접적인 방법을 사용하기도 한다.

여기서 이러한 과정을 이끄는 주요한 원동력은 공공 부문이지만 최초의 영향력은 민간 부문의 행동에 따라 더욱 커진다. 민간 부문 중 부유층과 비교적 해외로 쉽게 나갈 수 있는 이들은 자연히 외국 은행 시스템을 통해 해외에 저축하는 경향이 있다. 이것은 흡인 요인(pull factor)과 구축 요인(push factor)을 모두 반영한다. 저축된 자금은 신흥 경제권 밖으로 끌어당겨져 나와(pulled) 재산권을 존중하고 사실상 전 세계 모든 나라에서 유동성을 제공하는 오랜 역사를 가진 금융 시스템으로 흡수된다. 점차 관련성이 줄고 있기는 하지만, 여전히 비교적 최근의 일인 과거 국내의 금융 위기, 환금성 조건의 변화, 급격한 환율 하락 등의 상황에 의해 외부로 밀려 나오는 (pushed) 것이다.

이와 같은 두 번째 단계는 자본 유입에서의 급증이 경제에 미칠 수 있는 부정적인 영향을 부분적으로 완화해 주는 경우가 많다. 그러나 이러한 유동성 제거는 완벽한 방법과는 거리가 멀다. 특히 국내 금융시장의 여러 영역 간의 연결 관계가 불완전한 상황에서는 더욱더 그러하다. 또한 이 방법은 일부 국가에게는 상당한 희생을 요구한다. 위험 등급의 차이를 감안할 때 유입 자본을 막기 위해 발행한 부채에 대한 지급 이자는 외환보유고에서 벌어들인 이자를 훨씬 넘어선다. 이것이 바로 투자자들이 '손실 포지션 비용(negative carry)'이라고 부르는 상황이다.

신흥 경제국의 누군가는 이러한 부정적(-)인 비용을 부담해야 한다. 이는 주로 예산에 영향을 주는데, 비용 항목이라는 직접적인 방식으로 나타날 수도 있고, 중앙은행 수익 이전(移轉)의 감소로 인한 세입 감소라는 간접적인 방식으로 나타날 수도 있다. 일단 예산이 영향을 받게 되면 동시에 궁지에 몰리게 되는 건 납세자들이다. 또는 원래 국가 기금의 수령 대상자들이 피해를 보는 경우도 많다. 국가 기금은 만성적으로 재정 부족에 시달리고 있으며 의료보험, 교육, 기반 시설 등이 이에 해당한다.

이렇게 증가하는 비용은 각 나라들로 하여금 3단계로 나아가게 하는 촉매제의 역할을 한다. 이 단계에서의 원동력은 손실 포지션 비용을 최소화하고자 하는 욕구이다. 이를 달성하기 위한 확실한 조치는 앞서 발행했던 해외 부채를 다시 사들이는 것이다.

3단계: 부채와 자산 관리 _____ 이 유형의 '부채 관리'에는 뚜렷한 두 가지 이점이 있다. 첫째, 이 방법은 외환보유액 투자로 벌어들인 것보다 더 높은 수익률에 거래되는 외화 부채를 없애며, 따라서 전반적인 손실 포지션의 비용을 줄여준다. 둘째, 이것은 소위 '원죄 문제(the original sin problem)'라고 일컫는 문제에 대처하는 데 있어서 해당 국가에 도움을 준다. UC 버클리대학의 배리 아이켄그린과 하버드대학의 리카르도 하우스만(Ricardo Hausmann)이 만들어낸 이 개념은 신흥 경제국들에 내재된 금융 부문의 불안정성을 가리킨다. 이러한 금융 불안정성에는 통화 불일치가 으레 수반되며, 통화 불일치는 외화 표시 상품에 치우친 부채 발행의 구성과 함께 나타나는 경우가 많다.

외화 부채를 발행하는 경향은 비용에 대한 고려뿐만 아니라 상황의 근본적인 현실까지 반영한다. 즉 일부 개발도상국들에서는 초기의 위험 요소들이 지나치게 크게 인식되는 나머지 신용, 유동성, 통화 요소를 포함해 국내 통화 상품에 함께 묶여져서 나오는 다양한 위험들을 기꺼이 떠안으려는 구매자가 거의 없다. 따라서 각국은 가격과 수량의 제약에 직면하게 된다. 그 결과 이들은 '경화', 구체적으로 미국 달러, 유로, 일본 엔화, 영국 파운드로 표시된 부채를 발행할 수밖에 없다.

외화 부채의 발행은 더욱 큰 잠재적 투자자 풀에 접근할 수 있는 길을 열어준다. 또한 대부분의 채권이 국내법보다 예측 가능성이 큰 것으로 여겨지는 영국이나 뉴욕의 법적인 관할권에서 거래되는 결과를 낳기도 한다. 물론 2001년 12월에 채무불이행을 선언한 아르헨티나의 사례는 이를 주저할 이유가 된다.

개발도상국들은 되사들일 부채가 바닥나기 시작하면 '자산 관리'에도 관심을 집중한다. 이때 목표는 외환보유액에서 얻는 수익을 직접적으로 늘리고 그것으로 손실 포지션 비용을 다시 더욱 줄이는 것이다. 이 단계는 보통 사고의 전환과 관련이 있다. 즉 외환보유액의 증가량이 국제수지의 예방적인 차원에서 필요하다고 생각되는 수준을 넘어서게 되면 이 증가량은 사실상 '국가의 금융 자산'으로 간주되는 것이다.

이 단계에서는 보통 제도 변화가 함께 수반된다. 특히 가장 주목할 만한 사실은 일부 국가들이 국부펀드를 설립하기 시작했다는 것이다. 국부펀드의 초기 자본은 신중한 국제수지의 운용에 필요한 수준을 훨씬 초과하는 것으로 여겨지는 중앙은행의 외환보유고에서 일부가 충당된다. 이러한 국부펀드가 기반을 확대함에 따라 언론과

정계 모두 활동에 박차를 가하고 있다.

실례로 최근 국부펀드에 관심이 집중되는 상황을 살펴보자. 이 현상이 전혀 새로운 것이라 여기겠지만 사실은 그렇지 않다. 또한 그 규모가 이미 엄청날 것이라 생각하겠지만 그것도 사실과 다르다. 국부펀드는 현재 관리되고 있는 전 세계 금융 자산의 약 2%에 해당된다. 그러나 관심이 워낙 커서 국부펀드가 '강력한 신흥 자본(the new power brokers : 맥킨지&컴퍼니가 2007년 10월 보고서에서 처음 사용한 것으로 오일 달러, 아시아 중앙은행, 헤지펀드 및 사모주식의 영향력 증대를 묘사하는 용어)' 그룹에 포함되기에 이르렀다.

흥미롭게도 새롭게 부를 축적한 신흥 경제국들의 관심은 선진 국들의 자산 그 이상에까지 미치고 있다. 이는 다른 신흥 경제권에 대한 투자에 있어서의 관심 역시 상당하다는 의미이다. 예를 들어 산유국들의 국부펀드는 중동과 북아프리카, 인도, 파키스탄, 극농 지역에서도 기회를 탐색해 왔다. 앞서 지적한 바와 같이 중국 기관들 역시 아프리카와 라틴아메리카에 투자를 추진해 왔으며, 특히 2007년 10월에는 중국 공상은행(ICBC)이 50억 달러를 투자해 남아프리카 스탠더드 은행의 소유 지분 20%를 사들이겠다고 발표하였다.

지금까지 소개한 3단계는 신흥 시장의 자산 투자자들에게 윈윈(win-win)에 가까운 상황을 제공한다. 사실상 이곳에 대한 모든 투자는 국가 위험의 감소(외환보유액 증가와 관련)와 국내의 실질금리와 명목금리의 하락(자본의 이용 가능성 확대로 더욱 힘이 실린), 그리고 환율 인상의 가능성으로부터 혜택을 입게 된다. 더욱이 이러한 과정은 과거에는 접근이 불가능했던 투자 부문을 개방하여 투자자들에게 선발자의 우위(first-mover advantage)를 통해 수익을 더욱 확대시킬 수 있는 역량을 제공한다. 마지막으로 투자자들은 시장의 완성과 현대적인 포트폴리오 관리 기법의 적용을 바탕으로 투자 프리미엄을 얻을 수 있다. 이 문제에 대해서는 6장에서 투자자들이 지금과 같은 경제와 금융의 변혁기를 어떻게 유리한 방향으로 활용할 수 있는지에 대해 논의할 때 자세히 살펴보도록 하겠다.

선진국의 투자자들에게도 역시 이득이 따른다. 국부펀드 자산의 해외 배치는 시장의 여러 부문의 가치평가에 도움이 된다. 국부펀드는 장기적인 투자 전망의 맥락에서 운용하고자 하는 의향이 있고, 사실상 그것이 불가피하기 때문에 금융 시스템 내에서 보다 위험성이 높은 부문에 투자할 때 가치 지향성을 가지게 된다. 이는 2007년 하반기에 몇몇 국부펀드가 선진국의 부진한 은행과 증권사들에 대해 자본을 제공하겠다고 나선 것에서도 여실히 드러난다. 이러한 현상은 많은 관심과 논쟁을 불러일으켰던 것으로 이후에 더욱 상세히 다뤄보도록 하겠다.

4단계: 변화의 수용 _____ 4단계는 아마도 신흥 시장이 시작하기에 가장 힘든 단계일 것이다. 또한 투자자들이 제대로 통과하기에 가장 까다로운 단계이기도 하다. 이 단계에는 대외 상환 상황의 변화, 즉 채무국에서 채권국의 지위 변화가 계속 이어질 것이라는 기본적인 인식이 수반된다. 이에 따라 거시경제 정책에 있어서도 근본적인 변화가 필요해진다. 일반적으로 이러한 변화는 대외적인 압력이 큰 시기에 반드시 고려되어야 하므로 자국민에게 변화를 납득시켜야 하는 정부의 상황을 더욱 복잡하게 만든다.

채무국에서 채권국으로 지위상의 변화에 적응한다는 것은 결국 대외 수요 요소와 더불어, 혹은 이를 대신해 국내 수요의 요소를 촉진하는 조치를 취하는 것이다. 이것의 가장 적합한 실례는 "중국이 자국 통화에서 손을 떼야 하는가"에 대한 국제적인 논쟁이다. 이는 곧 환율이 정책에 의해 비교적 좁은 변화 폭 내에서 결정되는 시스템에서 시장의 힘에 의해 저절로 결정되는 시스템으로 변화하는 것을 말한다. 또 다른 예는 석유수출국들이 국내 수요의 촉진을 위해 추가적인 조치를 취해야 한다는 특정 기구들(IMF를 포함하는)의 요구에서 찾아볼 수 있다.

몇 년 전만 해도 신흥 시장 대부분이 1단계를 동경하고 있었다. 실제로 신흥 시장들은 이 단계를 국제수지에 어떻게 자금을 조달할시에 대한 걱정과 이와 더불어 혹시 있을 외부 충격에 대한 취약성을 둘러싼 고민을 대신할 반가운 대체물로 여겼다. 그러나 지난 3~4년 동안 세계 경제에서 구조적인 중요성을 지닌 국가들 중 상당수가 순식간에 1단계와 2단계를 거쳐 지금은 3단계를 지나고 있다. 그 중 일부 국가들, 즉 중국, 인도, 일부 석유수출국들은 4단계에 바짝 다가선 상태이다.

3단계와 4단계에 대한 고찰 _____ 신흥 시장 전체에 있어서 향후 이 4단계 과정이 더욱 강화될 것은 당연해 보이지만, 그렇게 되기까지는 두 가지 중요한 조건이 있다. 첫째 신흥 시장 그룹 전체에 적용되는 것이라고 해도 그것이 모든 국가에 똑같이 적용되는 것은 아니며, 둘째 이러한 과정이 꼭 순서대로 진행되지는 않는다는 것이다.

이에 따라 향후 몇 년 간 보다 큰 수익을 창출하고 손실을 피함으로써 성공을 희망하는 투자자들은 3단계와 4단계의 본질과 의미를 이해할 필요가 있다. 요컨대 앞서 언급한 기타 고려 사항들을 보강하는 추가적인 분석이 필요하다는 것이다.

믿되 검증하라 ————— 앞서 논의한 바가 있으므로 4단계에 대해서는 많은 지면을 할애하지 않겠다. 단지 이 단계는 앞서 언급한 성장, 무역, 가격 형성을 지배하는 원동력의 장기적인 발전과 완전히 일치한다는 것만 덧붙이면 충분하다. 그러한 기반 시설이 완전히 자리를 잡았다고 확신할 수 있게 되면 4단계로 넘어가는 것이 그 나라에 실로 이익이 된다. 이때 기반 시설은 직접적인 통제에서 벗어나(예를 들어 사실상 고정된 중국의 환율) 간접적인 시장 수단을 활용하는 방향으로(예를 들어 비교적 멀리 떨어진 은행 간 시장의 원활한 운용에 의지하는 유연한 환율체계) 이동하는 것을 뒷받침할 수 있어야 한다.

생각하건대 이 변화의 과정은 우리들 대부분이 부모로서, 그리고 직장 내 관리자로서 직면하는 과도기와도 같다. 이것은 기꺼이 통제를 포기하고자 하는 의지와 로널드 레이건 대통령의 말을 인용하자면 "믿되 검증"할 수 있는 우리의 능력에 대해 확신을 가지는 것을 의미한다.

여기서 요구되는 기반 시설이란 각기 다른 부문에 대해 신뢰하고 검증할 수 있는 능력과 의지를 가리킨다. 공공 부문의 경우에는 확실한 감독 및 규제체제, 관련 활동에 대한 필요한 자료를 수집할 수 있는 능력, 그리고 시장 실패의 부정적인 여파를 제한하기 위한 일련의 수단들이 필요하다. 민간 부문의 경우는 제대로 된 조직 설립, 적정한 수준의 자율 규제와 표준 체계, 동기 부여에 대한 힘과 보고된 손익계산서 자료를 통해 비교적 시의 적절하고 투명한 방식으로 좋은 기업과 나쁜 기업을 구분하는 것에 무게가 실린다.

물론 이러한 발전이 갑작스럽게 이루어지지는 않는다. 이것은 개발 전문가들이 '제2세대 구조 개혁'이라 부르는 것에 크게 좌우되는 과정이다. 특히 이는 금융 시스템이 좀 더 개방적이고 세계 다른 지역과의 관계가 더욱 발달된 나라에게는 매우 중대한 문제이다. 점차로 많은 나라들이 이 문제에 대해 더욱 심각하게 고민하고 있으며, 그 결과 국제적인 개방 압력이 국내의 노력에 도움이 되는지 아니면 역효과인지를 두고서도 본격적인 논쟁이 벌어지고 있다.

변화하는 사고방식에 대한 이해 _____ 다시 3단계로 돌아가 보면, 투자자들에게 있어서 가장 중요한 과제는 국제 준비 자산을 대규모로 축적하고 있는 신흥 경제국들이 보다 정교한 자산 관리를 전략적인 측면에서 어떤 것을 실행에 옮길 것인지 이해하는 일이다. 투자자들은 향후 어떤 상품이 대량으로 매입되고 어떤 상품이 매도되며 그 시점은 언제일지를 파악해야 한다. 이러한 변화에 따라 광범위한 자산에 가격 효과가 작용할 것이고, 그 중 다수가 실물경제에 영향을 미칠 수 있으므로 전 세계 정책 결정자들 또한 이에 대한 견해를 마련해야 한다.

사고의 전환이 이루어진 신흥 경제국들은 우발적인 이득을 안정적인 보유 자산이 아니라 다음 세대를 위해 적절히 관리·유지하고 늘려가야 할 비축 자산의 일부로 간주하게 된다. 이러한 변화는 주요 외화 소득원(수출 활동)이 원유와 같이 재생 불가능한 천연자원의 고갈과 관련된 국가들에서 뚜렷이 나타난다. 이러한 경우에 물리적 자산의 형태로 땅속에 묻혀 있는 국가의 부는 금융 자산으로 전환된다.

이러한 이유로 석유수출국들은 지금 '국부펀드 접근법'이라 불리는 방식을 일찍이 채택하였다. 이러한 접근법에서는 중앙은행과는 별개로 미래 세대의 이해를 고려하는 방식으로 펀드 관리의 책임을 담당하는 기관을 설립하게 된다. 과거에 이러한 분야를 선도한 지역으로는 아부다비(아랍에미리트연합 중 최대 토후국), 쿠웨이트, 노르웨이 등이 있다. 현재는 두바이(아랍에미리트연합 중 두 번째로 큰 토후국), 오만, 카타르, 사우디아라비아가 그 뒤를 따르고 있다.

노르웨이 중앙은행 투자운용 그룹(NBIM)의 웹사이트를 방문해 보면, 이러한 접근법의 토대가 되는 고려 사항에 대한 많은 흥미로운 생각들이 제시되어 있다. 이러한 분석적인 연구들이 보여주고 있듯이, 단순히 후대 노르웨이인들에게 더욱 높고 지속적인 수익을 보장해 주는 것만이 핵심이 아니다. 국가 부의 일부를 물적 자산에서 금융 자산으로 전환하는 것 역시 자산가치의 변동성을 줄여주는 역할을 한다. 이렇게 될 때 국민들은 절대적인 기대수익률과 위험 조정 기대수익률 모두 증가하는 것을 경험할 수 있게 된다.

싱가포르는 석유수출국들처럼 천연자원은 없지만, 국민과 금융 자산에 대해 한발 앞선 경영 능력을 보여왔다. 매우 효과적이고 책임 있는 정부의 지도력을 보여준 싱가포르는 대규모의 예산 및 대외 경상수지에서 흑자를 창출해 냈다.

미래 비전을 가진 이 나라의 초대 총리인 리콴유(李光耀)는 흑자 관리를 위해 1981년 싱가포르 투자청(GIC)을 창설하였다. 이 기관은 여러 자산군에 대한 투자 실력과 고도로 효과적인 국가 자산에 대한 운영 방식으로 전설적인 존재가 되었다. 리콴유 총리가 싱가포르의 탄생과 성공을 자세히 다룬 자신의 저서에서 언급했듯이, 필요한 것은 "장기적으로 투자해서 최상의 수익을 얻는 것"이었다. 그는 또한 "투자는 위험한 사업이므로 내가 기본적으로 목표한 바는… 우리의 저축 자산의 가치를 보호하고 자본에 대해 큰 수익을 얻는 것이었다"라고 언급하고 있다.

국부펀드 현상의 확대는 그것이 위험 조정 투자에 대해 고수익을 내는 관리 방식과 조직 구조를 토대로 하고 있는 경우 국내 및 국제적인 차원에서 모두 '성공'으로 간주될 것이다. 국내 차원에서 이는 현재와 미래 세대를 위해 자산을 보존하고 증진할 것이다. 국제적인 차원에서는 국부펀드가 정치적으로 유도된 투자와 통상적으로 문제가 되는 활동을 통해 세계 자본주의의 기능을 저해할 수 있다는 우려에 단호하게 대처할 것이다. 이러한 두 가지 문제에 대해서는 다음 장에서 다시 다룰 예정이다.

국부펀드 현상에 대한 성공적인 확대는 벤 버냉키 연방준비제도이사회 의장이 '과잉 저축'이라 명명한 자본의 배치에 중요한 의미를 지닐 수 있다. 이제는 새로운 투입 자본만이 문제가 아니라는 점을 상기해 봐야 한다. 결국 장기적으로 보면 신흥 경제권의 경상수지 흑자도 하락할 가능성이 있으니 말이다. 오히려 주로 과거 경상수지 흑자로 인해 축적된 자본 역시 중대한 관련성을 지닌다.

일반적으로 채권시장과 특히 미국의 국채는 국부펀드의 배분이 하락할 가능성을 주시하고 있다. 이와 같은 점유율의 하락은 국부펀드 자산 배분의 자연스러운 다각화를 반영할 것이다. 이러한 다각화는 직접적인 방식과 제3자인 해외 펀드매니저들을 활용하는 방식으로 이행될 것이다.

이와 대조적으로 주식시장, 부동산 및 기타 '실물자산'은 배분 확대의 혜택을 누릴 가능성이 크다. 그 범위는 국부펀드의 다각화에 대한 의지뿐 아니라 다각화를 실행할 수 있는 능력에 따라 달라질 것이다. 다음 장에서 논의하겠지만 이와 같은 자연적인 진화는 이미 특정 선진국들의 저항에 부딪히고 있다(일부는 국가 안보의 개념을 이유로, 일부는 그 배경에 정치적, 군사적, 중상주의적인 이유가 있을 가능성이 있는데 그 동기가 불순하기 그지없다).

여기서 국부펀드를 시장 참여자들의 향후 충돌과 관련시켜 보고 있는 한 국제 금융 전문가의 통찰을 언급해 볼 만하다. IMF의 경제 고문인 사이먼 존슨(Simon Johnson)은 2007년 9월에 발표한 글을 통해 국부펀드의 전개 상황에 대해 흥미로운 견해를 내놓았다. 그는 국부펀드를 "21세기의 대형 국유기관 투자자"로 간주하면서, 이들이 "19세기의 민간 부문"과 만나면 어떤 일이 발생할 것인지 질문을 던졌다. 여기서 19세기 민간 부문이란 헤지펀드를 가리키는 것으로, 존슨은 이를 과거 역사적인 맥락에서 다음과 같이 설명했다.

"헤지펀드는 21세기 들어 더욱 부각되기는 했지만, 어떤 면에서는 19세기의 유물과도 같다. 이 시기에는 대규모의 민간 자본이 규제 없이 손쉽게 전 세계적으로 이동했으며, 이는 세계 경제의 장기 호황과 세계 전반의 급격한 생산성의 향상, 그리고 상당수의 위기를 불러온 원인이 되었다."

존슨의 견해는 이 책의 핵심 주제, 즉 과거 세계와 미래 세계 간의 충돌을 다시 한 번 설명하고 있다. 존슨은 맥킨지가 "국제 금융의 강력한 신흥 자본"이라 명명한 자본 간의 내부 경쟁이 더욱 커질 것으로 보고 있다. 어쨌든 이것은 현재와 향후의 세계에서 국부펀드의 구조적인 영향력이 커지고 있다는 증거이다.

내부 금융시장 _____ 이와 같은 신흥 경제국들의 자산 및 부채 관리에 있이서 형태의 변화는 국내 금융시장이 급속도로 바뀌는 시기에 나타날 것이다. 실제로 이러한 변화는 투자자들에게 향후 잠재적인 수익 창출의 기회를 폭넓게 제공할 것이다.

과거에 비추어보면, 현재 신흥 경제권의 거시경제적인 안정성과 상당한 금융 완충물이 함께 결합하여 내부 금융시장의 발전을 위한 강력한 촉매제로 작용할 것임을 알 수 있다. 그 결과 시장은 심화되고 동시에 확대될 것이다. 기존에 있던 영역은 유동성이 커지고 더욱 활발해져서 상품의 수가 더욱 증가할 것이다. 또한 지금까지 따로따로 흩어져 있던 활동과 새로운 분야로 금융 기술의 적용이 융합되는 새로운 영역이 대두될 것이다.

특히 놀라운 부분은 이러한 상황이 어떠한 속도로 나타날 수 있는가 하는 점이다. 중국의 경우를 예로 들어보자. 중국은 금융 서비스의 민간에 대한 공급이 폭발적으로 증가하는 경험을 하였다. 이를 설명하기 위해 한 중국인이 하버드 경영대학원을 졸업한 후 2005년 1월에 설립한 자산 관리 기업(중국 유니버설 자산 관리 기업)의 사례를 들어보도록 하겠다. 이 회사의 고객 기반은 중국에 거주하는 내국민으로 구성되어 있다. 2006년 후반까지 이 기업은 벌써 고객 자산 104억 위안(RMB)을 관리하고 있었다. 이 액수는 향후 6개월 만에 다시 세 배로 증가하여 307억 위안에 이르렀다. 이는 그 후 4개월 만에 또다시 두 배 이상 뛰어올라 2007년 10월말 기준으로 816억 위안을 기록하였다.

신흥 시장의 다른 여러 수치와 마찬가지로 관리 자산의 증가 역시 압도적이다. 그러나 이것조차 그 자산을 지탱하는 요소들에 비하면 그 빛이 바랜다. 2006년 말 이 회사의 고객 수는 19만 명 정도였다. 그런데 2007년 10월말이 되자 이 수치는 거의 250만 명으로 증가한 것이다. 전체 고객 중 180만 명은 이 기업에 맡긴 자산액이 20만 위안 미만인 투자자들이다.

이러한 놀라운 수치는 많은 신흥 경제국 내에 확립되고 있는 금융 심화의 과정을 보여주는 여러 가지 징후 중 한 가지에 불과하다. 그리고 이와 같은 현상이야말로 서방 선진국의 대형 은행과 증권사들이 왜 그렇게 이 지역으로의 사업 확장에 혈안이 되어 있는지를 잘 설명해 준다. 또한 가계와 국가의 유휴 자산을 기반으로 각종 회사들이 부상함에 따라 사모펀드 운용사들이 기업화(corporatization) 과정을 준비하고 있는 이유를 보여주는 좋은 예라고 할 수 있다.

변화하는 금융 기술의 현황

최근 나타난 파생상품의 급증 현상은 다양한 시장의 진입장벽을 크게 낮추는 데 기여해 왔다. 그 결과 새로운 참여자들이 과거에는 그들이 접할 수 없었던 활동에 참여하였다. 파생상품 또한 그 어느 때보다 여러 시장의 연결성을 크게 높이는 역할을 하였다.

이에 따라 일각에서는 파생상품이 금융시장의 발전에 있어서 중요한 진전을 의미한다고 간주한다. 그러나 다른 한편에서는 이를 시장에 대재앙을 불러올 화근으로 보기도 한다. 그럼에도 파생상품이 다양한 시장의 진입장벽을 크게 낮춤으로써 새로운 참여자들이 예전에는 접근이 불가능했고, 일부의 경우 지금도 제대로 인식되지 못하고 지원이 부족한 활동에 참여할 수 있게 되었다는 점에 대해서는 모두가 동의하고 있다.

2007년 여름까지 파생상품은 극적인 성장세를 보였다. 일례로 국제결제은행(BIS)이 통화, 상품, 신용, 주식, 금리, 대출시장을 아우르며 수집한 자료들을 살펴보자. 2007년 6월말 기준으로 파생상품 시장은 516조 달러를 기록하였다. 이는 불과 3년 전에 비해(2004년 6월말) 두 배 이상 증가한 규모이고, 1995년에 비해서는 열 배 가량 증가한 것이다. 잠재적인 위험이 발생할 때에 대비해 신용매매를 보호해 주는 상품인 신용 부도 스와프(CDS, Credit Default Swap)는 특히 가장 빠른 성장세를 나타냈다.

최근에는 많은 투자자들이 파생상품의 기초를 마련해 준 기존의 상품 거래보다 파생상품의 거래에 더 많은 시간을 할애하고 있다. 일반인들에게 있어서 이러한 파생상품 혁명을 가장 잘 보여준 예는 모기지 상품의 폭발적인 증가였다. 실제로 어느 시점에서는 융자 신청자들이 자신의 주택 담보대출의 사실상 모든 조건을 이자와 원금의 지급 방식부터 집값 지불뿐 아니라 기타 각종 형태의 비용까지 아우르는 대출 가능 액수까지 실제로 맞춤 설정하도록 하는 분위기가 조성되었다. 미국에서는 라디오와 텔레비전, 광고 전단지, 인터넷을 통해 온갖 '신종 모기지' 상품들을 집중 판매하고 있다. 이런 상품들로는 이자만 내는 모기지(IOs, Interest-Only mortgages)와 마이너스 분할상환 모기지(NegAms, Negative Amortization mortgages)가 있다.

이러한 파생상품의 급증은 많은 시장의 진입장벽을 혁신적으로 낮추는 역할만 한 것이 아니라 특정 유형의 기업 거래가 이루어지는 방식을 바꾸는 데도 일조했다. 이와 같은 영향은 '증권화(securitization)'의 급속한 확대에서도 잘 드러난다. 월스트리트에서 먼저 붐을 일으킨 증권화는 상황이 점차 과도하게 흘러가고 문제가 드러날 무렵(처음에는 서브프라임 부문에서 시작해서 그 후 금융시장의 여러 영역으로 뻗어나갔다) 더욱 폭넓은 일반의 관심을 끌었다. 사실 여러 면에서 서브프라임 사태와 이와 관련된 문제는 현대에 들어 글로벌 증권화의 위기가 표면화된 최초의 사례라고 할 수 있다.

증권화의 좋은 면, 나쁜 면, 추악한 면 _____ 증권화가 이루어지는 방식을 살펴보는 가장 쉬운 방법은 두 가지 핵심 단계에 집중하는 것이다. 첫째, 개별 대출상품 여러 개를 하나의 '관련 집단

그림 4.8 증권화의 역학 관계

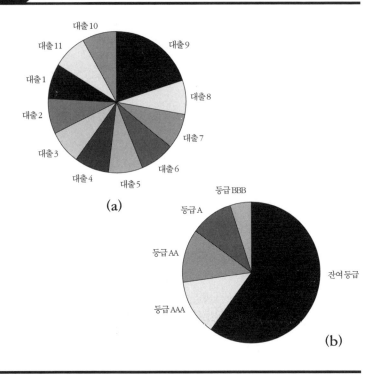

(a)

(b)

(reference pool)'으로 묶는 것이다([그림 4.8a] 참조). 둘째, 이어서 이 묶음 집단을 다양한 '위험 등급(tranches of risk)'으로 분류하는 것이다([그림 4.8b] 참조). 이러한 증권화의 두 가지 기본 단계는 추가적인 조직화로 보강될 수 있고, 또 그렇게 되어왔다. 예를 들어 새로운 위험 등급은 계속해서 다시 묶이거나 나뉠 수 있다. 실제로 이러한 순열과 조합의 수가 대단히 많아서 발행 기관들이 상당히 폭넓은 투자자들의 기반을 활용할 수 있게 된다.

이론상으로 고객 맞춤화의 가능 범위에 대해서는 사실상 한계란 없다. 이 점은 ABCP(자산담보부 기업어음), CDOs(부채담보부 증권), CDO 채권을 담보자산으로 한 CDO 채권(CDOs squared), CLOs(대출채권담보부 증권), CPDOs(고정비율 부채 증권)와 같이 현란한 약어로 표시된 구조화 상품들이 급증한 것에서도 잘 드러난다. 이러한 확산 방식이 더욱 복잡해짐에 따라 이들 상품의 시장 유동성은 줄어들고, 기술적 문제는 더욱 복잡해졌으며, 구조적 위험과 상반되는 기본 위험의 핵심 요소들로부터는 더욱 멀어졌다. 또한 이 상품들은 위험 관리 담당자와 감독 당국에 중요한 과제를 안겨주는 동시에 운용, 기술, 결제 시스템에 압력을 가하기도 했다. 다시 말해 구조화 상품의 확산이 제대로 유지되려면 거래흐름이 이루어지는 연결관을 개조하는 것을 비롯하여 사실상 금융 시스템의 모든 차원에서 재정비와 업그레이드가 요구된다. 이는 필연적으로 시간과 관리 기관의 집중적인 관심을 요구하는 과정이다.

이러한 의견에도 불구하고 지금까지 시스템을 개조할 수 있는 충분한 시간이 주어지지 않았다. 그 이유를 이해하기 위해서는 오늘날 월스트리트에서 이루어지는 증권화의 유형이 여러 중간 단계를 필요로 함을 기억해야 한다. 일부는 설계 단계를 지원하고, 일부에서는 대출, 증권화, 담보물 보관을 지원한다. 또 일부에서는 마케팅과 광고를 담당하며, 또한 투자 관리자도 있다. 여기에 수많은 사람들을 대신하여 사실상 각 등급(tranche)의 위험도와 적합도를 결정하는 신용평가기관도 빼놓을 수 없다.

모든 단계에서는 수수료가 부과된다. 따라서 증권화는 이 시스템의 상당 부분에서 큰 잠재적 수익을 제공하는 것으로 인식된다. 잠재적 수익은 매개 기관들과 이들이 내놓는 각각의 전문성뿐만 아니라 해당 거래의 규모와도 연관된 경우가 많다. 실제로 이는 모든 매개 기관의 입장에서 볼 때 인센티브가 줄줄이 늘어서 있는 것이나 마찬가지이다. 그러므로 이러한 중개 기관 사슬에 포함된 모든 기관은 과잉 현상을 보이기가 쉽다. 따라서 지난해 투자 주체를 비롯해 너무나 많은 사람들이 부적절한 가격, 부적절한 기간, 부적절한 시기에 과도하게 많은 자본을 위험에 노출시켰던 것도 결코 놀라운 일이 아니다.

증권화로 인한 비즈니스 모델의 변화 _____ 당연히 이와 같은 현상으로 인해 월스트리트의 비즈니스에 대한 접근 방식도 바뀌었다. 이는 은행권이 '대출 자산의 유동화(originate and distribute)' 쪽으로 비즈니스 모델을 변경한 것에서 가장 확실히 드러났다. 대럴 더피(Darrell Duffie) 스탠퍼드대학 교수는 이 현상을 연구한 자신의 글에서 다음과 같이 언급하고 있다. "은행들이 장기투자에 대한 수익보다는 중개 수익을 목표로 고안된 채권을 주로 판매할 것으로 보인다."

이러한 변화는 투자자 집단이 당연히 보여야 할 부지런한 활동, 즉 직접 활동이나 제3자를 통한 간접 활동이 전반적으로 감소한 것에서 비롯되었다. 이에 따라 일반적으로 투자자 집단이 유동성 혼란에 기울이는 관심도 희석되었고, 그 결과 적절한 위험 평가에 대한 관심도 줄었다.

너무나 많은 이들이 중개하느라 바쁜 와중에 게임에 확실히 발을 담그고 있는, 즉 중요한 재정적인 이해관계가 있는 사람이 누구인가 하는 문제에 제대로 관심을 보이는 사람은 거의 없다. 이러한 구조 내에서 중요한 지분을 보유한 이들, 즉 1차 투자자들은 전에 없이 전 세계적으로 퍼져 있다. 그리고 이들 중 너무나 많은 투자자들이 검증되지 않은 시나리오와 과거 자료를 바탕으로 세운 투자 모델에 지나치게 낙관적인 변수를 도입하여 온 신용평가기관들에게 의존하고 있다. 이를 포함해 금융 시스템 하부구조의 기타 요소들이 적절히 검증되지 않은 결과, 현재 나타나고 있는 증권화의 대량 확산을 부추겼다. 그리고 이는 이 책 전반에 걸친 주제(허용된 활동이 그것을 뒷받침할 수 있는 시스템의 범위를 넘어서는 경우가 너무 많다)를 보여주는 생생한 실례이다.

그 결과 첫 번째 시장 하락(2007년 일부 서브프라임 모기지 보유자들이 계약 이행에 어려움을 겪으면서 촉발됨)은 매개 기관들이 그들을 감당할 수 있는 범위를 훨씬 넘어서는 큰 혼란을 가져왔다. 하나씩 차례차례 쓰러지는 도미노를 떠올려 보라. 복수 균형에 대해 우리가 논의한 바와 일관되게 도미노가 쓰러지면서 추진력이 생겨나고 대규모 금융 혼란으로 발전하여 광범위한 구조화 상품에 영향을 주고 전 세계의 경제와 금융 시스템에 구조적인 여파를 미친다. 월스트리트의 문제가 메인 스트리트, 즉 실물경제의 문제로 바뀐 것이다.

이러한 여파는 일차적인 투자 손실을 훨씬 넘어서는 것이었다. 대규모 포트폴리오 평가절하의 확산, CEO들의 사임, 헤지펀드 실패가 잇따라 터져 나왔다. 이는 단기 자금 시장의 건전성을 위협하고, 기업어음(CP) 시장을 위축시켰다. 이 과정에서 부정적인 외부효과(negative externality)는 월스트리트에서 실물경제로 넘어갔다. 주택 차압률이 증가하고, 신용카드의 사용이 거부되고, 정리해고가 늘어났다.

마침내 2007년 여름에서야 인식되기 시작한 이와 같은 위기신호에 각국 중앙은행과 정부는 당장 비상 대책에 들어갔다. 또한 이 신호는 여러 투자자, 기관, 대차대조표가 구조화 상품의 생산 및 소비 급증에 대처할 수 있는 준비가 얼마나 기본적으로 미흡한 상태였는지도 보여주었다.

증권화는 확고히 정착한다 _____ 그러나 여기에는 흥미로운 반전이 한 가지 있다. 바로 2007년 여름에 시작된 폭락 사태에도 불구하고 여전히 증권화는 미래가 밝다는 것이다. 실제로 내가 한 하버드대학의 학생 클럽에서 프레젠테이션을 한 후, "만약 당신의 딸이 금융 부문에서 가장 장래성 있는 분야나 기술에 대해 묻는다면 어떻게 조언해 주겠느냐?"는 질문을 받은 적이 있다. 그때 나의 대답은 바로 "구조화 금융"이었다.

어떤 이들에게는 이러한 말이 이상하게 들릴 수도 있을 것이다. 사실 구조화 금융은 2007년 서브프라임 사태 이후 월스트리트 감원 한파의 직격탄을 맞을 것임에 틀림없고, 또 실제로도 그러하다. 이는 또한 규제 당국과 정계의 이목도 끌게 될 것이다. 그러나 궁극적으로는 이와 같은 후퇴가 경기 순환의 일부임이 드러날 것이다. 이러한 현상의 장기적인 원동력은 적절한 실행과 지원만 뒷받침

된다면 충분히 견고하다.

증권화는 시장에서 가치가 높게 평가되는 많은 이점을 제공하고, 이러한 장점이 단시간 내에 사라지지는 않을 것이다. 사실 가장 기본적인 문제는 강력한 증권화의 기술이 보다 책임 있고 지속 가능한 방식으로 사용될 수 있을지의 여부이다. 원래 이 기술들은 잠재적인 다각화와 고객화를 훨씬 광범위하게 이룰 수 있다. 그 결과 잠재적인 구매자와 판매자의 수를 늘려 유동성과 헤지 활동을 높이고 거래비용을 낮추며 지리적인 경계와 상품의 경계를 무너뜨리게 된다.

증권화의 이점은 마치 금융의 세계화에 대한 전형적인 마케팅 자료처럼 보인다. 결국 이 조합, 즉 유동성 증가, 다각화, 고객화 등은 일반적인 금융시장의 통합 과정을 설명하는 표현이니 말이다. 이 과정의 다른 요소들과 마찬가지로 증권화 또한 과잉 생산과 과잉 소비 등 과잉 현상을 야기하기 쉽다. 그러나 중기적으로는 이러한 문제가 있다고 해서 반드시 증권화가 실패로 끝나는 것은 아니다. 오히려 장기적으로 지속성이 더욱 증가할 수도 있다.

결론

그렇다면 이러한 모든 현상은 우리에게 어떠한 영향을 미치게 될 것인가? 분석 결과에 의하면 시장은 현재 투자자들에게 결정적인 변화를 안겨줄 장기적인 종착지를 향해 가고 있으며 그 구체적인 내용은 다음과 같다.

첫째, 향후 전 세계 경제 성장의 원동력은 더 이상 예전처럼 미국에 크게 의존하지 않을 것이며, 필연적으로 신흥 시장이 점차 독립적인 성장 동력으로 자리잡을 것이다.

둘째, 신흥 시장이라는 새로운 성장 동력은 수출에 크게 의존하던 형태에서 벗어나 국내 수요의 요소, 즉 내부 소비로 방향을 선회할 것이다.

셋째, 이러한 변화는 부채를 이용한 소비에 과도하게 의존해 온 미국 경제에 절실히 필요하고, 오랜 기간 지연되어 온 조정 과정을 촉진시킬 수 있는 잠재력을 가지고 있다. 이 과정에서 세계 경제는 균형을 되찾고, 한쪽으로 크게 치우진 세계 무역의 불균형으로 야기된 금융시장의 취약성을 줄일 수 있을 것이다.

넷째, 세계적인 인플레이션 경향은 천연자원에 대한 계속되는 압력으로 인해 부성석인 여파를 겪을 것이다. 더욱이 실력 있고 비용 효율적인 노동력이 세계 경제에 대거 진입하면서 생긴 디스인플레이션(disinflation) 효과가 점차 사라지는 데 따른 여파도 있을 것이다. 그렇게 되면 가뜩이나 유례없이 변덕스러운 경제 상황에 이미 놓여 있는 중앙은행들은 한층 더 복잡한 정책적인 도전에 직면하게 될 것이다.

다섯째, 전 세계 자본의 배치와 그에 따른 자산가격의 움직임은 점차 국부펀드(SWFs)의 활동에 영향을 받을 것이다. 이들 국부펀드는 고정수익 투자상품에서 점차 고위험 상품과 인플레이션에 대한 방어 효과가 클 것으로 기대되는 상품으로 옮겨갈 가능성이 크다.

여섯째, 이러한 경제 및 금융 변화에는 추가적인 기술 개발이 뒤따를 것이다. 이 기술은 지속적인 파생상품의 확산에 좌우되는 구조화 금융 및 기타 활동에 대한 복잡한 경로를 만드는 데 집중될 것이다.

투자자들의 입장에서 이와 같은 변화는 위험과 수익의 지형을 변화시킨다. 이러한 변화들은 제도적, 전략적 접근 방식의 변화를 촉구하고 상대적인 우위의 형태를 재편성한다. 국내 및 국제적인 정책 대응의 효율성에도 변화가 생겨난다.

이러한 구조적 변화의 본질과 깊이를 고려할 때, 새로운 시대에 성공적인 투자를 지속하고 싶어 하는 시장 참여자들은 여기에 맞춰 변화하는 수밖에 달리 도리가 없다. 좀 더 구체적으로 말하자면 새로운 장기적인 종착지의 성격에 부응하는 적절한 실천 계획을 마련해야 한다는 뜻이다. 그러나 이는 단지 하나의 필요조건일 뿐 성공을 장담할 수 있는 충분조건은 아니다. 시장 참여자들 또한 그 여정의 과정에서 길을 잘 찾아갈 수 있어야 하는데, 바로 이 문제를 다음 장에서 다뤄보도록 하겠다.

WHEN MARKETS COLLIDE

최근 몇 년 동안 전 세계는 낡은 것에서 새로운 것으로 옮겨가는 과정에서 불가피하게 야기되는 다양한 파급 효과를 목격해 왔다. 현재 시스템의 다양한 요소들은 새로이 바뀐 현실에 재빨리 적응하는 데 있어서 큰 어려움을 겪고 있다. 이러한 난제 들에 적응하고 대처하기 위해서는 사고방식과 하부구조의 근본적인 변화가 필요하다.

과도기 국면의 이해와 전망

05

05

우리는 과도기를 겪고 있다

참으로 아이러니하게도, 나는 새로운 경제적인 종착지가 어떤 모습일지에 대해서 비교적 확신할 수 있는데 반해, 그곳에 도착하기까지의 여정이 어떤 성격일지에 대해서는 그만큼의 확신이 서지 않는다. 물론 이 같은 말이 이상하게 들릴 수도 있을 것이다. 그러나 만일 여러분이 세계 금융 시스템의 하부구조가 우리가 현재 경험하고 있고 가까운 미래에 직면하게 될 다양한 변화들에 대하여 얼마나 대비가 되지 못한 상태였는지, 그리고 아직까지도 여전히 상당히 미흡한 상태라는 점을 생각해 보면 이는 결코 이상한 이야기만은 아니라고 본다.

파괴적 혁신(disruptive innovation)에서 전형적으로 나타나듯이, 구조적 변화는 아직까지는 제대로 뒷받침될 수 없는 새로운 활동들을 가능하게 하였고 앞으로도 그러할 것이다. 그 결과 어제의 세계와 내일의 세계 간에 충돌은 필연적으로 발생하게 될 것이다.

미래의 세계에서는 글로벌 무대에서 새로운 주체들의 영향력이 증대되고 금융계에는 새로운 활동과 상품이 확산될 것이다. 한편 과거의 세계는 이 같은 새로운 활동을 지원하고자 하는 하부구조와 연결된 시스템 속에 내재되어 있다. 그런데 앞서 살펴봤듯이 이 시스템은 이미 필요한 지원을 제공하는 데에 있어서 한계를 보이고 있다. 과거의 지원 구조와 제도의 현주소는 지금까지 국내 및 국제적인 차원에서 주된 역할을 해온 핵심 주체들에 대한 퇴장 압력과 기존의 전통적인 상품의 시장점유율 하락에서도 잘 나타난다.

이와 같은 두 세계 사이의 충돌은 마찰을 부를 수밖에 없다. 만일 이러한 마찰이 순차적으로 등장하거나 혹은 적시에 중간 차단의 기제가 작동한다면, 단지 단절된 단계에서의 시장 혼란만이 있을 것이다. 그러나 만일 마찰이 동시에 나타난다면 투자자들은 대규모의 장기적인 세계 경제 성장세의 둔화, 부도, 무역전쟁의 심화, 국가 간의 자유로운 금융자본의 흐름에 대한 규제 강화 등에 대처해야만 하는 상황을 맞이하게 될 것이다.

이 장은 앞으로 길 찾기에 나서는 투자자들이 꼭 알아야 하는 과도기와 관련된 문제들을 상세하게 다루고 있다. 갑작스러운 유동성 위기, 모호한 대차대조표, 피해 기관, 비상 대응 정책 등이 속출할 가능성이 있는 상황에서 투자자들이 직면하게 되는 실수와 시장의 사고를 일으키는 잠재적인 원인에 대해 살펴보고자 한다.

변화에의 적응

최근 몇 년 동안 전 세계는 낡은 것에서 새로운 것으로 옮겨가는 과정에서 불가피하게 야기되는 다양한 파급 효과를 목격해 왔다. 우리는 현재 시스템의 각기 다른 요소들이 새로이 바뀐 현실에 재빨리 적응하는 데 있어서 어려움을 경험할 것이라는 사실을 이미 잘 알고 있다. 국제적인 차원뿐만 아니라 개별 기업과 국가적인 차원에서 이러한 어려움들을 겪게 될 것이며, 이러한 난제들에 적응하기 위해서는 사고방식과 하부구조의 근본적인 변화가 필요할 것이다.

스포츠팬들이라면 이러한 역학 관계에 더 익숙할 것이다. 미식축구에 '웨스트 코스트 오펜스(West Coast offense)' 공격 방법이 처음으로 도입되었을 때 어떤 일이 일어났는지 생각해 보라. 공을 전진시키는 새로운 접근법으로 인해 리그 내에서 힘의 재배치가 이루어졌다. 왜 그럴까? 바로 기존의 수비가 빠르게 충분히 적응하지 못했기 때문이었다. 수비의 실패는 마찬가지로 팀의 공격에도 영향을 미쳐 공격수들이 필드 안으로 들어오지도 못하거나 상대 팀을 따라잡기에 바빠졌다. 그러나 이후 시간이 흐르면서 수비가 웨스트 코스트의 공격에 적응을 하였다. 그 결과 이러한 공격법은 차츰 영향력을 잃었고, 오늘날에는 리그 최강 팀들의 게임의 플랜에 있어서 과거와 비교하여 중요하게 등장하지 않는다.

이와 같은 상황이 현재 세계 경제에서 나타나고 있고, 향후에도 계속 나타날 가능성이 높다. 각각의 집단은 현재 진행 중인 구조적인 변화를 인식하고 그에 적응하는 능력에 있어서의 차이를 보일 것이다. 그리고 일부는 점차 빠르게 시대에 뒤처지고, 심지어는 아예 제대로 작동하지도 않는 모델들로 인해 방해를 받게 될 것이다. 이렇게 되는 이유는 여러 가지가 있고, 이는 앞서 3장에서 다루었던 경제, 금융, 행동에 있어서의 고려 사항들과 복합적으로 연관되어 있다. 그리고 예컨대 보다 평범한 '배관 문제', 즉 해당 기관의 하부구조가 새로운 전략과 행동에 적응할 수 있는 범위와 속도에 관한 문제를 포함하는 변화에 대한 대처 과정은 때때로 파이프가 막히는 불쾌한 결과에 이르게 되어 정화 처리와 대대적인 설비의 재정비가 필요할 것이다.

이에 대한 가장 적합한 실례는 민간 부문의 조직, 각국의 정부, 국제기구가 직면한 경험과 과제들을 살펴봄으로써 얻을 수 있다. 우선 논의상 편의를 위해 이들을 각각 별개로 설명하고자 한다. 그러나 실제로 이들은 상호 작용하는 관계이고 앞으로도 지속적으로 그러할 것이다. 사실상 투자자들은 정부와 국제기구의 정책 결정자들 앞에 놓여 있는 다양하고 어려운 문제들까지 이해해야만 본인들이 직면한 도전 과제에 제대로 맞설 수 있다. 결국 이 세 가지 주체는 복잡한 다차원의 체스 게임과도 같은 까다로운 과제에 참여하고 있는 것이다. 게임을 잘 치르려면 서로 다른 목표, 수단, 제약을 가진 참가자들 간의 상호 의존이 불가피하다.

민간 부문: 빠르지만 원활하지 않은 반응

행동 제약이 더 적다는 점, 그리고 손익에 대한 계산이 빈번하게 이루어지고 점차 공개화되면서 훈련이 된 점에서 미리 예측할 수 있듯이, 지금 일어나고 있는 변화에 대하여 적응해야 될 필요성을 가장 빨리 감지한 이들은 민간 부문의 참여자들이었다. 이는 기업과 금융 부문의 다양한 기준치에서 명백하게 드러난다.

미국 기업들이 해외 사업장으로부터 얻는 수익을 갈수록 중시하고 있는 것을 눈여겨보자. 현재 해외 매출 수익은 미국의 총소득의 20%를 차지하며, 이는 불과 10년 전에 비해 비중이 거의 두 배 가까이 증가했다는 의미이다. S&P 500대 기업들의 경우 해외 사업이 수익의 성장에 기여한 비율은 2007년 6%였다. 수익이 비교적 일정하게 증가한다는 것을 고려할 때 이는 그 자체로 미국 주식시장의 가치가 약 6% 증가한 것으로 해석된다. 전통적으로 '폐쇄적'이라고 간주되는 경제로서는 나쁘지 않은 실적이다.

앞 장에서 지적했듯이 이러한 민간 부문은 매우 **빠르게** 구조화 상품의 생산을 수용하고 공급 시스템을 고안하였다. 이러한 실행 방식은 불가피하게 구조화 상품의 과잉 생산과 과잉 소비라는 결과를 가져왔으며, 이는 과거 역사상 중요한 기술적인 혁신이 있을 때마다 이를 통해 목격된 현상과 일치한다.

일례로 〈이코노미스트〉지는 통신업계에 일어난 가장 최근의 변화 과정에 대해서 기술한 기사에서 다음과 같이 밝혔다. "패턴은 항상 똑같다. 새로운 기술이 등장하고, 그 기술이 어떻게 사용될지, 적절한 사용 방법은 무엇인지 그 누구도 확실히 알지 못한다. 따라서 사용자들이 계속해서 규칙을 만들어가야만 한다."

국제적인 활동으로부터 얻는 수익에 대해 점점 더 의존하게 되면서 기업들은 선진국권, 특히 미국에서 개발도상국권으로의 성장 중심의 이동을 적극 활용한다. 미국 기업들의 해외로의 확장 소식이 들리지 않는 날이 없을 정도이다. 이러한 기업의 세계화 과정은 쌍방의 통행로임이 입증되고 있다. 지난 몇 년 간 '개발도상국의 다국적 기업'은 현저하게 확장되었다. 이에 대해서는 앙트완 반 아그마엘(Antoine van Agtmael)의 저서 《이머징 마켓의 시대(The Emerging Markets Century)》에 명쾌하고 상세하게 서술되어 있다. 세계적인 권위의 투자 전문가 반 아그마엘은 '신흥 시장(emerging markets)'이라는 용어를 처음으로 탄생시킨 장본인이다. 그의 최근 연구는 신흥 시장 지역의 기업들이 그들의 날갯짓을 시작했음을 시사하고 있다. 이들 기업은 세계 시장의 점유율을 늘리고 운영의 효율성을 신속하게 개선하는 한편, 꾸준하게 부가가치 곡선의 위쪽을 향해 달리고 있다.

이러한 현상에 가속도가 붙으면서 신흥 시장들은 점차 인정받는 브랜드를 개발하기 시작하였다. 이는 개발도상국들이 주기적으로 찾아오는 변동성을 견딜 수 있는 장기적인 기초를 다지는 과정을 한층 강화하는 역할을 한다. 예를 들어 중국 기업들은 이 과정에 막 들어섰고, 인도 기업들은 완전히 진입하였다. 한국 기업들 또한 상당한 진전을 이루어냈다.

상황이 이러하니, 이들 기업이 세계적인 차원에서의 목표를 확대해 나가는 것도 놀라울 것이 없다. 지난 2~3년간 과거에는 감히 생각조차 할 수 없었던 국가 간의 인수합병 활동이 전개되었다. 신흥 경제권 기업들이 선진국 기업들을 인수하는 세간의 화제가 된 합병 건이 계속 증가한 것이다. 이러한 현상은 시멘트, 금융, 식품, 천연자원, 통신, 섬유, 관광 등 다양한 산업 부문에 걸쳐서 나타나고 있다.

이와 함께 개발도상국 기업들 또한 신흥 시장 내에서도 성공적인 성장 패턴을 확장해 나갔다. 일례로 중동의 경우를 살펴보자. 이집트의 통신회사 오라스콤(Orascom)은 현재 이 지역에서는 모르는 사람이 없을 정도로 유명한 기업이고, 브라질의 냉동식품 회사인 사디아(Sadia)도 브라질 최대 닭고기 생산 수출 기업으로서 매우 잘 알려져 있다. 이집트의 금융회사 EFG 헤르메스(EFG-Hermes)는 꾸준히 지역 내 기반을 확대하며 수익을 올려서 이제는 외국 기관들의 관심을 끌고 있다. 한편 CEMEX, 아메리카 모빌(America Movil)과 같은 멕시코 기업들은 미주 대륙을 비롯해 그 외의 지역에서도 주요한 기업이 되었다. 또한 중국 기업들은 점차 아프리카와 라틴아메리카로 진출하여 천연자원 사업에 대해 투자와 운영을 함께하고 있다.

이와 같은 선진국과 개발도상국 양쪽에서의 확장은 강력한 힘을 가진다. 이는 수평적·수직적인 통합(전체 생산 기반의 이전을 포함)을 촉진하고, 그 결과 해당 기업들은 기업의 주도권과 주도 세력에 대한 다양한 세계적인 표본조사에서 과거보다 더욱 흔히 등장하는 이름이 될 것이다.

투자 영역에서는 재단 기금이 세계화의 흐름을 더 일찍 받아들였다. 일례로 HMC가 지금까지 미국 외 공개시장에 할당한 자본의 비율을 살펴보자. HMC는 1980년에는 상장주식에 할당된 주식의 100% 전체가 미국 주식이었다. 이 비율은 1981년 69%, 2000년 48%로 하락하였다. 그리고 2008년에는 이 비율이 35%를 차지하고 있다. 하버드의 기부금 총액비율을 살펴보면, 미국 상장주식의 비중이 1980년 65%에서 2008년에는 12%로 감소하였다.

이후 자세히 살펴보겠지만 천연자원, 사모주식, 부동산 등 다른 종류의 자산에서도 이와 유사한 패턴이 나타나고 있다. HMC의 포트폴리오 관리자들은 매력적인 투자 기회를 찾기 위해서 해외로 눈을 돌리고 있다. 이러한 현상은 목재나 천연자원과 같이 쉽게 매매할 수 있는 부문에만 해당되는 것이 아니라 상업용 및 주거용 부동산의 경우에도 나타나고 있다. 더욱이 사모주식은 거시경제적으로 큰 안정성, 시장의 심화, 법률 및 비즈니스 환경의 상대적으로 더 작은 불확실성을 바탕으로 해외에서 더 큰 기반을 다지고 있다.

구조화 상품 제조 및 사용의 급증은 전 세계 기업 동향의 변화보다도 심지어 더욱 주목할 만하다. 실제로 구조화 상품은 성장세가 워낙 빨라서 기초 상품의 물량을 완전히 무색하게 하였다. 이런 상황이 전개되면서 시장 유동성의 역학 관계에 변화가 생겼다.

2007년 3월 〈파이낸셜 타임스〉에 기고한 칼럼에서 나는 구조화 상품의 성장세를 설명하며 그 과정을 월스트리트에 새롭게 등장한 '유동성 공장(liquidity factory)'으로 비유하였다. 그 결과 경기 팽창기와 수축기 모두에 있어서 "현재 시장의 유동성 동력이 기존의 금융 정책 수단에서 나오는 영향력을 능가하고 있다." 이러한 시스템 내의 영향력이 주로 시장에서 내생적으로 존재하는 승수에 의해서 주도됨에 따라 통화 당국은 내부 유동성 승수와 그에 따른 국가 간의 자본흐름에 영향을 미치는 데에 있어서 매우 까다롭고 복잡한 징책적인 상황을 낮이하게 된다.

어찌 보면 민간 부문은 하나의 혼합물이라는 관점에서 볼 때 전체적으로 새로운 종착지를 더욱 잘 활용할 수 있을 진로에 들어선 것으로 보인다. 그러나 우리의 삶 속에서 많은 부분이 그러하듯이 전체적으로 볼 때는 맞아떨어지는 것도 그것의 구성적인 측면에서는 중요한 차이점이 나타나지 않는 경향이 있다. 실제로 민간 부문 내에도 적응의 경향과 속도에서 눈에 띄는 차이점이 존재한다. 이러한 다양성은 최소한 흥미로운 기업 내부 경영의 문제들을 제기하고, 세분화된 시장 내부와 서로 간에 완전히 실패할 수 있는 높은 가능성을 포함하여 대대적인 제도 재편성의 가능성을 제시한다. 이러한 다양성은 잠재적인 시스템 전반의 혼란과 시장의 사고(market accidents) 가능성을 내포하고 있으므로 더욱 심각한 상황으로 발전할 수 있다.

의지 vs 능력 _____ 아마도 민간 부문 내에서 존재하는 가장 큰 긴장은 장기적인 변화로 인해 가능해진 새로운 활동에 참여하고자 하는 기업들의 욕구와 이를 실행할 수 있는 기업들의 능력 사이에 놓인 긴장일 것이다. 이 같은 긴장은 특히 기업의 핵심 문제, 규율, 위험의 완화를 관리하는 데 결정적인 지원 기능을 재정비하는 과정에서 본래부터 내재된 어려움과 관련이 있다.

이러한 현상을 가장 극명하게 보여주는 사례, 그리고 종착지로 가는 여정에서 이미 큰 장애물로 나타난 사례는 바로 금융 시스템에서 나타났다. 간단히 말하자면 금융회사들이 의지와 능력을 적절히 조화시키지 못함으로써 결과적으로 구조화 상품에 대한 과도한 의존을 불러왔고, 그 결과 야기된 혼란을 뒤처리해야 하는 과정이 필요하게 된 것이다. 〈파이낸셜 타임스〉의 마틴 울프가 2007년 9월 5일자 기사에서 언급하였듯이, "이러한 결과가 나타난 것은 어리석은 채무자, 어리석은 투자자, 영리한 중개기관이 있었기 때문이다. 중개기관들은 채무자들이 감당할 능력 이상의 것을 빌리도록 설득했고, 투자자들이 뭔지 이해하지도 못하는 것에 투자하도록 납득시켰다."

상당한 버블의 징후를 보이던 시장 영역, 예를 들어 캘리포니아, 플로리다, 네바다와 같은 핫 마켓(hot markets)의 주택시장에서 수행된 실사(due diligence)를 살펴보자. 내가 아는 한 전문 투자 매니저들 중 빌 그로스가 몇 년 전 스콧 사이먼(Scott Simon)이 이끄는 핌코의 모기지 팀에 해준 조언을 따른 이는 거의 없었다. 스콧과 그의 동료들은 빌 그로스의 조언 하에 미시적인 차원에서 이러한 주택 시장이 실제로 어떤 식으로 작용했는지를 면밀하게 관찰하였다. 그들의 연구는 지역 부동산 및 모기지 중개업체들과 '현장 동행(ride alongs)'에 참여하는 것을 포함하였다.

핌코의 웹사이트(www.pimco.com)에 게재되어 있는 "주택 프로젝트(Housing Project)" 정기 기사에 간략히 소개된 이러한 그들의 연구 결과는 과잉 현상이 발생하고 있음을 분명하게 시사하고 있다. 이 연구는 핌코의 포괄적인 분석과 더불어 투자 전략의 각기 다른 세 가지 요소를 보여주었고, 그 내용은 해당 시장의 영역이 전염성의 침체에 들어서기 전 2006년 12월에 있었던 스콧의 인터뷰에도 대략적으로 언급되어 있다. 그 인터뷰 내용을 간략히 정리해 보면 아래와 같다.

● 가격 변화와 재고 간의 관계를 포함하여 시장 영역 전반의 역학 관계가 어떠한 방법으로 전개될 것인가? : "이러한 연구를 통하여 우리가 알게 된 사실 중 한 가지는 실질가격의 상승이 매출을 크게 증가시킨다는 점이다. 그러한 반대급부로 엄청난 가격 인상에서 가격이 크게 하락하면 매출의 급락을 경험하게 된다."

● 신용 건전성에 대한 신용평가기관의 지표가 어느 정도로 보강되어야 하는가? : "자산을 담보로 하는 영역에서 우리는 주택시장에 대한 우려로 인하여 투자 방식을 변화시켰다.

예를 들어 역상환(negative amortization)식 변동금리 모기지(ARMs, Adjustable Rate Mortgages)의 경우 스탠더드 앤 푸어스(S&P)와 무디스(Moody's)의 표준 구조 AAA등급을 받으려면 10%의 신용 공여(credit support)가 요구된다. 우리는 45%의 신용 공여를 제공한다."

● 최상위 AAA등급을 받은 상품에 으레 따라오는 자기만족을 피하는 일의 중요성에 대하여 설명해 달라 : 비우량 대출일 경우 우리는 AAA등급의 대출상품을 구입하지 않으려고 한다. 우리는 AAA등급의 상품을 구분한 뒤 AAA 상품에 대해서는 최초의 현금흐름을 배치하지 않는다. AAA등급의 상품은 거래가 약 4개월간 정상적으로 이루어지면 자기변제(self-liquidating)된다. 이런 종류의 대출상품을 다루는 우리의 접근 방식에 대해서 제기할 수 있는 가장 큰 불만은 지나치게 신중하다는 것이다. 그러나 우리 관점에서 그런 비판은 기꺼이 감당할 수 있다."

지나치게 신중한 접근법을 취한다는 인식을 기꺼이 감수한 핌코의 선택은 옳았다. 본격적으로 주택 금융의 혼란이 시작되는 순간에 그 여파는 하부구조 지원에 있어서의 한계를 순식간에 증폭시키고, 그로부터 일련의 부정적인 순환의 고리(feedback loop)를 양산했기 때문이다. 부동산 업계의 모기지를 기반으로 한 구조화 상품 모델링은 적절하지 않은 것으로 드러났으며, 그로 인해 가뜩이나 과부하 상태에 있는 광범위한 복합 상품에 대한 가치평가의 능력에 한층 더 부담이 되고 있다. 해당 업계의 가치평가의 모형에 혼란이 발생함에 따라 구매자와 판매자들이 서로를 발견하는 것이 어려워졌다. 그 결과로 나타난 유동성의 붕괴는 다른 시장으로 번져나갔다.

시장의 양쪽 주체가 거래를 원하는 수준의 차이는 단순하게도 너무 컸다. 이는 말 그대로 서로 다른 언어를 사용하는 두 사람이 있고, 둘 중에 어느 쪽도 상대방이 하는 말을 알아듣지 못하는 상황과도 같았다. 그 결과 가격 발견의 과정이 붕괴되었다. 거래의 숫자가 미미한 수준으로 줄어드는 한편, 대차대조표의 평가는 변동 폭이 과도하게 커지고 불명료성의 문제를 보였다. 이러한 붕괴는 다른 요소들을 악화시켰고, 또한 다른 요소들로 인해서 악화되었다. 금융기관들이 아직도 완전히 인정하고 공개하지 않은 손실에 대한 시장 내의 평가에서도 가시성과 투명성이 핵심적인 화두였다. 그로 인해 자본흐름을 지배하고 있는 투자자들의 수저하는 움직임이 한층 심해졌다.

연방준비제도이사회의 케빈 워시(Kevin Warsh) 이사는 2007년 말 뉴욕 경영학협회(New York Association of Business Economics)에서 행한 연설에서 시장 혼란의 여러 가지 측면, 즉 긴축, 재유동화, 재평가에 대해 다음과 같이 명쾌하게 설명하였다. "금융시장의 긴장이 고조됨에 따라서 다수의 대형 금융기관들이 자사의 유동성과 대차대조표의 상태를 철저히 보호하고 나섰다. 변동성이 증가하고 시장 기능이 축소되는 상황 속에서 이들은 거래 상대방의 위험 노출과 기타 잠재적인 우발 채무에 대해 더욱 촉각을 곤두세우게 되었다."

아직 공개되지 않은 관련 손실에 대한 불확실성으로 인해 기존의 구매자들이 손을 떼고 방관자적 입장을 취했고, 그 결과 3장에서 다뤘던 레몬시장의 추세가 강화되었다. 최근 이들 구매자는 상당한 부를 축적하였으나 아직 시장에 본격적으로 참여하지 않고, 가장 익숙한 분야에 집중하는 것을 선호하는 세력에 동참하였다. 이렇게 모두 시장 상황이 명확해질 때를 기다림에 따라서 중개기관들의 대차대조표 타당성에 대한 의문이 당연히 제기되었다. 이러한 의문은 오랜 전통의 금융기관들이 발행 부채에 대한 신용 스프레드가 얼마나 확대되었는지 그 규모에서 여실하게 드러났다. 이와 같은 스프레드는 시장이 해당 기관의 신용 건전성, 즉 채무불이행 위험의 정도를 어떻게 평가했는가를 보여주는 증거가 된다.

메릴린치 연구원들이 수집한 자료에 따르면, 2007년 11월 금융기관들의 평균 스프레드는 미국 국채보다 149베이시스 포인트(bps) 높은 이례적인 수준을 기록하였다. 이는 상당한 자본을 삼키고 이들 금융기관으로 하여금 앞 다투어 새로운 자금을 모으게 만든 또 한 번의 대규모 손실과 평가 절하에 대한 2008년 1월의 발표가 있기 전의 일이다.

11월의 신용 스프레드 수준이 2002년 엔론(Enron)과 월드컴(WorldCom) 사태로 촉발된 혼란 상황에서 기록한 수치에 맞먹기는 하지만 여기에는 중요한 차이점이 있었다. 금융기관들이 발행한 부채의 평균 스프레드가 은행에서 대출한 기업 부문의 그것보다 더 컸다는 점이다. 이는 채무불이행 위험이 더욱 크다는 의미이다. 구체적으로 기업 부문의 평균 스프레드는 134베이시스 포인트를 기록하였다. 이와 같이 경제 내 자본구조의 이례적인 가격 결정의 양상은

2008년 1월에 더욱 뚜렷하게 나타났다.

이러한 차이는 특정한 참여 주체들을 볼 때 더욱 분명하게 드러난다. 2007년 11월에 거대 금융회사 시티그룹이 발행한 10년 만기 채권의 신용 스프레드는 190베이시스 포인트였고, 메릴린치는 224베이시스 포인트를 기록하였다. 한편 보스턴과 그 주변 지역을 담당하는 전기회사 NSTAR(무디스에서 시티그룹보다 두 단계 낮은 등급을 받았고 은행의 신용 라인을 이용하는 회사이다)가 발행한 10년 만기 채권은 140베이시스 포인트를 기록하였다.

이러한 역학 관계는 캔자스시티 연방준비은행이 주최하고 와이오밍 잭슨 홀에서 열린 경제 심포지엄에서 벤 버냉키 연방준비제도이사회 의장이 전달한 2007년 8월자 논문에 잘 나타나 있다. 이 연례 회의는 중앙은행 관계자들이 경제 및 금융 부문의 다른 멤버들과 함께 의견을 교환할 수 있는 비교적 친숙한 논의의 장을 제공한다. 수많은 전문가 집단인 모인 자리에서 버냉키 의장은 시장 참여자들이 '복잡한 상환 방식'의 '모호한' 상품을 평가하는 데 갈수록 한계를 보임에 따라 그것이 시장 활동에 얼마나 영향을 주고 있는지에 대해 언급하였다. 그는 이러한 현상은 자본비용의 증가와 함께 "투자자들이 잠재적인 매수의 기회를 활용하는 것을 주저하게 만들었다"고 지적하였다.

이 상황은 평소 당연시되던 금융 시스템의 영역에 어떤 식으로 영향을 미쳤는가 하는 점에서 역시 흥미롭다. 상당 기간 동안 중앙은행 관계자들과 규제 담당자들에게 최악의 시나리오, 즉 기업어음(CP) 시장의 냉각, 단기 자금 시장의 신뢰 상실과 더불어 은행 간 시장의 기능 장애 문제가 펼쳐졌다. 이러한 상황은 정책 결정자뿐만 아니라 민간 부문의 매개 기관들(헤지펀드와 사모 투자회사 등)과 유동성이 필요하거나 큰 금액의 만기 불일치 상황에 처한(현재 악명 높은 구조화 투자회사와 같은 장기 투자상품에 자금을 대기 위해 단기 차입을 하는 것) 모든 이들에게도 악몽 그 자체이다. 그들은 각자 그들의 상황과는 무관하게 갑자기 융자를 이용할 수 없는 상황에 처하게 된다.

은행권은 점차 노출의 확대를 꺼리는 태도를 보였다. 은행들은 자사의 자본 기반에 비례하고 위험 한도와 관련하여 그들이 이미 가지고 있었던 심지어 우발 채권의 규모에 대해서조차 확신하지는 못하였다. 상황을 더욱 복잡하게 만든 것은 이러한 우발 채무 중 일부가 유동성 전문회사인 콘듀잇의 설립 등을 포함한 부외 활동과 연관되어 있다는 점이었다. 게다가 대부분의 경우 유동성 전문회사들은 일반적으로 전통적인 감독기구들의 영향권 밖에 있었다. 이러한 사실은 은행들이 보다 철저하고 명시적인 규제 환경을 유지하는 대가로 연방준비제도이사회의 자금 조달의 창구, 그리고 기타 공적 안전망에 대해 특별한 접근 권한을 가지고 있다는 전통적인 관점에 대해서 의문을 제기하기에 충분하였다.

은행 시스템이 경제 및 금융 시스템의 중추라는 점을 상기해 보자. 나는 이 문제를 주로 우리가 운전하는 자동차에 있는 기름에 비유하여 설명하곤 한다. 우리는 평소에는 기름에 대해 그리 신경을 쓰지 않는다. 그러나 여기에 조금이라도 문제가 생기면 제아무리 훌륭한 엔진, 멋진 인테리어, 초현대적인 기술, 고등급의 안전 사양을 갖추었다고 하더라도 차는 꼼짝하지 못할 것이다. 단순하게 그 차는 아예 기능이 정지되고, 만약 그 차가 도로 한복판에 놓여 있는 상황이라면 이것은 차에 타고 있는 사람과 다른 차량들 모두에게 위험을 안겨주게 된다.

재정비에 대한 과제 _____ 이러한 유형의 문제들은 그것이 안겨주는 과제가 막혀 있는 다양한 차단물을 그저 뚫기만 하면 되는 것은 아니므로 제대로 해결하기까지는 오랜 시간이 소요된다. 이 경우에는 아예 기초부터 배관 시스템을 재정비해야만 한다. 새로운 파이프가 필요하고, 반드시 연결망도 교체해야 하며, 품질도 업그레이드 해야만 한다. 한편 정해진 시간보다 일찍 흐름을 재가동시키는 데서 오는 인센티브는 엄청나게 크다.

대다수 민간 부문의 기업들에게 있어서 이는 인력, 절차, 체계의 삼중주를 요하는 재정비의 문제를 가리킨다. 이러한 보수는 전면적으로 그리고 애널리스트와 경쟁자들의 날카로운 감시 하에 수행되어야 한다. 경영진이 시장에 '정지' 버튼을 누르고 이러한 복구 작업을 수행한 다음 '재생' 버튼을 눌러 다시 재가동시킬 수 있는 방법은 없다. 실제로 경영진은 파생상품이 위험 등급의 분류(tranching)와 묶음(bundling)을 제공하는 방식에 여전히 무턱대고 감탄하는 사람들과 아이러니하지만 '즉각적인(just-in-time)' 위험 관리 방식에 의존하는 데 대해서 자신감이 넘치는 사람들과 반대 입장에서 싸워야 하는 불편한 상황에 놓이는 경우가 많다.

재정비를 시도하는 개별 기업은 얼마 가지 않아서 다른 기업들도 동시에 똑같은 일을 시도하고 있다는 사실로 인해 이러한 작업을 실행하는 것이 더욱 복잡해진다는 것을 깨닫게 된다. 일례로 파생상품에 대한 전문 지식을 갖춘 관리 인력의 부족과 그로 인해 이러한 빈자리를 채우는 데 드는 비용이 급증하는 상황을 보자. 또한 최고 수준의 규제 및 위험 관리자들의 연봉이 급증한 것도 들 수 있다. 경영진이 이 문제를 밀어붙이고 관리 수뇌부가 그것을 확대시키고 있는 상황이므로 상당수의 기업이 결국 품질에서 타협하고, 그에 따라 향후 그들의 운영 위험을 현저하게 늘린다고 해도 그리 놀라운 일이 아니다.

신용평가기관들도 비슷한 딜레마에 처해 있다. 사실상 국가공인 통계 평가기관(NRSRO)으로 지정됨으로써 대형 신용평가기관들이 근본적으로 '규제 독점'을 누리고 있는 점을 고려할 때 신용평가기관이 처한 문제는 더욱 심각하다고 할 수 있다. 그들은 개별 활동을 수행하는 과정에서 공공의 이익에도 주의를 기울여야만 한다. 신용등급의 평가 방법론은 물론 개별적으로 보면 아닐 수 있겠지만 기본적으로는 과거의 고려 사항들을 바탕으로 만들어졌다. 그러므로 평가 방법이 점차 시대에 뒤떨어지고 있는 실정이다. 평가기관들이 그들의 등급을 "적절히 사용하겠다"고 주장하는 말들도 현재의 역학 관계를 변화시키는 데에는 큰 도움이 되지는 않을 것이다. 더욱이 최근 발표된 연구 결과를 보면 지난 2~3년간 실시된 신용평가 활동은 특히 과거와 비교하여 활발하지 않은 것으로 나타났다.

전체적으로 신용평가기관들은 불리한 상황에 직면해 있다. 이들은 규제 독점적인 지위로 인하여 엄청난 감시 하에 운영되고 있지만, 그렇다고 등급 평가의 방법을 재정비하기 위해 그들의 활동을 중단할 수는 없다. 신용평가기관들은 평소와 다름없는 운영을 지속함으로써 향후 그들의 더 큰 불만을 양산할 위험을 감내하고 있다. 그 결과 그들이 기업에 대한 영향력과 그들이 허용한 운영 방식(이것은 수익성에도 영향을 준다)이 대대적으로 재점검될 가능성이 높아지고 있다. 한편 이들 기관의 등급 평가 활동이 독립적이고 활발한가에 대한 우려의 목소리가 갈수록 커지고 있다. 이러한 모든 상황으로 인해 전체 투자자 집단은 최소한 당분간은 그들의 평가 등급에 대한 의존도를 줄이는 방안들을 모색하고 있다.

그냥 앞으로 밀고나가는 것과 잠시 멈춰 재정비하는 것 사이에 형성된 긴장은 금융 세계화와 국가 간 제품 통합의 이중성에 있어서 내재된 특징이다. 앞서 언급했듯이, 이러한 전반적인 과정은 안정으로 가는 힘과 불안으로 가는 힘을 함께 가지고 있다. 긴 시간을 두고 평균적으로 보았을 때, 이로써 얻는 '순익', 즉 최종적인 결과물은 안정성의 보강과 복지 증대 중 하나이다. 그러나 모든 포트폴리오 관리자들이 말하듯이 베이시스 위험이 필연적으로 증가하는 시장 혼란기에는 단지 '순익'이 아니라 '총계'로 인해 곤란을 경험할 수 있다.

금융기관 이탈의 역풍 _____ 재정비 문제를 더욱 부각시키는 것은 은행권의 금융기관에서의 이탈 추세이다. 금융 시스템이 이 책에서 논의한 여러 가지 변화를 경험하지 않더라도 이러한 현상은 일어나게 될 것이다. 은행권의 활동은 기존에 활동하던 기관의 형태에서 점차 벗어나고 있다. 글로벌 시스템의 핵심 기관들(흔히

'매도측'이라고 한다)에게 서비스를 제공하는 이들이 누려왔던 독점적인 지위를 실제로 긍정적이기도 하고 부정적이기도 한 여러 요인들이 서서히 침해하고 있다.

과거에는 투자자들이 외부에 맡긴 다양한 활동은 이들 기관에 크게 의존하였다. 그 중에서도 가장 중요한 것은 가격의 확인이었다. 다양한 세분화된 시장에서 광범위한 상품들의 매수·매도의 호가(bid-offer)를 상세히 보여주는 전광판의 사용 가능성과 적시성에 대해서는 처음부터 기술적인 한계가 존재하였다. 적당한 가격이 나왔을 때조차도 투자자들은 분석과 평가에 있어 매도측을 신뢰하는 경향을 보였다. 투자자들은 주요 투자은행의 분석가들에게 전화를 걸어 신용에 대한 전문적인 관점과 기술적인 모델링 분석에 대해 물었다. 시스템 역시 매도자와 매입자 간의 연결을 구축하는 데에 있어서 은행에 또한 의지했으며, 특히 새로 나온 채권의 경우 더욱 그러하였다. 사실상 매도측은 소유했던 많은 국가의 전력회사들이 예전에 누렸던 것과 유사한 '자연적인 독점권'을 소유했던 것이다.

이제 이와 같은 독점권이 장기적으로 줄어드는 과정은 가속화될 전망이다. 다른 여러 분야에서 일어나고 있는 상황과 마찬가지로 가격 발견과 분석에 있어서 중개 기관의 역할을 하는 매도측 기관들의 역할은 기술로 인해 위협받고 있다. 발행기관과 투자자들은 직접적인 계약이 주는 혜택을 이해하게 되었다. 새로운 시장의 진입자들이 수수료 가격에 대하여 낮추는 압력으로 작용하는 현실과 향후 그렇게 될 것이라는 전망 속에서 투자은행의 활동에 대한 진입장벽은 완화되었다.

이러한 요인들의 장기적인 영향은 최근 월스트리트에서 일어난 몇 건의 사건들로 인해 더욱 확대 증폭되었다. 엔론과 월드컴 사태가 터진 2000년대 초반에 매도측의 역할에 대한 의문이 제기되면서 오랜 기간 지속된 이해 상충과 편향된 조사에 대한 우려를 촉발시키는 역할을 하였다. 이것이 일부 이유가 되어 점점 더 많은 투자자들이 매도측 조사의 역할과 지위를 낮추기 위한 노력의 일환으로 자체적인 전문 지식을 구축해 왔다.

그 결과로 나타난 독점력의 감소는 앞서 논의한 파괴적인 기술의 힘을 더욱 강화시켰다. 또한 이는 매출과 이익에 압력을 가함으로써 매도측 기업들이 그들의 활동을 새로운 영역으로 확장시키는 동기로 작용했다. 목표는 부가가치 곡선을 위로 올리는 것이었다. 그러나 현실은 이렇게 새로운 영역으로 확대하는 과정에서 많은 기업들이 자사의 안전지대, 즉 전문성을 버려야 한다는 것이다. 이는 비교우위도 없고, 과거의 탁월한 실적도 없는 분야로 들어설 수도 있다는 의미이다. 게다가 이들은 아직 해당 분야에 대해 완전히 파악조차도 끝나지 않은 상태이다.

이러한 상황 속에서 우리는 어디로 향하게 될까? 지금까지의 징후들을 살펴보면 우리가 이 여정을 계속하는 동안에 시장의 사고 가능성은 계속 반복해서 나타날 것으로 보인다. 우리가 2007년 여름에 목격했던 사건과 비슷하게 이번에도 역시 불가피하게 여러 번의 시장 혼란, 갑작스러운 유동성 위기, 기관의 피해 상황으로 이어질 것이다. 따라서 투자자들은 이러한 가능성을 인식하고 그에 따라 대응하여야 한다.

반복적으로 재연되는 시장의 붕괴 상황이 도로의 장애물 정도로 느껴질 것인지 아니면 훨씬 더 심각한 재앙으로 진화 혹은 전개될 것인지를 두고 질문이 제기되고 있다. 그에 대한 대답은 민간 부문이 자체적으로 재정비에 성공할지의 여부뿐만이 아니라 공적 부문이 이를 지원하는 정책을 실시하고 저해 요인을 억제함으로써 민간 기업의 재정비 과정을 어느 정도로 촉진시킬 수 있을지에 대한 범위나 규모가 결정적인 요인이 된다는 것이다.

각국 정부:
더 느리게 그리고 붕괴를 야기할 수 있는 반응

민간 부문과 마찬가지로 정부는 지속적인 구조 변화를 이해하고, 일련의 정책 도구를 개혁해야 한다는 과제에 직면하게 되었다. 기존의 정책은 기본적으로 과거의 세계를 위하여 수립된 것이므로 현재는 그 실효성이 떨어지기 마련이다. 이러한 상황은 정치인들이 관여하기 때문에 훨씬 더 복잡해진다. 유권자들은 역사적으로 부여된 권한이나 즉각적으로 누릴 수 있는 안락함이 위태로워지거나 금융 부문, 즉 넉넉한 보수와 급여로 인해 자연스럽게 어느 정도의 관심을 끌수 있었던 부문에서 갑작스럽게 꺼림칙한 사태가 발생하는 것 같은 모습을 보이면 당연히 저항감을 갖게 되고, 정치가들은 이러한 민심에 대하여 관심을 가지지 않을 수 없다.

정책이 시장 현실에 발맞춰야 할 필요가 있을 때 고려해야 할 것은 단지 국내적인 상황에만 국한되지는 않을 것이다. 국가 간에는 상호 의존성이 존재하기 때문에 심지어 효과적인 내부 조치로도 문제를 해결할 수 없다는 인식이 팽배해지고 있다.

앞으로 논의하게 될 요인들을 따로따로 놓고 보면, 이러한 여정에서 사후에 해결할 수는 있을지라도 정책적인 실수가 초래될 수 있는 가능성이 있다. 이러한 요인들이 합쳐지면 새로운 현실을 헤쳐 나갈 수 있는 투자자의 역량을 심각하게 저해하는 일련의 사건들이 터질 수 있다.

내생적 유동성 관리하기 _____ 연방준비제도이사회를 비롯한 다른 각국의 중앙은행이 지속적으로 직면하고 있는 과제 중의 하나는 '내생적 유동성(endogenous liquidity)' 문제를 어떻게 다룰 것인가 하는 짐이다. 구체적으로 말해 중앙은행은 유동성 상황을 정확하게 조절할 수 있는 능력을 상당 부분 상실해서 유동성이라는 시장의 원동력이 오르막길에서나 내리막길에서 전통적인 금융 정책 도구로서의 영향력을 능가하고 있다.

HMC의 포트폴리오 위원회의 회의에서 자주 논의했다시피, 이러한 현상은 2006년 전체와 2007년 상반기에 걸쳐 두드러지게 나타났다. 미국 연방 공개시장위원회(FOMC)는 금리를 5 $1/4$% 인상하였다. 유럽 중앙은행은 널리 알려진 긴축적인 통화 정책을 시행하고자 착수하였고, 이는 인플레이션을 철저히 경계해야 한다는 주장에 의해서 더욱 힘이 실렸다. 또한 신흥 경제국들도 금리를 인상하였다. 그러나 시장에서는 거대한 유동성이 시스템 곳곳에 흘러넘

치면서 모든 배를 다 들어 올린다는 얘기가 끊임없이 흘러나왔다. 이렇게 구조되는 배에는 펀더멘털이 상당히 미심쩍고 도덕적으로 문제가 있으며 이해와 모델링에도 한계가 있는 몇몇 장소까지 포함된다.

이러한 문제를 평가하던 나를 비롯한 HMC의 동료들은 여기서 중요한 것은 전 세계 통화 정책의 입장이 아니라는 결론에 도달하였다. 오히려 문제는 새로운 유동성 공장들의 역할과 관계가 있다는 판단이었다. 그리고 이러한 점은 '대안 투자'가 이를 관리하는 사람들과 이를 대상으로 투자하는 사람들 사이에 폭발적 인기를 끌게 된 데에서 뚜렷하게 나타났다.

일례로 연금펀드가 공모주식에 대한 배당을 줄이고 그만큼 사모주식에 대한 배당을 늘림으로써 수익률을 높이려는 시도를 하기로 결정했을 때, 어떠한 결과가 발생했는지를 살펴보자. 연금펀드는 공모 시장에서 빼낸 달러를 한 사모주식 회사에 내주었다. 대부분의 경우 이 회사는 부채 시장에서 추가로 3~5달러를 더 빌림으로써 이러한 달러의 구매력을 키웠고, 공모 시장으로 과감하게 진입하여 '비상장화(take private)' 할 기업을 찾았다. 이러한 기업을 매도한 사람들은 고유 펀드와 차입 펀드를 함께 얻게 되었다.

비판적으로 말하자면 유동성 확대의 과정은 본질적으로 시장에 있어서 존재하였다. 금리 인하의 도움이 없이도 대차대조표는 확장되었다. 사실 이러한 확장은 세계적인 금리 인상에도 불구하고 발생한 것이었다. 말하자면 이것은 통화 정책의 조정이 유동성을 점진적으로 줄이는 데 효과적이지 않다는 의미이다.

그런데 여기서 기억해야 할 점은, 이러한 내생적인 유동성은 완전히 이해하기가 어려울 뿐만 아니라 변덕스럽기까지 하다는 것이다. 내생적 유동성은 시장의 위험 선호도 또는 존 메이너드 케인즈가 '동물적 본능(animal spirit)'이라 부른 것이 어떻게 바뀌느냐에 따라 단순히 갑작스럽게 역전될 수도 있고, 또한 실제로 그런 상황이 자주 연출되었다. 따라서 통화 당국은 지극히 어려운 입장에 처하게 된다. 금리를 인상하는 과정에서 당국은 결국 눈물로 끝나게 될 현상을 만들었다는 비난을 받는다. 그러나 지나치게 적극적인 인상을 감행한다면 내생적 유동성의 증대 요인을 과도하게 순응적이었던 것에서 크게 제한적인 것으로 갑자기 바뀌버릴 위험이 존재한다.

까다로운 딜레마는 여기서 그치지 않는다. 내생적 유동성이 제한적인 주기로 변화한다면(이러한 주기는 필연적으로 오게 되어 있다) 이 딜레마는 너욱 거신다. 이런 상황이 오게 되면 통화 당국은 전문가 집단의 강력하고 서로 상반되는 주장들에 직면하게 된다. 즉 일부는 금리 인하를 단행해서 월스트리트의 유동성 공장들이 부리는 변덕으로부터 실물경제를 보호해야 한다고 촉구한다. 또 다른 한편에서는 금리 인하는 지불 능력 이상의 채무를 진 사람들을 구제하는 역할밖에 하지 않으며, 따라서 시장 규율을 약화시키고 도덕적 해이를 조장하는 결과를 낳을 것이라 주장하면서 인상을 자제할 것을 촉구한다. 이 밖에도 당국이 어떤 조치를 취하든 이들의 정책 창고에 들어 있는 무기들은 너무 무디다는 불편한 현실까지 남아 있다. 이들의 정책적인 무기는 효율성도 부족하고 부수적인 희생까지 불러온다.

이러한 현상을 설명하는 한 가지 방법은 기본적인 구성의 문제를 살펴보는 것이다. 필연적으로 내생적인 유동성 변동이 나타나면 당국은 분포의 '평균' 부분에 주목하지만 결국은 양극단 부분으로 인해 실패하고 만다. 다시 유동성에 대한 비유를 사용하여 이야기하면, 인명을 보호하기 위해 강의 깊이를 180센티미터에서 150센티미터로 줄일 경우, 당국은 사람들의 평균 신장이 150센티미터 이상인지 여부를 아는 것만으로는 충분치 않다. 그들은 또한 150센티미터 이하인 사람들이 몇 명인지도 알아야 할 필요가 있기 때문이다. 분포는 평균만큼이나 중요하기 때문이다.

2007년 여름에 연방준비제도이사회 그리고 다른 중앙은행은 바로 이러한 상황을 겪었다. 그리고 이런 현상은 금융 채널인 CNBC에서 극적으로 재현되었다. 금요일 방송에서 짐 크레이머(Jim Cramer)를 지켜본 투자자라면 그가 쏟아낸 감정적인 발언을 아마 쉽게 잊지 못할 것이다. CNBC 앵커인 에린 버넷(Erin Burnett)이 당일의 급격한 시세 하락 때문에 엄청나게 흥분한 크레이머를 진정시키려 하자, 크레이머가 거침없이 울분을 토했다. 그는 소매를 걷어 올리고 주먹으로 테이블을 내리치면서 "연준 의장인 벤 버냉키가 이론에만 능하고 현실을 모른다"고 비난의 목소리를 높였다. 그는 "버냉키는 현실에 초점을 맞추어야 한다"고 외쳤고, 계속해서 버냉키 의장이 "상황이 나쁜지를 전혀 모르며 아무런 생각이 없다"고 덧붙였다. 버넷은 평소처럼 침착하고 편안하게 크레이머의 격한 감정을 진정시키고자 했으나 그의 흥분을 가라앉히지 못했다. 크레이머가 그토록 격앙되었던 이유는 여러 참가자들이 전화를 해서 상황이 정말 끔찍하다고 말했기 때문이다. 따라서 그의 분노의 화살은 가속도가 붙어 다른 연준의 관료들을 향하게 되었다. 크레이머는 호기심과 당혹감이 교차하는 가운데 TV를 보고 있던 시청자들에게 이렇게 말했다. "저들은 명청이에요. 아무것도 모른다고요. 멍하니 손을 놓고 있죠!"

이후 연방준비제도이사회는 크레이머가 그토록 강력하게 요구했던 사안들을 수렴하는 정책을 펼친다. 이는 시장에 놀라움을 안겨주었다. 할인 창구로의 접근을 완화하고 할인율 및 연방기금 금리를 기대 이상으로 인하하는 조치를 취했기 때문이다. 하지만 크레이머의 만족감은 이후 CNBC가 인터뷰했던 다른 사람들의 반응과 대조를 이루었다. 연준이 "과잉 반응했다"는 의견이 있었기 때문이다. 이런 논평가들의 우려는 한결같다. 이런 연준의 행동은 무책임하고 위험한 행동을 더욱 부추길 수 있다는 것이다. 금융 정책의 완화가 물가 상승의 압력을 가중시킬 것이라고 생각하는 사람들도 있었다.

이후에 이어질 불안정한 내생적인 유동성 문제에 어떻게 대처할 것인가 하는 과제는 7장에서 상세하게 논의하게 될 또 다른 정책적인 문제와 관련되어 있다. 즉 전통적인 금융 통제 도구를 다듬고 지속적인 구조 개혁으로 인하여 가능하게는 되었지만, 여전히 충분한 규제를 받지 않는 일련의 활동들에 대해 레버리지가 급변하는 상황에서 실효성 있고 정교한 감독체제를 확보할 수 있을까 하는 문제이다.

스태그플레이션의 과제 _____ 내생적 유동성이 대대적으로 급변할 것이라는 전망이 지속되는 것은 주요 중앙은행과 특히 미

연방준비제도이사회가 직면하고 있는 유일한 문제는 아니다. 이들은 또한 앞서 말한 글로벌 가격 메커니즘의 부정적인 변화, 즉 신흥 경제 국가들에서 자연스러운 근로 및 임금 조건의 제고로 인해 디스인플레이션이라는 순풍이 인플레이션이라는 역풍으로 교체되는 문제도 경험하고 있다. 이러한 불리한 변화는 미국에서 생산성 추세의 부정적인 변화 및 글로벌 수요의 두드러진 확대가 원인이 되는 장기적인 원자재의 가격 추세와 맞물려 나타난다. 이런 상황들을 살펴보면 스태그플레이션, 즉 경제 성장은 심히 저조하고 물가 상승률은 높은 상황이 도래할 위험이 고조된다는 것을 알 수 있다.

이는 특히 연준에게는 까다로운 문제이다. 연준은 '이중의 의무'를 가지고 있다는 점에서 유럽 중앙은행(ECB)과 잉글랜드 은행 등 몇몇 중앙은행들과는 입장이 다르다. 연준 이사인 프레드릭 미시킨(Frederic Mishkin)은 중앙은행을 지배하는 법률이 연준에게 "최대 고용과 물가 안정이라는 두 가지의 동등한 목표를 추진할 것"을 요구한다는 것을 우리에게 상기시켜 주었다.

글로벌 디스인플레이션의 환경은 이런 이중의 임무 수행에 호재로 작용한다. 이는 마치 내리막길을 달리는 것과 같다. 중력은 일정한 거리를 보다 짧은 시간에, 그리고 보다 적은 노력으로 이동하는 데 도움이 된다. 그러나 평평한 지면 위를 달리거나 언덕 위로 뛰어가야 할 때에는 사정이 완전히 달라진다. 똑같은 노력을 들여서는 그만큼 갈 수가 없으며 무엇인가를 더 해야 한다.

글로벌 가격 메커니즘의 불리한 변화는 미국 역시 평균 이하의 경제 성장이 전망되는 와중에 찾아왔다. 이러한 현상은 미국 경제가 최근 심각하게 악화된 몇 가지 문제들을 해결해야 할 필요가 있기 때문에 불가피하게 생겨난 결과라고 할 수 있다. 이러한 문제들로는 대규모의 무역적자, 특정 자산 시장(주택시장 등)에서 나타나는 버블과 유사한 상황, 주택 가치의 상승을 바탕으로 증가하는 채무를 재융자할 수 있는 여력을 잃어버린 소비자 등이 있다. 또한 이러한 문제는 새롭게 부를 축적한 신흥 시장의 중앙은행이 당분간은 불로소득의 대부분을 미국의 고정수익 상품에 투자하게 된 일시적인 현상에 의해 유지되어 온 시장 금리와 상대적인 달러화 강세를 수반한다. 사실상 문제는 상대적으로 미국이 성장이 더딘 시기를 경험하느냐 하는 것은 아니다. 이런 현상과 이어서 나타날 상황이 V자, U자, W자, L자형 전망을 보일지가 문제이다.

이러한 필연적인 변화들로 인하여 연준은 보다 두드러진 물가상승의 압력을 억제하는 것과 수요와 경제 성상의 침체에 대처하는 것 사이에서 균형을 잡기 위해 더욱 많은 시간을 보내야 할 것이다. 전자는 좀 더 '강경한' 금융 정책(즉 금리를 인상하는 방향)을 요구하는 반면, 후자는 좀 더 '온건한' 정책(즉 금리를 인하하는 방향)을 요구한다. 정상적인 상황 하에서는 이러한 까다로운 균형은 정책적인 실수를 저지를 위험을 증가시킬 것이다. 이 책에서 설명한 유형의 경제적, 금융적 유동성의 상황 하에서는 이러한 실수의 위험은 대단히 중대하며 엄청난 손실을 유발할 수 있다.

자본 유입의 급증 해결하기 _____ 내생적 자본 유입이라는 세계적인 현상은 몇몇 신흥 경제국들에게 있어서 특별한 과제를 안겨준다. 즉 어떻게 엄청난 자본 유입의 증가세를 해결하느냐 하는 것이다. 기업들에게 있어 유기적인 성장과 유사하듯이, 자본 유입도 신흥 국가의 효율적이고 질서 정연한 성장을 돕는 윤활유가 될 수 있다. 금융 부문의 압박을 완화하고 시장을 완성시키며 금융 통합을 촉진시키기 때문이다. 게다가 자본 유입은 전문 지식, 기술, 기타 제도적인 편익의 이전을 동반하는 경우가 많다.

한편 자본 유입은 과제들을 불러오기도 한다. 예를 들어 국내의 금융 시스템을 압도하여 거시경제적인 과열뿐만 아니라, 미시경제적 차원에서 무절제한 대출 및 차입 활동을 초래하게 된다. 금융 위기에 대한 연구를 보면 높은 유동성의 시기가 지나간 이후에는 이러한 일이 많이 나타났음을 알 수 있다. 간단하게 말해서 복잡하고 노련한 기업이 있음에도 불구하고 신흥 경제국의 금융 시스템에는 아직까지 자본 유입에 있어서의 대대적인 확대를 다룰 수 있는 능력이 없는 기관도 있다는 것이다. 따라서 몇몇 금융기관이 잘못된 결정을 내리는 바람에 전체적으로 자신뿐만 아니라 금융 시스템에 현저하게 부정적인 결과를 안겨주게 된다.

비록 대규모라고 할지라도 일시적인 자본 유입의 급증은 물가 상승을 부추기거나 중기적인 시각에서 볼 때 과도하게 평가 절상된 수준, 즉 궁극적으로 자본 유입이 둔화되거나 역전될 때는 부적절한 수준으로 환율을 밀어올리기 때문에 국내 경제의 국제무대에서의 경쟁력을 약화시킬 수도 있다.

이러한 위험을 이른바 '네덜란드 병(Dutch disease)'이라고 하는데, 이 명칭은 1960년대 북해에서 엄청난 가스 매장량이 발견되었을 때 네덜란드가 경험했던 산업공동화에서 유래하였다. 이와 같은 외환 수취의 급증은 실제 환율의 상승으로 이어졌고, 비에너지 부문의 건전성과 전망까지 저해하였다.

유감스럽게도 갑작스러운 대규모의 자본 유입이 이루어지는 기간이 지나면 실제로 국가의 사정이 과거보다 악화되는 모순이 생긴다. 처음에는 이런 말이 언뜻 이해가 가지는 않을 것이다. 무엇보다 이러한 자본 유입은 도움이 되기 때문이다. 분명히 나라의 경제 사정은 아무리 나빠도 나빠질 수가 없다.

이러한 시나리오가 현실로 나타날 수 있게끔 하는 기본적인 문제들을 살펴보기 위해 복권 당첨자의 예를 들어보기로 하자. 겉으로 보면 복권 당첨자의 사정이 악화될 이유는 없다. 하지만 예기치 않게 복권이 당첨되고 수년 이내에 당첨자가 결국 파산하고 마는 사례가 더러 있다. 그 이유는 복권 당첨이 당첨자의 행동에 변화를 주기 때문이다. 이러한 변화는 건설적일 수도 있지만 파괴적일 수도 있다.

이러한 '돈의 심리학'은 경제적인 상황에 예기치 않았던 큰 변화가 갑작스럽게 나타날 때 사람들의 반응은 제각각이라는 사실을 기초로 한다. 과거에 선진국과 개발도상국 모두에서 일어났던 다양한 금융 위기의 씨앗은 대규모의 자본이 유입되고 국내의 유동성이 풍부했던 시기에 심어졌다는 사실을 기억해야 할 것이다. 이는 2007년 여름에 시작된 미국의 금융 혼란에 의해 확인할 수 있다.

최근 IMF의 연구에 따르면 특히 경상수지 적자가 큰 개발도상국일 경우, 갑작스러운 대규모의 자본 유입 이후 국가의 경제 사정이 더 나빠지게 될 위험이 있다고 한다. 그 이유는 자본 유입이 증가하면 그 국가의 펀더멘털에 부합하지 않는 일련의 활동이 가능해지기 때문이다. 따라서 해당 국가의 기본적인 취약성이 증가하게 된다. 특히 이러한 위험은 은행 시스템이 부실하고 감독과 규제가 충분하지 않은 나라의 경우 더욱 심각하다.

정계의 관심 _____ 금융 시스템 이외에도 당연히 변화하고 적응해야 할 집단이 하나 더 있다. 그것은 바로 공식적인 정책 부문, 즉 행정부, 입법부, 사법부뿐만 아니라 관련 규제기관과 감독기관 안에 있는 정치가들도 포함된다. 거의 태생적으로(실은 의도적으로) 정치체제는 혼란을 경험하고 있는 소수의 목소리를 더 크게 만들어 사회 내에서 견제와 균형의 과정을 보장하게끔 되어 있다.

일부 장기 투자자들에게 도전이 되면서도 흥미로운 사실은 자본주의의 요건이 항상 민주주의의 요건에 부합하지는 않는다는 점이다. 단기적인 측면에서 볼 때는 더욱 그렇다. 사실상 정치는 때때로 자본주의의 경제 및 제도의 발판이 흔들리기 시작할 때에는 잠재적인 갈등을 증폭시킬 수 있다. 따라서 합법적인 정치적 문제에 대처하여 이루어진 중재가 금융 전문가나 재무학 교수의 눈에 '정책적인 실수'로 간주될 결과를 초래할 수 있다. 이러한 위험 요인을 설명하기 위해서는 앞서 4장에서 논의한 구조 개혁에 속하는 다음의 고려 사항들을 살펴봐야 할 것이다.

보호무역주의의 위험 _____ 세계 경제 성장의 지각 변동은 특히 미국뿐만 아니라 다른 선진국에서도 보호무역주의자들의 무역 관련 법령의 위협을 가중시켰다. 이러한 위협은 상당 부분 세계 시장에서의 시장점유율을 확보하는 데 성공해 온 개발도상국들을 겨냥한 것이다. 특히 중국이 가장 두드러진 예인데, 보호무역을 주장하는 세력들이 자국 통화의 평가 절상을 강하게 거부하는 중국에게 경제 전문가들이 '환율 조작국(currency manipulator)'이라고 평가한데서 선진국들은 이들 전문가들에게 동질감을 느끼기 때문이다.

동시에 선진국 정치가들은 개발도상국이 국제 유동성의 상당 부분을 투자하는 방식에 있어 "보다 투명해야 한다"고 목소리를 높이고 있다. 사실상 이들이 요구하는 기준은 선진국의 금융 기업에서의 관행이라고 인식되는 수준을 훨씬 더 추월한다.

전직 미국 관료로 현재 피터슨 국제경제연구소(Peterson Institute for International Economics)에 몸담고 있으며, 최근에 의회에서 국부펀드 문제로 승언한 테드 트루먼(Ted Truman)의 관점을 살펴보자. 2007년 10월 트루먼은 중국 국제 유동성의 관리에 대한 보고서에서 "중국은 현재 이 영역에서 책임성과 투명성의 가장 높은 기준의 구속을 받고 있으며 앞으로도 그럴 것이고 반드시 그래야만 한다. 중국 당국이 이러한 사실을 좋아하지는 않을 테지만, 국제 금융 시스템에서 오랫동안 코끼리로 특징지워졌던 국가의 시민이자 전직 관료로서 내가 할 수 있는 조언은 이런 현실에 익숙해지라는 것이다"라고 밝혔다.

이러한 형태의 압력으로 인해 이미 몇몇 신흥 국가는 선진국의 자산에 대한 입찰을 포기하였다. 2005년에 중국 국영 해외 석유회사인 CNOC(중국 정부가 과반수의 지분을 차지하고 있음)는 미국 석유

회사인 유노칼(Unocal)을 상대로 18억 달러 규모의 입찰을 하였다. 이 입찰은 정계의 항의를 초래하였고, 미국 상원과 하원은 거래를 막기 위해서 법안을 마련하기도 했다. 결국 CNOC는 입찰을 철회하였다.

몇 달 후 두바이 정부가 과반수 지분을 차지하고 있는 두바이 월드 포트(Dubai World Ports)가 주로 미국 동해안(볼티모어, 뉴저지, 뉴욕, 필라델피아 포함)을 따라 자리잡고 있는 항만 시설을 상대로 입찰하였다. 대미 외국투자위원회(CFIUS, Committee on Foreign Investment in the United States)는 이 입찰을 검토하기 위해 다양한 정부기관을 소집하였다. 이 위원회는 국가 안보상의 권익을 보호하는 책임을 맡는다. 이러한 거래의 제안은 CFIUS로부터 고무적인 반응을 얻었음에도 불구하고 엄청난 반향을 불러일으켰다. 예를 들어 한 의원은 다음과 같은 서신을 미국 대통령에게 보내기도 했다. "미국의 항구를 아랍에미리트에 파는 문제에 대해서는 단연코 안 된다는 말씀뿐 아니라, 무슨 일이 있어도 안 된다는 말씀을 드리고자 합니다."

현재 두바이의 입찰은 국가 안보상의 권익 보호를 목적으로 하는 미국의 법률이 요구하는 공식적인 심사 과정을 통과하였다. 그렇기 때문에 백악관은 입찰 수락을 막으려 하는 의회의 시도에 맞설 준비를 마쳤다. 게다가 두바이 항만은 전 세계적으로 능력과 경험이 풍부한 시공사이며, 안전성과 안정성을 위해 수준 높은 조치를 꾸준하게 취하고 있다는 평가가 일반적이었다. 하지만 두바이 관계자는 공개적인 싸움이 향후 기업 활동에 부정적인 영향을 미칠 것을 우려하여 입찰을 철회하기로 결정하였다.

이러한 경우 정치인들의 반응은 국가 안보, 국가 자본주의, 그리고 국가주의에 대한 우려가 복합적으로 작용하여 유발되었다. 결과적으로 그들의 우려는 국가 간 자본의 흐름을 이탈시키기에 충분하였다. 더욱이 두바이 항만의 경우, 이러한 우려는 전문가의 조언과 우려에 있어서의 타당성을 이용하여 국내의 해당되는 부문에 대해 검토할 메커니즘을 무력화시키는 결과를 낳았다.

그러나 정치적인 고려에서 경제적인 측면으로, 그리고 금융적인 측면에서의 고려로 넘어가면서 국가 간 자본흐름에 장애물을 설치하자는 주장은 외국인 소유를 차단하는 것을 목표로 한 자본 계정에 대한 보호주의의 형태로 발전하였다. 이런 유형의 활동은 경제정책상의 실수를 유발한다. 이는 세계 경제의 원활한 조정을 방해할 뿐만 아니라 상품과 서비스 부문의 무역사유화를 더욱 지연시킬 위험도 지니고 있다. 더욱이 대규모 시장 혼란의 상황에서는 이와 같은 장애물이 국부펀드가 보유하고 있는 새로운 자본이 장기투자의 전망과 상대적인 영속성으로 인하여 가장 바람직한 자본이라고 할 수가 있다. 이러한 기술적인 혼란으로 인해 경제의 펀더멘털이 오염될 수 있는 위험을 감소시킬 수 있는 능력과 그렇게 하려는 의지를 저해할 수도 있다.

나는 2007년 10월 19일 워싱턴에서 열린 한 컨퍼런스에서 중국 및 기타 신흥 경제국들의 외환보유고의 관리 방식에 대해 논의하는 패널로 참가했을 때 이와 같은 주장을 개진한 바 있다. 당시로서는 그 후 몇 개월 동안 유럽과 미국의 수장들이 차례로 아시아와 중동 지역을 방문해 부진을 겪고 있는 자국 기업들을 위한 자금을 마련하는 상황이 펼쳐지리라고 전혀 예상하지 못했다.

이에 대해 〈이코노미스트〉지는 이렇게 보도하였다. "1월 15일 싱가포르, 쿠웨이트, 한국 정부는 시티그룹과 메릴린치에 무려 210억 달러의 구명줄을 제공하였다." 이러한 금액은 국부펀드가 부유한 세계 최대의 투자은행의 자본을 재구성하기 위해 단기간 동안 제공한 약 690억 달러 중 일부에 해당하는 금액이었다. 또한 당시 행정부와 의회를 통해 어렵게 마련되고 있던 경기 부양책 자금 규모의 거의 절반 가까이에 해당되는 액수였다. 그러므로 〈이코노미스트〉지가 "자본주의의 상징인 월스트리트가 국가의 지원을 받는 신흥 경제국 투자자들에 의해서 긴급 구제되었다"라는 글로 이 과정을 설명한 것도 결코 놀라운 일이 아니다.

그 외의 다른 언론들도 월스트리트의 이미지를 국부펀드로부터 구명 밧줄을 받는 이미지로 표현하였다. NBC 방송의 저녁 뉴스 프로그램은 첫 소식으로 자본을 구하기 위해 해외로 나가는 미국 은행들에 대한 내용을 내보냈다. 다음 날 아침에 〈파이낸셜 타임스〉의 첫 장은 "미국 은행이 외국으로부터 210억 달러의 구제금융을 받다"라는 머리기사로 도배되어 있었다. 그리고 같은 날 오전, 〈월스트리트 저널〉은 다섯 개의 칼럼 중 세 개 칼럼에서 다음의 헤드라인을 사용하였다. "세계가 월스트리트를 구하러 오다." 그러나 장기 투자자들이 절실히 필요했던 자본을 투입하는 것을 환영하면서도 〈이코노미스트〉지가 '유해한 행동'이라 칭한 것에 대한 우려가 여전히 남았다. 그리고 이러한 표현에 담긴 의미는 '국부펀드의 침공'이라는 표지 제목과 함께 실린 그림(금덩이를 싣고 오는 군용 헬리콥터)에서 명백하게 드러났다.

국부펀드의 동기에 대한 우려는 미국 내 여러 정치 현장에서 뚜렷하게 나타났다. 2008년 1월에 네바다에서 개최된 민주당 대선 후보들이 함께 모인 토론회에서 오간 다음의 의견들을 살펴보자. 중도파 정치인인 브라이언 윌리엄스(Brian Williams)는 자금을 구하러 외국인들에게 굽실거리며 찾아간 미국 은행들의 이미지가 "많은 미국인들에게 그야말로 잘못된 행동이라는 인상을 준다"라고 언급하였다. 이어서 그는 "어떤 대책을 취할 수 있을 것인가? 이러한 미국의 대표 브랜드들의 소유권이 이만큼이나 외국인에게 넘어갔는데 당신은 이 상황이 근본적으로 잘못된 것이라고 생각하는가?"라고 질문을 던졌다. 이 질문에 대한 힐러리 클린턴(Hillary Clinton)의 답변은 다음과 같았다. "나는 이 문제에 대해 크게 우려하고 있다. 우리는 저들 국부펀드가 어떤 행동을 하고, 그것을 어떻게 하느냐에 대해 통제할 수 있는 주도권을 키울 필요가 있다." 또한 이어지는 토론에서 힐러리는 국부펀드의 문제를 서브프라임 시장의 사태와 함께 연관 지어서 언급하면서 다음과 같이 지적하였다. "나는 미국이 당장 임박한 모기지 문제를 해결하는 데 있어서나 이러한 헤지펀드에 대처하는 데 있어서 지금보다 훨씬 더 본격적인 행보를 취하기를 바란다."

정치권의 이러한 반응은 미국에 국한된 것이 아니다. 일례로 〈이코노미스트〉지는 "순수한 프랑스 매니저들을 '극도로 공격적'인 국부펀드(프랑스에 큰 관심을 보인 곳은 전혀 없었음에도 불구하고)로부터 보호할 것을 약속"한 프랑스 대통령 니콜라 사르코지의 주장을 기사에 인용하였다.

최근 급격히 늘어난 국부펀드에 대한 비난을 포함하는 정치가적 토론의 속성은 신흥 경제국들의 관점에서 봤을 때 이해하기 매우 어렵다. 신흥 경제국들이 보기에는 흥청망청 소비한 뒤 싼 값에 자금을 조달하고 싶어하는 이들이 자신들에게 훈계를 하고 있는 것이다. 또한 예전에는 국가 간 상품과 자본흐름을 옹호하던 이들이 규제를 주장하고 있는 형국이다.

신흥 경제국들은 세계 경제에 득이 되고 자국 국민들의 타당한 열망에 부응하는 자연적인 자산 다각화의 과정을 늦추기 위해서 설치되고 있는 장애물들에 대해서 곤혹스러운 모습이다. 실제로 국부펀드가 미국의 핵심 은행들, 즉 시티그룹, 모건 스탠리, UBS 등에게 자본을 투입함으로써 대규모 서브프라임의 손실로 인하여 위태로워진 금융 부문을 안정시키는 데에 도움이 되었다. 이처럼 상당한 규모의 순수한 자본 투입이 없었다면 상황은 얼마나 더 악화되었을지 생각해 보라. 국부펀드는 다른 이들이 자신에게 주장하는 어떤 '표준'이나 '투명성' 요건이 선진국의 융자 비율이 높은 헤지펀드와 사모주식의 기업들에게 요구하던 수준을 훨씬 넘어선다는 사실에도 고개를 갸우뚱하고 있다.

그렇다고 해서 국부펀드가 그들의 지배구조, 투자 절차, 위험 관리를 개선하는 조치를 취할 필요가 없다는 뜻은 아니다. 6장에서 논의하겠지만, 만일 신흥 경제국들이 장기적인 종착점으로부터 이득을 얻기 위해서는 필수적으로 이러한 조치들이 취해져야만 한다.

그리고 이러한 조치의 채택이 의미를 가지려면 세계 경제의 장기적인 이해관계에 역행하는 과장된 외부 압력이 아니라 이성적이고 현실적인 평가를 바탕으로 한 최선의 방법을 마련해야만 한다.

규제 및 감독의 문제 _____ 또한 정치인들은 수많은 복합적인 금융상품이 어쩌다 적정 수준의 규제, 감독, 과세에서 벗어나게 되었는지에 대해서 의문을 제기해 왔는데, 이들이 던진 질문들은 최근에 나타난 세 가지 상황에 초점을 맞추고 있다.

첫째, 상대적으로 빈곤한 가구가 구입한 주택들이 차압을 당하고, 부동산 임차인들은 소유주가 임대 기간을 더 이상 연장해 주지 못해서 퇴거당하는 가슴 아픈 사례가 발생하는 등 미국 서브프라임 부문의 대혼란을 경험하게 되었나.

둘째, 정부의 안전장치를 이용할 수 있고 정교하고 전문적이라는 평판에도 불구하고 대형 은행들이 발표한 대규모의 손실은 위험 관리와 통제에 있어 중대한 실수가 있었음을 입증하였다.

셋째, 일반적으로는 자금 시장 펀드의 보유량, 그리고 구체적으로는 플로리다 제퍼슨 카운티 학교위원회의 운전 자산과 같은 특정하고 민감한 사안들에 대해 이러한 상황이 가하는 위협 모두는 구조화 투자상품(SIVs)의 붕괴로 위험에 처하였다.

정치적인 이해관계를 더욱 부추긴 것은 블랙스톤(Blackstone)을 필두로 한 사모주식 회사들이 받게 될 대규모 보상 패키지에 대한 발표가 나오면서부터였다. 이러한 발표는 뉴스에서 더욱 확대되었다. 이러한 사태는 소위 '대안' 투자회사들이 기업공개 채권(IPOs)을 발행하여 영구 자본을 마련하려 함으로써 나타난 자연적인 결과였다. 이전까지는 IPO의 경우 기업 내 정보였던 것을 일반에게 공개하는 과정이 요구되었다.

연기가 서서히 걷히고 나면 정치인들은 서브프라임 위기가 부정한 대출 활동, 미비한 소비자에 대한 보호, 부적절한 위험 관리, 빈약한 규제 및 감독, 방만한 대출 관행에 대한 까다로운 문제를 제기하였다는 사실을 점점 더 명백하게 인식하게 될 것이다. 이러한 요인들이 너무 많은 가계들이 소위 '색다른' 대출상품의 유혹에 넘어간 상황(앞서 논의한 구조화 상품 현상의 징후 중 하나)을 더욱 악화시키는 역할을 했다. 이들 상품은 주택가치가 역사를 통틀어 이례적이었고 구입이 가능한 가격의 기본적인 매개 변수들과도 모순되었을 때의 속도로 지속적으로 인상되는 경우에만 장기적으로 가계에서 감당할 수 있는 상품이었다.

부동산 유질 처분으로 인해 임대한 주택에 그대로 남아 있던 세입자들의 계약이 무효화됨에 따라 정치인들은 부적절한 대출의 여파를 직접적으로 받은 피해자들 외에도 수많은 사람들로부터 나오는 불만의 목소리를 들어야 했다. 실제로 임차인들이 임대료를 지불하고 있는 상황 하에서 소유주가 부동산 융자를 갚지 못하여 부도가 나는 경우에 대비하여 세입자들에 대한 보호를 강화해야 한다는 압력이 점점 높아졌다.

정치인들이 한층 격화된 비난 게임의 일환으로 의회의 질의를 확대하고 있는 동안, 규제 담당자들은 이미 방만한 대출 관행을 압박하기 위한 조치를 실행하기 시작했다. 규제 당국의 이러한 정책은 비록 때가 늦기는 했지만 자율 규제 조치에 힘을 실어주었다.

그 결과 모기지 대출기관과 같은 전문기관들이 무수히 파산 신청을 했고 채권 보증업체들의 활동이 축소되었다.

이러한 시나리오는 자율 규제 시장 시스템의 실행 가능성에 결정적인 역할을 하는 요소들을 보여주는 것이다. 그러나 이러한 대책은 미국 경제에 있어 다소 미묘한 시기에 나왔다. 이러한 조치들은 주택시장이 이미 취약하고, 신용 시장의 기타 영역들이 무너졌으며, 소비자는 고유가로 인해 역풍을 맞은 때에 신용 상황을 본질적으로 경색시키는 역할을 하였다. 따라서 이러한 조치들은 미시적 차원에서는 정당화될 수 있지만 타이밍에 있어서는 거시경제적인 정책 실수라고 할 수 있다.

이와 유사한 견해를 대안 투자 관리업계와 채권 보증업체들에 대한 감독 강화에도 적용시킬 수 있다. 왜 정치인들이 보상 수익이 큰 이런 분야의 일부가 과세 우대를 받는지 의문을 제기하는 것은 납득할 만하고 타당하다.

채권 보증업체들이 수많은 시장(도시 재정을 포함해서)을 붕괴시킨 복합 상품 쪽으로 어떤 과정을 통해 옮겨왔는지에 대한 의문 또한 타당하다. 그러나 다시 한 번 강조하지만 타이밍으로 인해 의도하지 않은 결과가 나올 수 있다는 사실을 간과해서는 안 된다.

신용평가기관의 평가는 누가 하는가 _____ 이제 정계의 관심이 신용평가기관에도 미치는 것은 불가피하다. 대형 신용평가기관들은 사실상 규제 독점의 체제 하에서 운영하는 혜택을 누리는 것에 더해 수많은 투자자들의 대차대조표에 접근하기 위한 문지기의 역할까지 수행해 왔다. 이러한 투자자에는 국민연금 펀드도 포함되었다.

따라서 이러한 평가기관들은 신용 폭락이 있을 경우 공적 자금에 대한 우발 채무를 수반하는 상황 하에서 운영을 한다. 더욱이 이들 평가기관의 상업 활동과 평가 활동이 결합된 데에서 야기될 수 있는 잠재적인 이해 상충에 대한 의문이 제기되었다.

결국 대형 신용평가사 두 곳, 즉 무디스와 스탠더드 앤 푸어스는 구조화 상품에 대한 평가 사업으로부터 자사의 매출과 수익을 보호하는 비중을 점차로 확대하고 있다.

여기서 제기될 수 있는 기본적인 질문은 매입자와 매도자가 면밀한 기업 실사를 수행할 여건이 안 되거나 그렇게 할 의지가 없을 때 신용평가기관을 신뢰할 수 있는지의 여부이다. 이들 신용평가기관은 그들의 활동과 전문 기술에 대하여 상당한 정치적 감시를 받을 것을 예상해야만 한다. 강화된 감독 조치가 어떤 결과를 낳을 것인지가 좀 더 명확해질 때까지는 이와 관련된 불확실성으로 인해 자본 흐름이 신용평가에 민감한 활동과 포트폴리오 쪽으로 향하지 않을 가능성이 있다.

다국적 기구: 가장 낮은 자유재량권

앞서 2장에서 논의한 내용은 현재 진행되고 있는 구조적인 변화로 비롯된 국제기관의 핵심적인 난제를 강조하였다. 한편으로는 국제 수지의 불균형을 바로잡는 것을 포함하여 각국 경제의 재편성과 국제 금융 시스템의 원활한 기능을 촉진하기 위한 다자적인 차원의 공조가 더욱 강화될 필요가 있다. 다른 한편으로는 필수적인 전문 지식과 적법성을 관장하여 절실히 요구되는 조정 활동을 알리는 효과적인 다국적인 메커니즘이 부족하다.

흥미롭게도 중요한 것은 모두에게 이득이 되는 유연한 조정을 촉진하기 위해서 세계 여러 나라들이 해야 할 일이 무엇인가를 확인하는 작업이 아니다. 사실상 올바른 정책 대응이 어떤 것인지에 대해서는 국가석, 지역적인 차원에서 이미 강력한 공감대가 형성되어 있다. 이와 같은 합의에 더욱 힘을 실어준 것은 IMF가 '다자간 감시 (multilateral surveillance)'에 대해 내놓은 분석 결과였다. 이른바 다자간 감시는 G7 국가와 국제통화 금융위원회(IMFC), 그리고 수많은 연구원과 씽크탱크로부터 도출된 6개월 단위의 성명서이다. 그러나 더욱 중요한 것은 실행의 문제이다. 특별히 전형적인 다른 조정의 문제들과도 관련된 동일한 이론적인 고려 사항들을 어떻게 다룰 것인가가 문제이다.

세계적 해결책은 각 나라들이 '공동의 책임'을 바탕으로 조화를 이루고, 동시에 구체적인 조치를 실행에 옮길 것을 요구한다. 구체적인 단계는 다음과 같다. 우선 미국은 날로 증가하는 대외 및 대내 수지의 불균형 현상을 중지하고 반전할 수 있도록 소비를 줄인다. 유럽과 일본은 구조적인 개혁을 단행하여 그들의 경제가 성장의 역량과 생산성을 제고시킬 수 있도록 한다. 아시아와 석유수출국들은 총수요에 있어서 국내 요소를 활성화한다.

이러한 정책 혼합의 결과는 세계적인 불균형의 감소와 금융 시스템의 불안 현상에 대한 위험의 완화와 함께 높은 세계 경제성장률의 유지로 나타날 것이다.

그러나 여기에는 까다로운 문제가 도사리고 있다. 각국의 정책을 동시에 실행할 수 있도록 조율하는 강력한 조정 메커니즘이 없다면, 합리적이라기보다는 일반적으로 사고하는 자유 결정권이 있는 국가들이 굳이 국내 차원의 정책 아젠다를 진행시킬 필요는 없다는 점이다. 이런 상황을 이른바 '죄수의 딜레마(prisoner's dilemma)'라고 한다. 개별 국가들이 정책을 실행에 옮기기 위해서는 다른 나라들 역시 정해진 정책 아젠다를 실행할 것이라는 강한 확신이 필요하다. 그 이유는 이를 단독으로 실행하는 국가는 결국 상황이 더 악화되기 때문이다. 다시 말해 국가의 정책 실행은 다른 국가들도 각자의 정책 조치를 동시에 시작하지 않는 한 현실화될 수 없다.

이러한 고려 사항을 염두에 두면 국제 무역수지 불균형에 대해 필요한 정책 조치와 전반적인 인식(즉 불균형 상태를 지속할 수 없고, 더 이상 이 문제의 해결을 지연하면 할수록 무질서와 비용적인 손실의 위험이 커진다는 인식)에 대해서는 동의가 있었음에도 불구하고, 지금까지 이 문제에 대한 효과적인 정책 실행의 사례가 거의 없었다는 것도 그다지 놀라운 일은 아니다.

이와 같은 상황은 비유하건대 공연할 새로운 악보를 받았지만 정작 지휘자가 없는 오케스트라가 처한 어려움과 비슷하다. 달리 좋은 대안도 없다. 그러나 개별 연주자들이 독자적으로 연주를 시작하고 진행하고자 한다면 아마 시끄럽고 의미 없는 소음이 되어 관객들이 환불을 요구하는 사태가 발생할 것이다. 연주를 하지 않고 늦게까지 나타나지 않는 지휘자를 기다리는 방법 역시 관객들의 초조와 불만을 야기할 것이다.

그렇다면 세계 경제에서 새로운 역할을 찾기 위하여 혈안이 되어 있는 다국적 기관들은 왜 광범위하게 인식된 다자간 정책 조율의 문제에 제대로 대응하지 못했을까? 이 질문에 대한 대답 역시 더욱 광범위한 문제로 귀결된다. 이는 곧 세계 경제가 현재 진행 중인 장기적인 변화에 좀 더 유연하게 대응하도록 도와줄 수 있는 다른 여러 가지 기능을 제대로 수행하지 못한 다국적 기구의 실패를 의미한다. 오늘날 다국적 기구들은 새로운 장기적인 변화까지 가는 여정에서 혹여 정책적인 실수를 범하지는 않을까 하는 깊은 우려감을 나타내고 있으며 이러한 분위기는 당분간 지속될 것으로 보인다.

과거 유산의 부담

다수의 회원국과 역사적인 입지 등 다국적 기구들이 구조적으로 가지고 있는 몇 가지 긍정적인 특징들도 이들 기구가 예상치 못한 대규모의 세계적인 변화에 맞춰서 적시에 조정하고 대응할 수 있는 그들의 유연성을 제한한다. 우리는 앞서 2장에서 이러한 핵심적이고 구조적인 취약성을 몇 가지 확인하였다. 이들 중 대부분은 다양한 국가들이 자국의 역사상 과거의 특정한 시기에 얻게 된 역사적인 권한을 바꾸기 어렵다는 점과 관련이 있다. 이러한 권한은 의결권의 상세한 내역과 핵심 관리자의 지정 및 선출, 이사회 대표의 할당 등을 통해서 더욱 굳어졌다. 그리고 불행하게도 다국적 기구가 이와 같은 권한을 새롭게 변화시키지 않겠다는 거부의 의사를 표명함으로써 국제 금융 정책의 형성에 대해 목소리를 낼 수 있는 권한을 어렵게 얻은 국가들에게 이들을 존중하고 포함하려는 의지에 대하여 더욱 부정적인 인상을 심어주고 있다.

일반적으로 다국적 기구들도 변화의 필요성을 인식하게 될 것이다. 현재 도미니크 스트로스 칸(Dominique Strauss-Kahn) 총재 하의 IMF가 이러한 경우에 해당한다. 그러나 IMF 역시 이렇듯 필요한 변화를 실현하는 데 커다란 어려움을 겪고 있다.

이 같은 분리 현상이 나타나는 주된 이유는 다자주의가 효과적으로 실행되려면 국내에서부터 국제적인 차원으로까지 걸친 정책 주권의 위임이 필요하다는 데 있다. 그런데 이는 최고 호황기의 좋은 시절에도 실행되기 힘든 일이니 지금과 같이 국가주의가 다시 고개를 드는 상황에서는 더욱 기대하기 어렵다. 게다가 대다수의 정치인들이 국내 상황에 더 치중하는 경향이 있으므로 전반적인 국제적 구조를 철저히 파악하지는 못할 수도 있다. 이는 곧 각국의 중앙은행과 재무부의 전문 관료들이 이러한 문제를 효과적으로 다루는 데 필요한 지원을 얻지 못한다는 뜻이기도 하다.

　국제기구의 전문성, 타당성, 객관성에 대한 의구심이 존재할 경우 주권의 위임은 더욱 힘들어진다. 또한 이러한 문제를 더욱 가중시키는 것은 기존 회원국의 배치 구도에서 특정 국가들이 과거에 얻은 상당한 권한을 누리고 있고 절대로 이 권한을 포기하려고 하지 않는다는 사실이다. 그로 인한 결과는 국제기구가 아예 활동을 하지 않거나, 혹은 대충 타협안을 만들어버림으로써 이들 기구에 대한 신뢰를 더욱 무너뜨리는 것이다.

　오늘날 세계에서는 과거 국제 정책 조정의 핵심 메커니즘의 역할을 했던 'G7(Group of Seven : 미국, 일본, 영국, 프랑스, 독일, 이탈리아, 캐나다가 이들 국가에 포함된다)'으로 알려진 선진국들의 모임에서도 이러한 현상이 전개되고 있다. 이제 G7 국가들이 세계 경제의 향방에 큰 영향을 미친 정책 조정에 대한 메커니즘에 대해 합의를 볼 수 있었던 시절은 지나갔다. 대신에 이제는 이들이 발표하는 성명서에는 G7 이외의 국가들에게 특정 정책을 실행할 것을 요구하는 경우가 점점 더 증가하고 있다.

　물론 이러한 성명서는 장기적인 전개 상황, 즉 새로운 국가들이 이제 세계 성장, 무역, 가격 형성, 금융흐름과 같은 핵심 변수에 중요한 영향력을 행사하고 있다는 점을 반영하는 것이다. 올바르게 기능하는 국제적인 조정 기구라면 현재의 세계 경제 구조에서 중요한 역할을 하고 있는 국가들을 당연히 환영할 것이라고 여겨질 것이다. 그러나 G7은 이들을 적극적으로 받아들이기를 매우 주저하고 있다. 대신에 그들 새로운 나라를 '특별 초청'이니 '조찬 회동'이니

하는 따위로 받아들임으로써 미온적인 대응을 고수하고 있다. 그러므로 중국 등 일부 국가들이 이런 행사에 참석하는 데 관심을 덜 보이는 것도 당연하다.

과거의 역사를 살펴보면 긍정적인 공황은 국제기구의 입장에서는 개별 회원국들이 효과적인 다국적 메커니즘을 마련하는 데 있어서 수동적인 반응을 넘어설 수 있는 최선의 방법이다. 실제로 미국에서도 1907년의 경제 공황이 발생하고 나서야 마침내 연방준비제도이사회 체제를 구축하였다. 마찬가지로 1980년대와 1990년대에 신흥 시장들이 겪은 위기는 IMF가 일부 차관 방식을 개편하고 할당액을 늘리도록 하는 촉매제의 역할을 하였다. 그러나 이러한 여정을 성공적으로 마치고자 하는 투자자들에게 위기가 촉매제로 작용할 것이라는 전망은 그들에게 확신을 주는 데 전혀 도움이 안된다. 이론적으로 투자자들은 이후 살펴볼 IMF의 주인들의 손에 달려 있는 개혁 조치들이 실행될 가능성이 높을 것인지에 대해 판단을 내려야 한다. 그렇지 않을 경우 정책 실수의 위험은 한층 더 높아진다.

결론

이 장의 내용을 토대로 분석해 보건대 세계 경제는 낡은 하부구조를 가진 상태로 이미 대규모의 세계적인 변혁의 길에 들어섰음을 알 수 있다. 이러한 의견은 3장에서 다룬 행동적인 측면에 관한 논의와 관련된 조정이라는 과제를 강조하였다. 더욱이 조정할 수 있는 능력과 하려는 의지의 측면에서 세 개의 시장 참여자 집단들 사이에, 그리고 집단들 내부에 뚜렷한 차이가 존재한다.

따라서 이러한 여정에는 필연적으로 장애물이 있을 것이라고 예측할 수 있는 많은 이유들이 있다. 그 위험을 가장 잘 보여주는 것은 잠재적으로 악화될 가능성이 있는 시장의 문제들과 정책적 실수의 개념이다. 따라서 다음의 두 장에서 다룰 장기적인 종착지를 유리하게 활용하는 방법에 대한 논의에 이어, 투자자들이 이러한 중간 여정을 어떻게 잘 헤쳐 나갈 수 있는지에 대한 방법에 대해서도 이야기해 볼 것이다.

WHEN MARKETS COLLIDE

세계 금융 위기 속에서 투자자들의 기본적인 과제는 매력적인 위험 조정 수익률을 포착할 수 있는 능력을 갖추는 것이다. 정책 입안자들은 경제 성장을 지속하고 주기적인 금융 혼란의 확률을 줄일 수 있는 방식을 고안해 내야 한다. 다국적 기구의 경우에는 국제적인 차원에서 각국 정책의 효율적인 조율에 기여함으로써 일관성과 상호 강화를 보장할 수 있어야 한다.

투자자를 위한
실천 계획

06

새로운 투자 환경에 따른 실천 방안

나는 앞서 최근 수년간 일어났던 이례적인 현상에 대해서 상세히 설명하면서 가능성이 있는 원인과 투자의 여정 및 향후 투자처에 미칠 영향 등을 언급하였다. 현재 진행 중인 구조적인 변화에 대해서도 설명하였고, 경제적 기초 여건인 펀더멘털, 부의 역학, 시장 기술의 재편에 대해서도 언급하였다. 이들 모두 흥미로운 내용이기는 하지만 시장 참여자들이 이에 대해 무언가를 실천하고 행동할 수 있을 때에만 그것과 밀접한 관련을 맺게 되고 의의를 지닌다고 할 수 있다.

이를 위해 이 장에서는 투자자들이 현재와 미래에 일어나는 이같은 변화를 유리하게 활용하기 위해 밟아야 할 단계를 분석할 것이다. 그리고 투자자들이 아무런 배경도 없이 단독으로 움직이게 되는 것은 아니므로 다음 7장에서는 투자자들과 함께 모호하게 '시장 참여자들' 로 분류되는 주체들, 즉 정부와 국제기구에 대해서 자세하게 살펴보고 그들이 직면하게 되는 과제들을 살펴볼 것이다. 이들 6장과 7장은 투자자들이 새로운 투자 환경에 적절하게 대응하고 자기를 강화할 수 있는 실천 방안에 대해서 알아볼 것이다.

투자자들의 기본적인 과제는 간단하게 말해서 매력적인 위험 조정 수익률을 포착할 수 있는 능력을 갖추는 것이다. 그리고 국가 정책 결정자들은 경제 성장을 지속시키고 주기적인 금융 혼란의 확률을 감소시킬 수 있는 방식으로 대응하는 능력이 있어야 한다. 다국적 기구의 경우에는 국제적인 차원에서 국가 정책의 효율적인 조율에 기여함으로써 국가 정책 사이에서 일관성과 상호 강화를 보장할 수 있어야만 한다.

이런 논의의 목적을 위해서 나는 각 주체들마다 실천 방침을 각각 별개로 자세히 살펴볼 것이다. 하지만 현실에서는 이런 집단이 상호 관련이 있기 때문에, 각자 상대방의 활동을 예의 주시할 필요가 있다. 특히 정책 수립자가 취한 혹은 취하지 않는 행동을 수용하는 입장에 있는 투자자들의 경우에는 더욱 그렇다. 그래서 이후 8장에서는 이러한 위험을 피해가는 가장 좋은 방법, 즉 (현재 더욱 두터워진) 분배의 '왼쪽 꼬리'를 최소화할 수 있는 방법을 살펴볼 것이다. 특히 이 꼬리는 투자의 여정이 지속되면서 심각하게 다가오게된다. 이렇듯 6, 7, 8장에서는 어제의 시장이 내일의 시장과 충돌하면서 투자자와 다른 주체들은 어떤 단계를 선택할 수 있는지 상세하게 다룰 것이다.

투자자들은 이 책의 앞부분에서 상세하게 다룬 장기적인 주제를 놓치지 않는다면 앞으로 수년 동안 좋은 성적을 올릴 수 있을 것이다. 투자자들은 기대수익률 목표와 리스크의 허용 한도를 상세하게 규정하고 나서 포트폴리오 관리의 기본적인 3단계, 즉 적절한 자산 배분의 선택, 최상의 실행 도구 파악, 적절한 리스크의 관리와 실행 등을 설계해야 한다. 한마디로 말해서 투자자들은 다음 두 가지를 성취할 수 있는 포트폴리오 관리 방식을 설계하고 실행해야한다.

1. 새로운 장기 투자처를 겨냥한다.
2. 적절한 투자 수단을 활용한다.

또한 이를 실행하면서 몹시 순탄치 않을 여정을 헤쳐 나갈 수있는 능력도 배양해야만 한다. 물론 쉽지 않은 일인 것은 분명하나

풍성한 보상이 따를 것이다. 나는 이러한 실행 과정을 단순하면서도 엄격하게 순차적으로 제시할 것이다. 투자자들은 현실에서 반복적인 방식이 필요하다는 것을 알게 될 것이다. 즉 어느 정도는 빈번한 모니터링과 포트폴리오 상의 대응으로 구현하는 방식 말이다.

자산 배분

당신이 불가피하게 3년 동안 자리를 비우게 되어 자산 배분에 변화를 줄 수 있는 방법이 없다면, 당신의 자본을 여러 자산군에 어떻게 배분하는 것이 가장 좋을까?

물론 현실적으로 자산 배분의 요소들은 직접 매매하거나 리스크 헤징이 가능하고 이를 조합하여 중간에 대부분이 교체가 가능하다. 하지만 가급적이면 장기적인 사건에 의존하는 중립적인 자산 믹스를 명확하고 분석적으로 확립하기 위해서는 '변화가 일어날 수 없다' 는 가정에서 분석을 시작하는 것이 바람직하다. 이렇게 하면 장기적인 수익률 목표(즉 최소한 시장 주기 동안)와 중간 수정과 관련하여 운영상의 자유가 없는 극단적인 상황에 닥치더라도 자산들이 이를 견딜 수 있는지를 명확하고 가시적으로 파악할 수 있다.

자산 배분을 철저하고 신중하게 하면 수년 동안 많은 투자자들이 걸린 덫에 빠질 위험은 어느 정도 경감시킬 수 있다. 자산 배분을 할 때 투자를 독립적이고 개별적(즉 '좁은 틀' 을 통해)으로 보는 경향마저도 덫에 속한다. 자산 배분은 광범위한 포트폴리오(즉 '넓은 틀'

을 통해)로 실행되어야 한다. 일부 투자자들이 군중심리에 넘어가 일관성이 없는 선호도를 나타내고 잘못된 시기에 잘못된 방식으로 과잉 반응하는 경향도 역시 덫이다.

노련하고 성공적인 투자자는 절제된 자산 배분 방식이 중요한 정착 기능(anchoring function)을 수행할 수 있는 구조를 제공한다는 것을 알고 있다. 이러한 정착은 건설적인 결과를 촉진하고 더불어 파괴적인 결과가 발생할 가능성을 줄여준다. 물론 구조를 추구하는 것은 리스크가 없는 활동이 아니며, 과도한 구조는 일종의 경직성을 초래하여 느린 움직임과 비효율적인 관료주의를 야기할 수 있다. 따라서 투자자들에게 있어서 자산 배분은 대체로 3년을 보는 관점이 필요하지만(기금과 재단이 보다 장기적인 시간을 채택하는 경우), 반드시 그 시간대에 얽매일 필요는 없다. 구체적으로 말해서 관점을 매년 검토하되, 이런 검토가 변화의 결과일 수도 있고, 그렇지 않을 수도 있다는 인식을 가질 필요가 있다. 또한 중립적인 자산 배분을 근거로 하는 장기적인 주제를 재검토할 이유가 생긴다면 마땅히 그렇게 조정해야 한다.

이를 염두에 두고 변화의 가능성이 있는 일련의 주관적인 가정을 바탕으로 [표 6.1]에서는 미국에 있는 투자자를 위해서 해당되는 변동 범위로, 자산 배분(현물 제외)의 추정치를 실례로 제시하고 있다. 기본적인 가정은 일련의 자산군과 관련이 있고, 기대수익률, 변동률, 상호 관계 등의 전통적인 양상보다 더 많은 것들을 포괄하며 장기적인 전망에 대해서도 설명해 준다.

자산 배분에 대한 기존의 명세에 내재되어 있는 리스크 요인을

표 6.1	장기 투자자를 위한 중립적 자산 구성 예(2007년 기준)		단위 : %

	중간 시점	범위
주식		
미국	15	12~18
기타 선진국	15	12~18
신흥 경제국	12	6~18
민간	7	6~8
채권		
미국	5	4~6
국제*	9	6~12
부동산		
부동산	6	3~9
원자재	11	7~15
물가연동채권	5	4~6
기반 시설	5	3~7
특수 기회	8	2~14
예상 장기 명목 수익률(기준, 연평균)	8~10%	
예상 장기 실제 수익률(기준, 연평균)	5~7%	
예상 표준편차(기준)	8~12%	

* 국가 및 회사가 발행한 이머징 마켓 채권 포함

어떻게 혼합하고 조화시킬 수 있는가(즉 시장의 실무자들이 '베타' 라고 하는 것) 하는 질문에 대해 다음과 같이 생각해 볼 수 있을 것이다. 즉 자산 배분 과정에서 적극적인 투자 관리(즉 '알파')를 통해 부가가치를 내는 것을 목표로 하는 보완적인 노력도 필요하다는 것이다.

이 예는 중간 시점 추정을 기반으로 3년의 기간에 걸쳐, 그리고 일정한 환율에서 8~10%의 합리적이고 '일정한' 연간 명목 수익률을 겨냥하는 전략이다. 구조 개혁에 대한 이 책의 분석에 의존하여, 예상 평균 목표 수익률의 양측에서 8~12%의 단기(즉 1년) 편차를 지속시킬 능력이 있다고 가정한다. 리스크 선호도가 더 높은 사람들은 이러한 수익률의 패턴에서 더 큰 변동성이 있을 것이라는 가능성과 더불어 기대치 이상의 수익률을 겨냥할 수가 있다.

지속적인 주제가 급격한 방식으로 실현된다고 할 때 투자수익의 잠재력은 상승하고, 현실에서 경제 성장과 자본흐름의 예상 속도와 배분을 지속하지 못한다면 투자수익의 잠재력은 떨어지게 된다. 이와 유사하게 특정 진입점이 영향력을 미칠 수 있는데, 혼란기 이후 투자가 가장 큰 잠재력을 제공하기 때문이다.

다음 내용에서는 자산을 배분하는 데 있어서 각 자산군에 대해 주요한 고려 사항을 세부적으로 다룰 것이다. 또한 '대안' 투자에 있어서 시장 노출(exposure)된 상품을 다루는 방법에 대해서도 살펴볼 것이다.

증권 _____ 투자자들은 대부분 상장주에 과도하지는 않더라도 충분히 배정하는 경향이 있다. 이런 현상은 장기적인 측면에서 주식이 다른 수단을 '능가할 것'이라는 관점에 의한 것이다. 이는 필라델피아 와튼 경영대학원의 제레미 시겔(Jeremy Siegel)이 적극적으로 지지하는 견해이기도 하다. 그는 자신의 저서 《주식투자 바이블(Stocks for the Long Run)》의 서문에서 1920년대 말 상승 장세에서 "미국 역사상 가장 참담한 폭락을 보여준 향후 34개월" 직전까지 주식에 투자하라고 했던 1929년의 제안을 인용한다. 그는 1932년 7월에 이르러 "엄청난 비극이 마침내 지나갔을 때… 세계 기업의 시장가치는 무려 89%가 감소하였다"고 언급하였다. 그런 다음 그는 독자들에게 다음과 같은 흥미로운 질문을 던진다. "매월 일정 금액을 투자하기 시작했다면 당신의 재산은 어떻게 되었을까?" 이러한 질문에 대한 놀라운 대답은 '리스크가 없는' 투자처에 투자했을 때보다 더 많은 돈을 벌 수 있다는 것이다. 당시 미 재무부 채권은 4년 미만이었고, 만일 당신이 이 포지션을 30년 동안 보유하고 있었다면 당신의 부는 연평균 13% 증가하였을 것이다.

시겔은 역사를 활용하여 주식투자의 장기적 효과를 입증했던 몇몇 대표적인 분석가 중 한 사람이다. 시장은 장기적인 보유자가 실현할 수 있는 매력적인 '시장 위험 프리미엄'을 제공한다는 견해가 이러한 분석의 기초가 된다. 즉 오랜 시간에 걸쳐 단기간의 무위험 채권을 능가하는 양의 수익률을 꾸준히 제공한다는 것이다. 간단하게 말해서 이 프리미엄은 잠재적으로 그리고 역사적으로 변동성이 있는 자산군을 보유한 것에 대해서 투자자들에게 보상을 하는 것이다.

일반적으로 간단하고 단순해 보이는 것이라 할지라도 실제로 그러한 경우는 거의 없다. 따라서 이 프리미엄을 어떻게 측정할 것인가, 이것이 실제로 포착하는 것은 무엇인가에 대한 논란은 끝이 없었다. 측정 시기 및 이와 관련된 투자자들 행동의 측정에 대해서도 뜨거운 공방이 오고갔다. 특히 '전형적'인 투자자가 중대하고 가

역적인 시장 조정 이후에 매각하는 것, 즉 최악의 시기에 매각하는 것을 피하기 위해서 자신의 반응을 충분히 내재화시킬 수 있는지의 여부가 화제가 되었다. 그리고 다른 사람들이 합리적이고 분석적인 질문에 대답을 하지 못했을 때, 지지자들은 주식이 여러 세대 동안 부자를 배출했던 시스템인 자본주의에서 최선의 방책이라는 강력한 개념을 무기로 자신의 의견을 피력하였다.

이러한 논쟁의 결과를 상세히 다루거나 판단할 생각은 없다. 사실 나는 이런 논쟁이 상당 기간 동안 더욱 지속될 것이라고 본다. 오히려 이 문제를 다음과 같이 생각해 보면 어떨까. 만일 좀 더 균형이 잡힌 성장에서의 장기적인 종착지가 실현된다면, 투자자는 국제적으로 다각화된 주식에 투자하고자 할 것이다.

여기서 '국제적으로 다각화된'이라는 표현은 장기적으로 보았을 때 힙리적인 것과 오늘날 내부분의 두사사들이 하고 있는 일을 대조하는 데 있어서 핵심이 된다. 구체적으로 말해서, 대부분의 개인투자자들과 일부 기관투자자들은 여전히 자본 배분에서 '국내 주식의 편향 현상'을 보이는 경향이 농후하다. 물론 이런 현상은 천천히 변하고 있기는 하다. 역사적인 관성 때문에, 그리고 국제 주식은 여러 가지 과도한 추가적인 위험(예를 들어 환율 변동, 회계 및 지배구조의 차이, 법의 지배 문제, 교환성, 자본 통제 위험 등)에 노출된다는 시각 때문에 국내 주식이 전반적인 주식투자에서 지배적인 비중을 차지하는 미국의 경우에는 특히 이런 현상이 심각하게 나타난다. 어떤 사람들은 미국 기업이 외국에서의 운영을 통해 올리는 소득과 이익이 점차 증가한다는 생각으로 국내 주식을 중점적으로 보유하는 것을 정당화하기도 한다. 하지만 그렇기 때문에 국내 투자에 대한 비중의 확대가 이미 국제적인 노출을 의미하는 것이다.

국내 주식을 고집하는 이유는 앞서 3장에서 논의한 행동재무학의 관점에서 이미 설명한 바 있다. 무엇보다도 국내 주식에 대한 편향은 익숙한 것들이 매력적이라는 사실에 부합한다. 이런 익숙함이 지명도에서 나올 수도 있고 지리적인 인접성에서 나올 수 있다.

사실상 국제 투자가 다양한 리스크를 수반하는 반면, 국내 투자와 상대적으로 비교했을 때 리스크의 누적 효과는 최근 수년에 걸쳐 감소하는 추세이다. 이는 활발하게 이루어지고 있는 국제화와 통합 현상의 중요한 산물이다. 이런 현상이 정부의 조치, 국제 표준과 행동 규범을 향한 진보, 규제 및 감독 제도의 점진적인 조화 등에 의해서 촉진되는 경우도 있다.

국제적인 노출은 미국 경제의 움직임에 대한 의존이 줄어들고 전 세계적으로, 특히 신흥 국가에서 확대되는 경제 활동에 대한 의존도를 증가시키는 결과를 낳는 장기적인 성장 패턴의 전환이라고 정당화할 수 있다. 이 책의 앞부분에서 논의했던 바와 같이 우리는 미국이 평균 이하의 성장률을 보이고 다른 지역에서는 활발한 경제 팽창이 이루어지는 시기를 겪게 될 것이다. 그렇기 때문에 세계 금융 체제의 상호 의존성이 점차 증가한다는 점을 감안해도 국제화로부터 얻을 수 있는 혜택은 상당하다.

이 목적을 위해 투자자들은 주식의 비중을 30~54%로 구성하고, 이 중에서 미국 주식이 차지하는 비중은 최대 3분의 1에서 2분의 1로 운용할 것을 고려하는 것이 바람직하다.

통화에 대한 고려 _____ 이런 방식으로 포지셔닝을 하면 미국 주식을 보유하는 데 따른 달러화 노출을 어느 정도 헤지할 수 있는 방법을 손에 넣게 된다. 오늘날 미국 통화는 장기적으로 볼 때 가치 하락 일로를 걷게 될 운명에 처해 있다. 물론 이러한 현상은 필연적으로 주기적 되돌림(cyclical retracements) 기간을 수반하게 되겠지만, 향후 지속적으로 달러에 압력을 가하게 될 몇 가지 요인이 결합하여 이런 현상은 고착될 것으로 보인다. 그 요인은 미국의 대규모 무역적자, 달러화의 압도적 우위를 차지하기 시작한 투자 포트폴리오의 다변화, 미국에서 벗어나서 나머지 세계에게 유리한 방향으로 나갈 성장과 생산성 격차의 변화 등이 있다.

미 달러화의 가격 재조정은 다른 통화의 흥미로운 움직임을 수반할 것이다. 지금까지 달러화의 전반적 약세에 대한 가장 중요한 상대(경제학자들이 미국 무역에서 차지하는 중요성에 따라 가중치를 둔 통화 바스켓을 사용하여 전통적으로 측정)는 유로화의 평가절상이다. 사실상 지난 6년 동안 유로화는 바스켓 전체보다 두 배나 빠른 속도로 달러화에 대해 평가절상되었다. 달러에 대한 기타 통화의 움직임에서 이렇게 놀라운 차이가 나타나는 것은 통화의 어떤 움직임이 일어났어야 하는지만으로는 설명할 수 없다. 또한 이는 통화가 어떻게 움직이도록 허용되었는지 반영한다.

지난 몇 년 동안 유럽은 통화가 자유롭게 움직이도록 허용한 반면, 다른 나라 특히 중국은 자유롭게 허용하기를 주저하였다. 결과적으로 유로화는 달러화에 필요한 가치의 하락을 수용하는 국제적 과정 속에서 상당한 부담을 안았다. 앞으로 이 패턴은 계속해서 변화할 가능성이 있다. 앞으로 중국, 좀 더 일반적으로 말해서 아시아와 다른 신흥 국가들은 자국의 환율 관리에서 더 많은 탄력성을 허용하는 데 있어서 점차로 더 많은 관심을 갖게 될 것이다. 따라서 이들 나라의 통화는 급속하게 가치가 상승하는 통화로서 유로화를 대체할 가능성이 상존할 것이다. 사실상 이 통화들은 달러화뿐 아니라 유로화에 대해 가치가 상승할 수 있다. 그 과정에서 점차 국제 금융에서 강력한 힘으로 등장하여 투자 자본의 배분에 있어서 더 큰 몫을 차지하게 될 것이다.

실행 도구 _____ 투자자 특히 개인투자자들의 경우 투자 대상을 인덱스펀드로 제한해야 한다고 확신하는 사람들이 있다. 실제 이런 투자 방식은 지나치게 비용이 높고 적극적으로 관리되는 펀드가 시장의 성과에 미치지 못하는 경향이 있는 투자 환경에서 수수료를 억제하는 역할을 하기도 한다. 어떤 이들은 투자자들에게 예외적인 펀드를 파악할 수 있는 다양한 기법과 서비스를 이용할 것을 권한다.

결국 일반적으로 투자자들은 두 가지를 모두 하게 된다. 즉 가장 공통적인 패턴은 효율적인 시장(예를 들어 미국 주식투자)에서는 수동적인 상품을 사용하고, 효율이 떨어지는 시장(예를 들어 신흥 시장에 대한 투자)에서는 좀 더 적극적으로 관리하는 상품에 투자하는 것이다. 주로 구체적인 선택은 내부 실사와 다양한 자문 및 연구 서비스가 지침이 될 수 있는 반면, 개인투자자들은 리퍼(Lipper)와 모닝스타(Morningstar) 등과 같은 투자자 정보 서비스 회사가 실시하여 발표하는 연구에서 도움을 얻을 수도 있다. 이러한 접근법은 확실히 이해할 만하다.

그럼에도 불구하고 이러한 접근법을 설계하고 실행하는 데 있어서 다음의 네 가지 문제를 민감하게 고려할 필요가 있다.

1. 일반적으로 수동적인 노출(passive exposure)은 과거 지향적인 인덱스를 추적한다. 이런 지수는 내일의 세계가 아니라 어제의 세계를 반영한다. 게다가 '펀더멘털 인덱싱(fundamental indexing)' 전략과 보다 전통적인 시가 가중 방식(capitalization-weighted approach)의 혜택에 대한 여러 전문가들의 논쟁에서 입증되었듯이, 다양한 인덱스는 시간이 지남에 따라 가치평가에 의미 있는 효과를 미칠 수 있는 편향된 구성의 영향을 받기가 쉽다.

2. 어떤 뮤추얼펀드는 투자자가 보완적이고 상관관계가 낮은 방식으로 보완적 수익률을 겨냥하는 중첩 전략으로 주식시장에서 수동적인 포지셔닝을 보완할 수 있도록 허용한다. 이는 다음 내용에서 상세하게 다룰 개념, 즉 알파에서 베타를 분리하는 개념(또는 시장 노출에서 나오는 수익과 펀드매니저의 투자 기술의 결과로 생긴 수익을 구분하는 것)을 말한다.

3. 수동적이고 인덱스를 향상시키는 펀드를 주장하는 목소리가 높다고 해서 적극적으로 운용되는 적절한 펀드가 없다는 것은 아니다. 오히려 이 문제는 매니저의 파악, 평가, 모니터링이 중심이 된다.

4. 적극적인 매니저를 선택함에 있어서 포함의 오류보다는 누락의 오류를 범하는 것이 낫다. 간단하게 말해서 충분한 이유가 없다면 적극적인 매니저를 선택하지 말라는 것이다. 사실 우리는 과거 10년 동안 모든 자산군에 걸쳐서 적극적인 매니저 성과의 분산이 극적으로 증가하는 것을 목격하였다.

실물자산 _____ 일반 투자자들은 폭넓게 다각화된 포트폴리오에서 국외 주식에 충분하게 배분하지 않을 뿐 아니라 '실물자산', 즉 물가 상승률이 높은 기간에도 가치를 보전하는 경향이 있는 투자 수단을 제대로 활용하지 않을 수 있다. 국외 주식에 대한 투자가 충분하지 못한 투자자의 상황과 비슷하게, 새로운 장기적인 현실의 특성을 감안할 때 실물자산에 대한 투자가 부족한 것은 어찌 보면 당연하다.

점차 기관투자자는 부동산 투자를 증가시키고자 하고 있다. 미국 최대의 주 연금펀드인 캘리포니아 공무원 퇴직연금(CalPERS)의 경우를 살펴보자. 2007년 12월에 이사회는 280억 달러(즉 펀드의 10% 남짓)를 주 정부 재무 장관이 말한 소위 "인플레이션에 대한 헤지"에 분배하자는 제안을 승인하였다. 이 영역에서 가장 순수한 투자 형태는 전 세계 정부가 발행한 물가연동채권(TIPS)이다. 1990년대 중반 미국에 도입된 TIPS의 경우, 이러한 채권의 가치(즉 배당과 자산가치의 조합)는 물가 상승률과 함께 변동한다. 달리 말해서 투자자는 매수하는 순간에 실질 수익률(즉 물가 상승률을 초과하는 보상)이 보장된다.

전통적으로 이 범주에 속하는 다른 자산군으로는 원자재, 기반 시설, 부동산 등이 있다. 역사적으로 이런 자산의 명목 가치는 때때로 소득의 경우가 그렇듯이 물가 상승률을 따라가는 경향이 있다. 이러한 자산군은 물가 연동이 보장되지 않고 어떤 방향으로든 조정이 상당히 빗나갈 수 있다는 점에서 트레이더들의 표현에 따르면 TIPS보다 베타가 더 높다(베타가 높다는 의미는 상승장일 때 보다 높은 수익률을 얻는다는 의미이지만, 반대로 하락장에서는 손실률이 더욱 크다는 의미이기도 하다).

이렇듯 변동성이 더 크다는 특성에도 불구하고 원자재, 기반 시설, 부동산은 상당히 낮은 기반에서 시작하는 데에도 보다 정교한 글로벌 포트폴리오에서 점점 더욱 많은 비중을 차지하고 있다. 이 같은 현상은 부분적으로 이러한 투자 수단의 과거 성적이 좋았다는 점과 전반적인 포트폴리오를 다각화시키는 데에 일정한 역할을 한다는 점을 반영한다. 역사적으로 볼 때, 이 세 가지는 보다 전통적인 자산군 믹스(즉 기존의 '60% 주식'과 '40% 채권'이라는 표준적인 분배에 흡수된 믹스)와 비교적 낮은 상관관계가 있는 것으로 나타났다.

투자자는 다양한 방법으로 실물자산을 접할 수 있다. 예를 들어 미 재부부에서 TIPS를 직접 매입하는 것처럼 쉬운 방법이 있는 반면, 또 어떤 방법은 부동산신탁회사(REITs)와 상품지수 익스포저(commodity index exposures) 등과 같은 투자 수단의 바스켓을 수반한다. 필요한 실사를 수행할 수 있는 능력이 많은 투자자는 점점 더 많아지는 투자운용회사가 제공하는 적극적으로 관리되는 상품에 투자할 수도 있다. 유감스럽게도 이 자산군에 늦게 손을 댄 투자자는 일찌감치 시작한 투자자들만큼 만족스러운 경험을 하지 못하게 된다. 그렇다고 실물자산이 다각화된 포트폴리오에서 중요한 부분이 되어서는 안 된다는 말이 아니다. 오히려 그렇게 되어야 한다. 단지 기대수익률 측면에서든 다각화 혜택의 측면에서든 이런 실물자산의 잠재적인 영향력이 적어진다는 것을 인식하면 될 뿐이다.

수많은 인생사가 그렇듯이 사람들에게 매력적으로 다가오는 특정한 투자 현상의 특징은 수용자가 많아지면서 변화하게 마련이다. 경제학에서는 이러한 현상을 '굿하트의 법칙(Goodhart's law)'이라고 한다. 영국의 경제학자 찰스 굿하트(Charles Goodhart)의 이름을 따서 명명된 이 법칙은 인식 가능한 모든 통계량, 예컨대 경제 지표 등은 이를 정책 목표로 삼는 순간 (행동 적응으로 귀착되면서) 본래의 의미를 상실하게 된다는 의미이다. 굿하트의 법칙은 중앙은행이 특정 통화 지표를 목표로 하는 금융 정책을 따르고자 시도하는 배경에서 등장하였다. 연구자들은 특정 통화 지표의 목표 선정이 그 지표를 선택한 대상이 되는 행동을 변화시킨다는 것을 발견하였다.

따라서 위험 조정 수익률의 측면에서 비전통적인 자산군을 그토록 매력적으로 만들었던 과거의 특성은 더 많은 투자자들이 그것으로 이동하면서 퇴색될 위험이 있다. 일례로 HMC는 새롭게 실시한 목재 투자에서 이러한 현상을 겪게 되었다.

앤디 윌트셔(Andy Wiltshire)가 이끄는 하버드 경영회사의 목재 팀은 처음으로 기관투자자들 중에서 이러한 투자의 매력을 깨닫고 과감하게 나선 팀이다. 1990년 중반에서 후반까지 목재 자산은 일반적으로 광범위한 복합 산업 포트폴리오의 일부에 속했으며, 이

자산이 가지고 있는 잠재력에 비해서 관리의 효율성이 떨어지는 경향이 있었다. 이것은 산림과 금융 전문 지식의 조합이 충분하지 않았다는 점과 다른 자산을 수반하는 요소들이 복합 산업의 대차대조표에 제약을 미친다는 점이 부분적인 원인이 되었다.

앤디와 그의 팀은 분석, 운영, 기술 등의 분야에서 충분한 지원을 받으면서 목재 자산을 축적하고, 이 자산을 고도로 효율적인 방식으로 운용하기 시작하였다. 시간이 흐름에 따라 대학 기금이 상당한 수익을 내게 만들었다는 가설은 사실 간단한 것이었다. 즉 산림에 대한 심층적인 지식과 현대적인 포트폴리오 운용 기법을 결합시킴으로써 투자 활동의 가치가 현저하게 향상되었다는 것이다.

이 투자는 HMC의 '특권 자산'이 지니고 있는 구조적인 장점을 잘 말해 주었다. 구체적으로 말해서 앤디와 그의 팀은 매력적인 예상 수익률을 제공하고, 전반적으로 기금을 위해서 효과적인 다각화 요인의 역할을 하였던 장기적이면서 상당히 비유동적인 활동에 신속하게 상당한 자본을 투자할 수 있었다. 이들은 기금을 오랜 보유 기간까지 선행 투자할 수 있었다. 그리고 AAA 대차대조표가 이를 뒷받침해 주었다.

특히 이들의 뒤를 이어서 다른 기관투자자들이 거의 벌 떼처럼 목재로 모여들었던 현상이 하버드 기금에게는 유리하게 작용하였다. 실제로 이런 대규모의 이동이 가치평가에 극적인 영향을 미침에 따라 앤디와 그의 팀은 미국에서 HMC의 목재 보유분을 상당 부분 매각하고 아프리카, 중앙유럽 및 동유럽, 라틴아메리카, 태평양 연안 등지의 새로운 지역에서 기회를 물색하게 되었다.

미국 목재가 자산군으로서 인기가 급상승하면서 수년 전에 HMC에게 그토록 매력적으로 다가왔던 특성들이 변하게 되었다. 이제 새로운 투자처로서의 최초 가치평가는 상당히 높아졌다. 새로운 보유자의 성격은 과거에는 낮았던 목재의 기타 자산군에 대한 상관관계를 증가시켰다. 그리고 투자자들의 다양성으로 인해 최적 산림 구획의 면적을 축적하는 것이 더욱 어렵게 되었다.

이 패턴은 아래에서 다루는 기반 시설과 '특수 상황' 등과 같은 실제 자산 바스켓의 다른 구성 요소에 있어서도 반복될 가능성이 높다. 집중적인 경쟁 행동과 모방을 겪게 되는 금융 산업에서도 사실상 불가피한 결과이다. 하지만 그 결과가 자본 배분의 잠재력을 축소시키더라도 그 폭은 그리 크지 않아서 이러한 투자는 별 의미가 없거나 바람직하지 않게 된다.

명목 채권 _____ 최근 들어 리스크가 낮은 소위 '기본형' 채권, 즉 정부채와 회사채의 기존 역할이 줄어들었다. 이런 변화는 2007년 여름까지 시장 유동성이 풍부하여 사실상 모든 리스크 자산의 가격이 상승했던 이례적인 시장 상황이 보편적으로 나타난 것과 가장 노련한 투자자들이 좀 더 집중적인 리스크 관리 전략을 갖게 된 것이 원인이었다.

앞서 4장에서 설명한 장기적인 전망에서 채권은 글로벌 투자 포트폴리오에서 현재의 역할을 유지하는 데 추가적인 역풍을 맞게 된다. 무엇보다도 자산군으로서 채권은 이 책에서 설명한 중요한 장기적인 주제, 즉 힘의 이전이라는 역학 구조의 맥락에서 이루어지는 견실한 글로벌 성장, 물가 상승의 압력 가중, 고정수익 자산의 상대적인 보유를 줄이는 역할을 하는 국부펀드(SWFs) 사이에서의 포트폴리오 조정, 구조화 상품의 지속적인 성장 등을 감안할 때 다른 투자 수단에 비해서 성과가 저조할 것이다.

이런 시각이 납득이 가긴 하지만, 자산 배분의 폭넓은 최적화의 맥락에서 보면 지나치게 불완전한 분석이다. 구체적으로 말해서 자산 배분의 최적화는 다음과 같이 중요한 세 가지 요건을 전제로 한다.

첫째, 현명하고 효과적인 포트폴리오 구성의 원동력과 관련이 있다. 상향식 관점에서 보면 이것은 다양한 기능을 수행하는 여러 가지 자산군의 혼합을 수반하며, 하향식 관점에서 보면 투자자의 수익 목표와 리스크 선호도에 부합하는 자산군의 조합을 갖는 것을 말한다.

둘째, 새로운 변화로 나아가는 중간 과정의 과도기와 종착지에 대한 분석과 전망에 따라 자산 배분이 이루어져야 한다. 즉 종착점에서 보면 적절하게 보이는 것이 그 과정 중에서는 모든 투자자들에게 적합하지 않을 수 있기 때문이다. 하지만 그러한 여정을 해결할 수 없다면 종착지는 아무런 소용이 없다. 이 점은 2007년 여름에 시작된 시장 혼란기 동안 국채가 좋은 성적을 냈던 것에서 분명히 드러난다.

셋째, 행동재무학적 관점은 채권 분배 시 시간 불일치, 부적절한 할인, 지체 등의 문제에 발목이 잡힐 투자자의 리스크 전환 전략에서 자동성과 구조적인 측면에서의 요소를 제공해 준다.

이러한 요건은 채권 분배, 그리고 사실상 대부분의 자산 분배를 최적화시켜 준다. 이때 투자자들은 채권이 그저 가장 성적(총수익률로 측정되는)이 우수한 자산군에 속할 것인지를 묻기보다는 채권 보유가 자신의 전체 포트폴리오에 대한 예상 리스크 조정 수익률을 향상시킬지의 여부를 고려해야 한다. 더불어 종착지와 여정 사이의 필연적인 불일치를 감안하여 투자자는 좋은 시절과 어려운 시절을 모두 거치며 자신의 포지션을 유지할 능력에 대해 자신감을 가져야 한다.

이런 방식으로 볼 때 채권은 결국 투자자를 위해 가치 있는 역할을 할 것이다. 이는 전문 지식의 결여든 혹은 접근 상의 이유든 간에 좀 더 정교한 헤징 상품을 이용할 수 없는 투자자들에게 특히 해당되는 이야기이다.

일반 장기 투자자들의 경우, 채권 배분의 규모는 리스크 혐오와 포트폴리오의 다른 구성 요소에 따라서 보통 10~18% 범위가 될 것이다. 일정한 금융 환경을 가정할 때 이 범위는 몇 가지 중요한 요인에 민감하다. 개인투자자의 경우는 자산 보전이 단기간의 투자 기간의 맥락에서는 더욱 큰 역할을 하기 때문에 이 비중은 연령에 따라 증가한다. 또한 생활비가 반드시 부와 소득의 함수는 아니기 때문에 이 범위는 번영 수준(prosperity levels)에도 민감하다. 기관투자자의 경우 분배 비중은 단기적 성과와 관련된 부채 및 지출금의 고정적인 특성에 따라서 올라간다. 개인 및 기관투자자 모두에게 있어서 분배 비중은 리스크 혐오의 정도에 따라 증가한다.

배분에 대한 결정을 마친 투자자는 적절한 포커스도 확보해야 한다. 이 목적을 위해서 널리 이용되는 두 가지 시장 지수인 리만 총 지수(Lehman Aggregate)나 리만 종합지수(Lehman Universal indexes) 중 하나를 벤치마킹하며 신중하게 운용되는 펀드가 대부분의 투자자들에게 적합할 것이다. 융통성이 뛰어나고 정교한 모니터링 시스템을 이용할 수 있는 투자자라면 기본 채권 익스포저(베타 구성 요소)를 운영하는 수동적인 접근법과 부가가치까지 창출하는 적극적인 투자 수단(알파 구성 요소)을 겨냥하는 조합을 모색할 수 있다.

나를 잘 아는 사람들은 내가 이머징 마켓 채권을 위한 특별한 범주를 포함하지 않았다는 사실을 알면 깜짝 놀랄 것이다. 그렇게 오랫동안 이머징 마켓 채권을 거래했으니 다각화된 포트폴리오 구성에서 이 채권이 역할을 부각시킬 기라 기대할 것이다. 세나가 지금까지 신흥 시장은 성적도 좋았다. 또한 장기적 안목에서 볼 때 비교적 견실한 수익 전망을 지속적으로 제공하고 있다. 그 동안 바뀐 점이 있다면 사람들이 이머징 마켓 채권을 바라보는 방식이다. 예전에 신흥 시장은 전통적인 포트폴리오 구성에 제대로 부합하지 못했다. 이에 대한 예를 하나 들어보자. 나는 2004년 9월 핌코의 소식지 〈이머징 마켓 와치〉의 서두에서 '이머징 마켓 채권'이라는 표현이 어떤 사람에게는 모순적인 소리로 들릴 것이라고 설명한 바 있다. 왜냐하면 신흥 시장은 높은 '리스크'를 나타내는 반면, 채권은 '안전성'을 나타내기 때문이다.

당시 이머징 마켓 채권은 분석적인 시각에서 보면 기회주의적

자산군인 것처럼 보였다. 투자자는 포트폴리오의 수익률을 향상시키고 더욱 중요하게는 자본 소득의 영역에 포트폴리오를 노출시키기 위해서 자산 배분에 이머징 마켓 채권을 추가했는데, 그 이유는 신흥 경제국들의 신용도가 계속 올라갔기 때문이다.

오늘날 상황은 변했다. 자산군의 성숙도를 감안할 때 이머징 마켓 채권은 대체로 '신용'이 아니라 '수익률'로 승부하게 되었다. 그렇기 때문에 특별한 성격을 요구하는 쪽이 아니라 보다 일반적인 채권 배분의 영구적인 구성원이 되기에 적합하다. 또한 이머징 마켓 채권은 투자자들에게 더욱 다양해진 상대적인 가치와 구조적인 알파를 활용할 수 있는 방식을 제공하는데, 이는 자본시장의 분할과 규제 및 리스크 편향에서 비롯된 것이라고 할 수가 있다.

자산군의 신용 성숙만이 이런 변화에 기여한 것은 아니다. 이머징 마켓 채권의 역할과 입지도 두 가지 요인에 의해서 향상되었다. 그것은 첫째, '특정 목적(dedicated)'형 투자자 기반이 현저하게 확대되어 변동성의 기술적인 구성 요소 중 하나를 축소시켰다. 둘째, 세부 시장 안에서 특히 지역 통화와 회사채를 포함한 새로운 부문이 열리게 되었다. 결과적으로 투자 기회의 범위가 한층 넓어졌다.

대안 상품 _____ 많은 투자자들이 여전히 대안 상품을 생각할 때 접근하기 어려운 어떤 신기한 자산군으로 생각하는 경향이 있다. 이렇게 생각하는 데는 충분한 이유가 있다. 무엇보다 대안 상품은 기관투자자 사이에서 급속하게 성장하는 범주이며, 따라서 개인투자자라면 기관투자자가 참여한 계기에 대해서 궁금증을 갖게 되고 선망의 눈으로 바라보게 되는 것이다. 일반적으로 대안 상품으로는 헤지펀드, 사모주식 펀드, 특수 상황 투자 등이 있다.

헤지펀드 _____ 헤지펀드는 별개의 자산군으로 볼 때 절대 수익을 창출할 잠재력을 제공한다. 주식시장에서 헤지펀드는 손실이 나고 투자자가 플러스 수익률을 올리거나 하다못해 마이너스 수익률을 최소화할 수 있는 방법을 모색하는 시기(예를 들어 2000년과 2001년)에 집중적인 관심을 받게 된다.

가장 눈에 띄는 헤지펀드를 꼽자면 '매크로(macro : 거시 환경에 따라 투자 전략을 수시로 바꾸는 펀드로, 주식이나 채권, 외환, 상품 투자 등 이들 투자 종목이 급등락하는 시점에 진입하여 차익을 노리는 방식으로 운영된다)' 펀드와 '다중전략(multistrategy : 주식이나 채권의 차익거래, 인수합병, 외환 등 다양한 대상에 투자되는 펀드)' 펀드를 들 수 있다.

매크로 헤지펀드는 줄리안 로버트슨(Julian Robertson)과 조지 소로스(George Soros) 같은 헤지펀드계의 전설적인 인물들로 인해 유명해진 펀드로, 대대적인 매크로콜(macrocalls)을 바탕으로 대규모 투자가 이루어진다. 가장 대표적인 예로는 1992년 9월에 조지 소로스가 영국 파운드화를 공략하여 엄청난 성공을 거둔 것을 들 수 있다. 한편 바우포스트 그룹(Baupost Group : 창업주인 세스 클라먼 Seth Klarman이 운영)과 시타델 인베스트먼트 그룹(Citadel Investment Group : 켄 그리핀Ken Griffin이 회장으로 역임하고 있음)의 성공 신화를 있게 한 다중전략 펀드는 투자자로 하여금 상관관계가 적고 높은 기대수익률을 가진 다양한 전략에 접근할 수 있도록 한다.

일반적인 두 가지 경우의 펀드 외에는 사실 헤지펀드가 의미 있는 자산군에 해당한다고 주장하기는 어렵다. 헤지펀드는 확장된 투자 도구로 보는 것이 바람직하며, 이를 통해 투자자들은 특히 다음과 같은 전략을 수행할 수 있다.

- 레버리지(leverage)를 한다. 즉 차익을 통해 자본의 100%를 초과하여 투자한다.
- 공매도(short)를 한다. 즉 하락장에서 수익을 올리기 위해 핵심 보유 종목의 일부가 아닌 주식을 차입한다.
- 파생상품을 마음껏 활용한다. 기초 현금 자산과는 별개로 연결되어 있고, 현금을 일부만 할당해도 이용할 수 있는 투자 수단을 활용한다.
- 혁신적인 시각으로 기회를 바라볼 수 있다. 전통적인 자산군 분류를 구분하는 경계를 넘어 그 이외의 자산으로 시야를 넓힐 수 있다.

이렇기 때문에 헤지펀드는 사실상 모든 자산군에서 사용될 수 있다. 이와 같은 베타(자산 수익률 이상의 초과 수익을 목표로 하는 전략)와 알파(대상 자산의 가격 상승과 관계없이 일정 수익을 추구하는 시장 중립적인 전략) 구성 요소 모두를 관리하는 헤지펀드의 경우에는 직접적으로 베타의 배정 위에 헤지펀드의 알파 능력을 중첩시키는 방식으로 간접적으로 수행할 수 있다. 원칙적으로 후자의 경우는 투자자에게 투자 실행의 전략을 최적화할 수 있는 큰 기회를 부여하는 데, 투자자가 고려하는 헤지펀드는 특정 자산군과 별개로 생각할 수 있기 때문이다. 헤지펀드는 '상대적인 가치', '시장 중립', '매입·매도' 등에 의거하여 판단한다. 헤지펀드는 또한 투자자로 하여금 시장의 변동성에 노출될 수 있도록 한다.

이론적으로 투자자는 이 모든 것을 통해 베타 노출 위에 알파 중첩을 실시할 수 있게 되며, 이에 따른 혜택은 기초 자산군의 포지셔닝과 상관관계가 적은 추가 수익률을 실현할 수 있는 잠재력이 있다는 것이다.

헤지펀드 산업과 관련된 한 가지 흥미로운 사실을 소개해 볼까 한다. 그것은 여러 가지 중첩 전략이 결코 시장 중립적이지 않다는 사실이다. 오히려 이런 전략은 알파 포지셔닝으로부터 꾸준한 수익률을 실현하려는 노력을 증폭시키기 위해 베타 노출을 일부 사용한다. 이런 '지서분한 알파'의 현실은 헤지펀드 복제 상품(replication product : 헤지펀드에 쉽게 접근하지 못하는 투자자들이 헤지펀드 수준의 수익률을 올릴 수 있도록 도와주는 역할에 중점을 두고 설계된 상품) 및 산업의 연구와 성장에서 확실하게 나타난다. 이 산업은 투자자들에게 흥미로운 운용상의 딜레마를 제기한다. 즉 헤지펀드 매니저가 수익을 낼 수 있게 베타 노출의 '시장 타이밍'을 포착할 수 있다는 가능성을 믿고 마음을 편안하게 가지거나, 시장 공간에서 전형적인 헤지펀드의 베타가 시간의 흐름에 따라 일정한 변동성을 보이게 될 때, 기본적인 시장 노출이 실제로 무엇인지를 정확하게 안다는 것이 사실상 불가능하기 때문이다.

사모주식 펀드 _____ 사모주식 펀드(벤처캐피털 펀드 포함) 는 보통 수년에 걸쳐 실현되는 4단계 투자 모델로 실행된다.

- 펀드매니저는 상장이나 비상장 영역에서 운영되는 저평가 회사를 찾는다.
- 현금과 부채의 믹스를 통해 헤지펀드는 기업을 장악하여 운영의 효율성과 수익성을 향상시킨다.
- 개선된 회사를 전체나 부분으로 매각하여 부채를 상환하고 펀드는 상당한 수익을 올린다.
- 펀드는 이제 늘어난 현금(수수료 공제 후)을 투자자에게 돌려준다.

지극히 단순해 보이는 이러한 투자 모델은 그 실행 과정에서 다음과 같은 의미를 지닌다. 첫째, 실제로 투자 모델이 단순하지 않다면 수익 기회는 중간에서 빠르게 사라지고 말 것이다. 둘째, 구성은 합리적인 조건으로 대출을 제공하고자 하고, 회사의 구조조정이 시간이 걸리는 경우 이 부채를 재융자해 줄 의사가 있는 협조적인 채권자가 필요하다. 셋째, 가장 결정적으로 사모주식 펀드는 매입한 회사의 가치를 찾아낼 수 있는 전문 지식을 보유해야만 한다.

지난 수년 동안 연구를 통해 상당히 불가사의한 영역으로 여겨졌던 것들의 실제 모습을 이해할 수 있게 되었다. 그 결과는 투자자들의 신중한 실사가 중요하다는 것이다. 사모주식 펀드 연구에서 거듭 등장하는 가장 중요한 요소는 관리자 선택의 중요성이다. 하버드 경영대학원 교수인 조시 러너(Josh Lerner)의 연구 결과를 살펴보면, 사모주식 펀드의 성적이 상당히 분산되어 있다는 것을 알 수 있다. 특히 상위 4분의 1이나 하위 4분의 1에 속하는 계층의 경우에는 더욱 그렇다.

그가 연구한 기간 동안 평균의 차이는 거의 15% 포인트에 육박한다. 즉 상위 4분의 1에 속하는 대표 펀드는 하위 4분의 1에 속하는 대표 펀드보다 연간 15%의 수익을 더 냈다. 이는 절대적으로 큰 수치이며, 주식 뮤추얼펀드의 약 3%나 채권펀드의 1% 포인트와 견줄 만하다. 최근에 실시한 연구 등에서도 이런 결과가 나타났다. 스티븐 카플란(Steven N. Kaplan)과 앙투아네트 쇼어(Antoinette Schoar)가 최근 실시한 연구에서는 한층 더 큰 분산을 지적한다. 그리고 일반적인 펀드를 살펴본 연구에서는 수수료를 차감한 이후에는 가외의 레버리지(따라서 가외의 리스크)에도 불구하고 S&P보다 성적이 좋지 않다는 것을 발견하였다. 2007년에 유럽연합의회를 위해 6,000개가량의 사모주식 펀드에서 나온 데이터를 사용하여 실시한 연구에서는 수수료 공제 전에 평균 수익률은 S&P 500지수보다 불과 3% 앞서고, 수수료 공제 후 연간 수익률은 3%가량 뒤진다고 지적하고 있다.

이 모든 것이 가리키는 바는 간단하다. 사모주식 펀드에 전반적으로 노출되는 것은 탁월한 투자 결과를 얻는 데 있어서 필요조건도 아니고 충분조건도 아니며, 투자자는 적시에 적절한 펀드에 투자해야 한다는 것이다. 이 같은 수많은 연구들은 또한 초보 투자자들이 올바른 펀드에 가입하기가 어렵다는 점도 시사한다. 왜냐하면 펀드 간 개별적인 성적 차이는 파악하기가 상당히 까다롭기 때문이다.

경험적인 분석에서는 성적과 펀드의 순차적인 숫자 사이에는 정의 상관관계가 있으며, 나아가 전체적으로 첫 번째 펀드는 상당히 실적이 저조한 경향이 있다고 지적한다. 이것은 초보 투자자들에게 문제가 되는데, 왜냐하면 이들 투자자는 일반적으로 확고하게 자리매김을 한 성공적인 펀드에 가입할 수 있는 기회가 제한적이기 때문이다.

매니저의 실적에 대한 정량적인 결과는 투자자의 관점에서 본 사모주식의 현상을 고찰한 연구가 뒷받침해 준다. 여기서 연구자들은 실적에서 의미 있는 차이가 존재한다는 것을 발견한다. 이 공간에서 첫 번째로 움직이는 주체인 기금은 좀 더 최근에 진입한 다른 주체보다 사모주식 자산군에서 일관적으로 더 높은 수익을 얻었다. 그리고 이런 상황은 사모주식 자산군을 '대중'에게 이전하려고 하는 중개회사의 경우 더욱 암울하다. 한 연구에서는 사모주식 공간에서 여러 유형의 투자자들이 올린 연간 수익을 순위로 매겨 보았다. 그 결과 수위를 차지한 기금은 연평균 약 20%의 이득을 보았고, 최하위에는 연평균 1~3%의 손실을 기록한 자문회사와 은행도 있었다.

개인투자자와 사모주식 펀드 차원 모두에서 커다란 격차는 지속된다. 따라서 이런 격차는 탁월한 투자 결과를 실현할 수 있는 적절한 펀드를 찾는 데 있어서 초보 투자자들이 안게 되는 과제를 확인시켜 준다. 흥미롭게도 이렇게 상당히 확실한 결과가 나왔는데도 사모주식으로의 자본 이동이 둔화되지 않았다는 점이다. 최근 조사에 의하면 이 자본 이동은 여전히 확대되고 있다.

2007년에 시티그룹 글로벌 마켓의 연구자들은 총 자산 규모 1조억 달러를 감시하는 50여 명의 투자회사 임원들을 조사하였다. 그 결과 임원 중 85%가 향후 3년 동안 대안 상품에 대한 배정을 늘리고자 했으며, 자본흐름의 상당 부분을 사모주식 펀드가 차지하였다. 그리고 헤지펀드와 사모주식 펀드 모두가 상당한 자본을 흡수할 것으로 추정되었지만, 헤지펀드가 사모주식 펀드의 절반 속도로 성장할 것으로 예상되었다.

이런 예상 성장률은 점차 많은 투자자들이 사모주식 산업의 전반적인 수익률의 감소를 포함하여 향후 투자 수익률이 감소할 가능성이 있다는 것을 인식하였을 때 나타난다. 사모주식 펀드매니저들의 황금기였던 지난 몇 년을 돌아보라. 차입 금융이 풍부했고 비용도 저렴했으며, 투자자는 앞 다투어 매니저를 만나려고 했으며, 금융 비법은 우후죽순으로 생겨났다. 이 모두는 처음으로 세분화된 시장에 진입하려고 하는 투자자들에게는 상당한 수준의 현실성이 보장되었다는 사실을 시사한다.

특수 상황 _____ 매력적이기는 하나 지금까지 다룬 범주에는 제대로 들어맞지 않고, 향후에도 그렇게 될 것 같지 않은 특수한 투자 기회의 상황에 대해 생각해 보자. 이러한 상황은 일반적으로 두 가지 유형의 활동과 관련이 있다.

첫 번째 유형의 특수 기회는 장기적인 가설의 뒷받침을 받지만 아직은 광범위하게 수용되지 않은 새로운 장기적인 활동이다. 일반적으로 이 분야에서 선구자적인 역할을 한 특정 기관투자자들은 현재 수자원, 농업, 탄소 배출권 등과 같은 영역에서 적극적으로 참여의 기회를 모색하고 있다. 이러한 영역은 여러 해에 걸쳐 점차 발전하는 장기적인 활동이 될 것으로 보인다. 처음에 이 영역은 전혀 관심을 받지 못하다가 집중적인 관심을 받는 방향으로 점진적으로 변화하게 된다. 이들 선구자들이 옳다면 이 기회는 시간이 흐르면 독립적인 자산군의 범주로 발전하게 될 것이다. HMC가 목재 투자에서 겪은 상황과 유사한 이 분야는 시간이 흐름에 따라 다른 투자자들이 점차 참여하게 되어 선발 주자의 이익이 향상되면서 창출될 수있는 투자수익률의 상승이 가속화된다.

두 번째 유형의 특수 기회는 상당한 과열을 수반한 급격한 혼란(특히 레몬시장 유형의 혼란)으로 인해 가시화되는 단기적인 활동이 그것이다. 이 유형은 근본적으로 견실하지만 투자자의 신뢰와 후원을 갑자기 크게 잃은 활동에서 나타난다. 2007년과 2008년 초에는 서브프라임 모기지 사태의 영향으로 과도하게 추락한 증권을 매입하기 위해서 부실 채권 펀드를 만들게 되었다. 또한 특수 상황은 좋은 시절에 과도하게 대출을 해주었다가 이를 유지할 자본이 충분하지 않은 금융 중개 기관의 대차대조표에 오래 머물고 있는 고품질 모기지, 은행자본과 은행 대출을 사기 위해서 마련된 펀드를 수반하였다.

고려해야 할 자격 요건 _____ 대안 상품은 포트폴리오에서 일정한 역할을 수행하고 있으며 또한 그래야만 한다. 하지만 대안 상품은 종종 오해를 야기한다. 또한 관리하기도 단순하지 않으며 투자자들에게 특히 기반 시설, 시간, 노련한 기관투자자의 전문 지식 등이 결여되었을 경우 더욱 관리하기가 어렵다. 따라서 대안 상품은 신중하게 주의를 기울여 접근할 필요가 있다.

먼저 주목할 필요가 있는 대안 상품의 첫 번째 특징은, 자산군의 모든 구성 요소가 한 범주에 적절하게 부합하거나 혹은 영구적으로 들어맞지 않는다는 점이다. 이것은 위에서 언급했듯이 분석적으로 자산군을 구성하지 않는 대부분의 헤지펀드에 해당되는 말이다. 이런 헤지펀드는 향상된 투자 운용 도구(즉 포트폴리오를 포지셔닝 할 수 있는 더 큰 도구 세트를 보유하는 것)나 중첩(즉 현금 배분을 좀 더 전통적인 자산군에 보충하는 전략)으로 봐야 한다. 또한 이는 일시적으로 등장하는 특수 상황의 경우에도 해당한다.

두 번째 염두에 두어야 할 특징은, 이러한 투자 수단은 보통 장기적인 자본 부입을 필요로 한다는 것이다. 이를 소위 '고정(lock-up)'이라고 한다. 결과적으로 자본이 안정되면 투자매니저는 시간의 흐름에 따라 실현되는 매력적인 기회를 겨냥할 수 있다. 사실 이는 시간과 투자 접근법이 직접적으로 관련이 있는 사모주식의 경우 결정적인 요건이다. 또한 소위 '별도 계정(side pockets)'을 통해 비유동성 자산에 점점 더 많이 투자하고 있는 헤지펀드의 경우도 마찬가지이다.

따라서 투자자는 확실하고 신중한 현금 관리 계획으로 비유동성 자산에 자금을 분배해야 할 것이다. 이러한 계획은 출자 요청과 투자자에게 돌아오는 배당이 경제 주기의 단계에 따라 달라지는 현상을 감안해야 한다. 구체적으로 말해서 경기가 침체되면 관리자들은 출자 요청(이 자금을 사용하여 저렴해진 자산을 매입하기 위해서)에 박차를 가하고 투자자에게 돌아가는 배당은 늦추는 경향이 있다. 이는 관리자들은 하락한 가격으로 기존의 자산 보유분을 매각하기를 싫어하기 때문이다. 이러한 조치는 가교 역할을 할 금융 시스템을 마련하기 어려울 가능성이 있는 시기에는 현금 관리에 압력을 가하게 된다.

세 번째 특징은 비용과 관련이 있다. 대안 상품은 비싸다. 대안 상품은 보통 "2/20 구조"를 택한다. 다시 말해서 투자자는 관리 수수료 2%와 일정한 기준치가 넘는 수익률의 20%를 지불하게 된다(어떤 헤지펀드의 경우에는 최소한 미 재무부 채권의 수익률과 대조적으로 말도 안 되게 낮은 수준인 제로로 설정되어 있기도 하다). 이는 일반적으로 0.5~1.5% 범위로 수수료를 부과하는 좀 더 전통적이며 적극적으로 관리되는 투자 수단과 비교된다.

2/20 구조는 원래 투자자를 위한 최적의 동기에 부합하여 헤지펀드의 동기를 정립하려는 목적이었다. 경험에 의하면 이런 설계가 효과는 있지만, 이는 정말로 유능한 소수의 헤지펀드 관리자에게만 해당하는 이야기이다. 그 외의 경우에는 이런 구조로 인해 투자자가 실망스러운 투자 결과, 조화롭지 못한 관리자의 반응, 그리고 총 손실의 하락세 심화 등을 겪을 수 있다.

처음에 2/20 구조를 가진 투자자는 마이너스 수익률 범주에서 시작한다. 투자자는 헤지펀드의 성적과는 무관하게 2% 관리 수수료를 지불한다. 만일 20% 인센티브 수수료가 제로가 넘는다면, 투자자는 미 재무부 채권과 같이 무위험 상품에 투자했다면 얻을 수 있는 수익의 20%를 포기하게 된다. 손실 사건에서 무슨 일이 일어났느냐에 따라 이 구조는 과도한 리스크 수용과 관리자들 사이에서 스타일 변화를 부추길 수 있다. 사모주식 부문에서는 도덕적 해이와 역선택이 이에 해당하는 개념이다. 최근 수년 동안 월스트리트와 기타 지역에서 대형 은행이 겪은 막대한 손실에 대한 반응으로 이러한 기관의 보상 체제에 대해 유사한 우려가 제기되었다는 점을 기억할 필요가 있다.

네 번째 특징은 헤지펀드의 본질적으로 취약한 구조와 그보다 정도는 덜하지만 사모주식 도구와 관련이 있다. 나는 2007년 10월 1일 〈뉴스위크〉 칼럼에서 이 두 가지를 순종 말에 비교한 바 있다. 즉 과거에는 상당히 우수한 성적을 올렸던 말도 지형이 바뀌면 갑자기 비틀거리다가 끔찍한 결과를 초래할 수도 있다는 점이다. 무엇보다도 이러한 수단은 대부분 레버리지, 만기 불일치, 헤지에서 베이시스 리스크의 조합으로 운영된다. 그리고 이런 조합은 호황에서는 실효를 거두지만 상황이 나빠지면 엄청난 부담으로 나타날 수 있다.

다섯 번째, 헤지펀드와 사모주식이 대안 상품으로 생각되는 한 가지 이유는, 이들 상품의 제도적 정체성이 여전히 발전하고 있다는 것이다. 성공한 펀드매니저들은 그들의 전문 지식이 인정과 보상을 받으면서 한편으로 그들이 관리하는 자산이 증가한다. 이로 인해 매니저들은 여러 가지 과제를 떠안게 된다. 먼저 더 큰 자산 풀에 투자해야 한다. 또한 클라이언트와의 상호 작용을 확대하고 보고 체제를 개선해야 한다. 더 많은 직원을 거느려야 하고, 따라서 폭넓은 직원들의 능력 관리의 문제에 직면하게 된다. 즉 훌륭한 투자자라고 해서 이러한 과제에 적절히 대응할 수 있는 것은 아니라는 것이다.

초기 투자자를 포함하여 헤지펀드를 신중하게 추적한 사람들은 다음과 같은 우려를 나타내기도 한다. 헤지펀드를 매우 성공적으로 만든 요소는 펀드매니저로 하여금 투자수익을 추구하는 자세에서 자산 축적을 추구하는 쪽으로 옮겨가고 싶은 유혹을 불러온다. 구체적으로 말해서 매니저들은 더 큰 자산 기반에서 2% 관리 수수료를 올릴 수 있는 가능성에 매료되어, 2/20라는 높은 수수료 구조가 존재하는 기본적인 근거가 성과라는 것을 잊게 된다.

이런 유혹은 보다 영구적인 자본을 모으려는 헤지펀드와 사모주식회사의 욕망이 증가하는 모습에서 확연히 나타난다. 이렇게 할 수 있는 방법은 장·단기 금융을 이용하는 것부터 IPO를 발행하는 것에 이르기까지 다양하다. 점차 대안 상품은 후자를 선택하고 있으며, 특히 향후 몇 년 동안 세대교체를 경험하고 아직도 제도와 문화의 뿌리를 내리지 못한 대안 상품은 더욱 그렇다.

성공적으로 영구 자본을 확보한 회사의 수가 많아질수록 이를 좇아가려는 회사는 더 큰 압력을 받게 된다. 무엇보다도 IPO는 단순히 자본을 조성하는 것보다 더 많은 일을 할 수 있고 회사 설립자와 고위 간부들이 축적한 지분의 일부를 현금화할 수 있게 된다. 또한 IPO는 이들에게 시장 기반의 가치평가 기준뿐만 아니라 직원에게 동기를 부여하기 위해서 이용할 수 있는 재원도 제공한다. 이러한 요인은 둘 다 인재를 놓고 거센 경쟁을 벌이는 환경에서 비교 우위를 제공하는 것으로 여겨진다.

영구 자본은 상당한 매력을 갖고 있다. 사실상 이 책에서 주장한 바와 같이 영구 자본은 대학 기금이 장기적인 관점을 갖고 탁월한 투자수익을 올릴 수 있게 된 원인 중의 하나이다. 하지만 헤지펀드와 사모펀드 회사가 추진하는 이 과정은 리스크에서 전혀 자유롭지 않다. 따라서 이 기업들은 새로운 방해 요소에 직면하게 된다. 즉 기업주(GPs, 무한책임사원)와 투자자(LPs, 유한책임사원) 사이에 본질적인 갈등이 조성된다. 그리고 어느 정도 수준의 사업 관리와 전문 지식이 필요한데 대안 상품에서는 이러한 것들이 부족한 경우가 태반이다.

영구 자본의 조성을 위해 IPO 발행을 고려하는 기업은 투자 관리에 주력하는 것보다 자산 축적을 하고 싶은 덫에 걸릴 가능성도 높다. 부분적으로는 주식시장의 가치가 수입원과 다른 것도 이유가 된다. 구체적으로 말해서 IPO에 대한 주식시장에서 주가의 범위를 분석하는 데 있어서, 애널리스트들은 변농성과 감소 가능성이 있는 수입원(즉 20% 성과급 수수료와 관련된 소득)에는 가치를 덜 두고, 좀 더 안정적인 수입원(즉 2% 관리 수수료와 관련된 소득)에 더 많은 가치를 부여할 수 있다.

마지막으로 향후 10년에 걸쳐 우리는 대안 상품과 전통적인 투자 도구 간의 경계가 급속히 무너지는 것을 경험할 가능성이 있다. 이러한 과정은 이미 시작되었다. 전통적인 투자자가 130% 자본에 대한 포트폴리오에서 차입 자본으로 매입하는 동시에 여기에 상응하는 자본의 30%를 매도할 수 있게 하는 '130/30 펀드'의 마케팅에서 이를 가시적으로 확인할 수 있다. 또한 적극적으로 관리되는 중첩을 동반하는 인덱스 상품을 보다 장기적으로 이용할 수 있는 사실에서도 분명히 나타난다. 사실 금융업계는 광범위한 포트폴리오 관리 도구를 더 많이 이용함으로써 투자자로 하여금 기존 수익률의 실현(베타)과 진정한 부가가치(알파)를 구분하는 접근법으로 눈을 돌리도록 장려할 가능성이 있다.

모든 고려 사항은 훌륭한 매니저 선택의 중요성을 강조함으로써 앞서 말한 논지에 힘을 실어준다. 또한 투자자는 자신의 자본을 소수의 매니저에게 맡기기보다는 다각화된 매니저 집단에 맡기는 것이 바람직하다. 마지막으로 이러한 고려 사항은 HMC와 같은 노련한 기관투자자들이 엄선한 외부 매니저를 보완하기 위해서 내부 포트폴리오 관리팀을 꾸리고 유지하는 이유를 말해 준다(소위 '복합 모델'이라고 함).

HMC의 전환

마지막 견해는 새로 시장에 진입한 국부펀드가 직면하는 운영상의 과제에 대해서 살펴볼 것이다. 이는 내가 하버드 경영회사(HMC)에 몸담고 있을 때 많은 시간을 할애하면서 분석하였던 주된 문제이기도 하다.

내가 2005년 10월 HMC 자리를 수락했을 때, 나와 동료들은 이 기관의 투자 역량을 어떻게 하면 가장 효과적으로 재구성할 수 있는지를 논의하며 많은 시간을 보냈다. 거의 1년 전에 HMC 직원 중에 매우 유능했던 몇몇 사람들(전 CEO 포함)이 회사에서 독립하여 새로운 헤지펀드를 차리겠노라고 선언했다. 이는 HMC 역사상 내부 포트폴리오 관리팀이 여섯 번째로 차린 직속 자회사이다. 즉 기존의 5개 자회사 중 4개는 하버드를 떠나서 상품, 신용, 주식 분야 등에서 헤지펀드를 설립하였고, 다섯 번째는 사모주식 펀드를 신설하였다.

이 여섯 번째 자회사의 규모가 특히 컸다. CEO, 최고 리스크 관리자, 최고 경영관리자, 최고 기술책임자 등을 포함하여 임직원 수가 무려 30명이 넘었다. 이 회사는 상당한 리스크 자본을 관리하고 기금에 대해 우수한 결과를 낳은 투자 활동에 주력하였다. 이 회사의 즉각적인 영향뿐만이 아니라 기존의 5개 자회사의 누적 효과로 인해 향후 HMC의 제도적 설계에 대해 폭넓은 질문이 제기되었다.

HMC는 혼합 모델에서 떠나 전적으로는 아니더라도 외부 매니저들에게 상당히 의존하는 방향으로 나아가야 한다고 생각한 사람들이 있었다. 이떤 사람들은 HMC의 서듭뇌는 인력 손실은 혼합 모델의 약점을 보여준다고 주장하였다. 또한 시장 현실과 비교해서 HMC는 내부 포트폴리오 매니저에게 충분한 대우를 하지 않으며, 보수 총액은 전적으로 성과급이라는 사실에도 불구하고 학문적인 배경에서는 여전히 문제가 된다고 주장하는 이들도 있었다. 무엇보다도 노벨상을 수상한 하버드대학 교수가 HMC에서 30, 40대의 포트폴리오 매니저보다 급여 수준이 낮다는 것은 납득할 수 없는 일이었다. 그리고 회사 이탈을 둘러싼 소동 및 언론 보도와 보수를 둘러싼 논쟁이 벌어진 이후에 매우 유능한 포트폴리오 매니저를 HMC에 오도록 설득하는 것이 너무 어렵다고 주장하는 이들도 있었다.

이러한 HMC에게 간단한 해결책은 외부 관리 모델로의 전환이었을 것이다. 대학 기금의 관리를 아웃소싱하면 우리는 그저 뒤로 물러나 업계 관계자가 말하는 소위 '미인 대회'를 통해 외부 관리자들에게 그들의 전문 지식을 보여 달라고 하면 되었을 것이다. 혼합 모델을 버리고 외부 매니저에게 중점적으로 의존하는 방식을 택하면, 기금 관리에 수반된 비용을 인하하는 것이 아니라 오히려 애매모호하게 함으로써 향후 보수를 둘러싼 논란도 해결할 수 있었을 것이다.

일반적으로 자금 관리를 HMC 외부에 맡기는 것은 HMC 내부의 포트폴리오 관리 전문 지식에 의존할 때보다 최소한 두 배의 비용이 든다. 하지만 이런 현격한 차이는 업계 관행에 따른 보고 방식을 통하여 애매모호하게 할 수 있다. 외부 매니저의 경우에 이 비용은 HMC로 전달되는 수익에서 공제하게 된다. 하지만 이러한 비용은 보수로 공개되어 언론의 상당한 관심을 받게 된다.

우리는 더욱 깊이 논의할수록 쉬운 일이 올바른 일은 아니라는 명확한 결론에 도달하게 되었다. 즉 비용만이 문제는 아니었다. 우리가 18개월의 노력 끝에 내부 포트폴리오 관리 체제를 성공적으로 정립할 수 있게 한 다른 이유(긍정적이고 부정적인 가변성을 모두 지닌)가 있었다. 이 체제는 우수한 실적과 경험을 갖춘 유능한 전문가로 이루어진 5개의 실무진으로 구성되었다.

가장 기본적인 차원에서 우리는 외부 매니저에게 전적으로는 아니더라도 중점적으로 의존하는 체제로 전환하면 하버드의 구조적인 장점과 관련된 수익의 잠재력이 부분적으로 상쇄될 것임을 깨달았다. 이러한 장점은 HMC의 자본이 갖고 있는 특권의 속성에서 나온 것이다. 즉 자본의 영속성, 대학에 지불할 연간 배당금을 예측할 수 있다는 속성, 정착된 장기투자의 경향, AAA 대차대조표의 뒷받침 등이다.

HMC의 자본의 속성은 영구 고정자본을 분석할 결과와 일치한다. 이러한 속성은 특히 오늘날 외부 매니저에게 쉽게 혹은 완전히 아웃소싱할 수 없다. HMC에서 내부적으로 관리되던 투자 자본이 외부 투자자에 의해서 관리된다고 생각해 보라. 그리고 두 경우 전문성의 수준이 같다고 가정해 보자. 그러면 자본의 배경은 현저하게 변한다. 결국 진정한 장기투자의 경향으로 정착하는 외부 매니저는 거의 없고, 이렇게 하여 엄청난 성공을 거두는 매니저들은 일반적으로 신규 투자자와 완전히 새로운 자본에 대해서는 문호를 닫고 개방하지 않는다.

여러 외부 매니저가 밝힌 취지에노 불구하고, 이들은 결국 단기적인 고려 사항의 영향을 크게 받는다. 거시적인 차원에서는 이런 경향은 반복적으로 나타나는 '군중행동'에서 두드러진다. 이 행동은 헤지펀드 베타(포지션 민감성) 노출과 주기적으로 주요 시장의 지표 사이에서 나타나는 높은 상관관계를 분석해 보면 분명하게 알 수가 있다. 또한 더 저렴한 복제판 투자 수단을 고안하려는 노력에서도 확인할 수 있다. 그 수단이 인덱스펀드든 아니면 헤지펀드 복제 방식이든 말이다.

이런 결과를 낳는 여러 가지 요인이 있다. 어떤 이유는 케인즈의 저서인 《일반 이론(General Theory)》에서 상세하게 설명한 내용과 마찬가지로 인간적인 고려 사항을 수반한다. 사실상 케인즈의 안목으로부터 영감을 받아, 어떤 군중행동이 "사회적인 관점에서 비효율적이고… 노동시장에서 자신의 평판에 대해 걱정하는 매니저의 관점에서 합리적일 수 있는지"를 보여주는 많은 연구가 나와 있다. 어떤 요인은 클라이언트의 상환에 대비할 필요성을 포함하여 사업 전략과 관계가 있다. 그리고 어떤 요인은 금융업계와 언론의 일반적인 관행, 즉 헤지펀드 수익률을 월별로 혹은 분기별로 자주 비교하는 관행에 의해 완전히 휘둘리지는 않더라도 상당히 영향을 받는다.

또 다른 고려 사항도 있다. HMC의 문을 열고 나가 헤지펀드의 공간에 있는 외부 매니저에게 갈 때, 하버드의 투자자금은 AAA 대차대조표에서 대체로 BBB 대차대조표의 지원을 받게 된다. BBB 투자 수단의 경우 자금 조달 비용이 더 높기 때문에, 하버드의 투자 수익률을 즉각적으로 잠식하게 된다. 또한 시장 유동성의 갑작스러운 중단이 초래하는 손실의 확률 및 심각성을 증가시킨다.

2007년 7월 HMC의 자회사인 소우드 캐피털 매니지먼트(Sowood Capital Management)가 실패했을 때 이런 손실이 나타났다. 본질적으로 이것은 소우드 편에서 제대로 거래하지 못했기 때문에 일어난 일이 아니다. 오히려 이 헤지펀드는 그해 여름 시장과 유동성 혼란의 와중에 거래를 지속할 수 있는 유동성을 충분히 확보할 수가 없었다. HMC 자본의 특권적인 속성을 감안할 때, HMC에서는 이러한 거래를 지속할 수 있었다는 데에 대부분 동의한다.

투명성의 문제도 있다. 특히 헤지펀드 공간에서 어떤 매니저는 자신의 포지셔닝에의 기밀을 결사적으로 유지하려고 한다. 이들은 공개를 하게 되면 자신의 경쟁력을 저해할 것이라고 우려한다. 전반적으로 납득이 가기는 하지만 투자자에게 정보 공개를 제한하는 관행은 합리적이고 방어적인 정도를 넘어섰다. 사실 어떤 경우에는 이런 점이 투자자에 대한 수탁 책임 완수라는 중요한 문제를 제기하기도 한다. 또한 효율적인 리스크 관리의 실천에서 심각하게 멀어지게 될 수도 있다.

마지막으로 내부 포트폴리오 관리 체제는 HMC에게 상당히 긍정적인 외부 효과를 제공한다. 무엇보다도 HMC가 광범위한 시장 도구와 접근법을 바탕으로 정교한 리스크의 경감 전략을 효과적으로 설계하고 실행할 수 있게 한다. 이 긍정적인 외부 효과는 HMC가 자산 배분의 조정, 중첩(overlay) 전략, 꼬리 보험 프로그램 등을 조합하여 시장 혼란의 국면을 성공적으로 헤쳐 나갈 수 있었던 방식에서 극명하게 드러난다. 이후 8장에서 나무겠시만 새로운 장기적 종착지까지 파란만장한 여정을 갈 것이라고 예상할 때 이런 점의 중요성은 배가된다.

이러한 것들이 HMC가 내부 포트폴리오 관리 체제를 재구축하게 된 기본적인 이유이다. 또한 기관의 자본 속성과 구조적인 우위를 보호하고 활용하는 긍정적인 이유이기도 하다. 하지만 이런 점이 재구축 과정의 원동력이 되기는 했으나 '부정적'인 고려 사항도 인식하였다. 즉 초기 조건인 하버드 기금의 규모(2005년 6월에 259억 달러, 2007년 6월에 349억 달러)를 고려해 볼 때 하버드가 동종 업계 최고의 외부 매니저들 중에서 충분한 역량을 갖춘 사람을 발견하게 될 가능성은 없었다. 사실 매니저들 사이에서 적절한 역량을 갖춘 인재를 찾는 것이 어렵다는 것은 인정하는 사실이며, 눈에 띄는 능력을 가진 매니저가 있더라도 그 관리자가 특별히 노련하지도 않거나 충분한 실적이 없기 때문에 사정은 마찬가지가 된다.

내부 포트폴리오 관리 체제를 재구축하기로 결정한 뒤 우리는 우수한 투자자들에게 다른 곳보다 떨어지는 대우를 받으면서, 주식 옵션 프로그램의 수혜 등 긍정적인 비전도 없이 HMC에 와서 일하라고 설득해야 하는 과제를 안게 되었다. 이들은 또한 언론의 상당한 이목을 끄는 연례행사라는 배경에서 보수를 공개하는 5인(CEO 포함)에 속하게 될 수도 있었다.

나는 포트폴리오 관리자를 선발하는 면담에서 피차 손실이 되는 상황에서 보수를 공개하게 될 수도 있다는 점을 누누이 말했다. 만일 HMC에서 최고 소득자의 순위에 오르게 되면, 사람들은 언론에게 그들의 보수와 관련된 시시콜콜한 내용을 읽게 될 것이고, 순위에 오르지 못한다면 HMC에서 최고의 투자 성적을 올리지 못하는 사람이 되는 것이다.

이 모든 악조건에도 불구하고, HMC는 업계에서 견고하게 자리매김한 유능한 전문가를 확보하는 데 큰 어려움을 겪지 않았다. 이들은 세 가지 이유로 하버드를 택했다. 첫째, 그들은 연구를 지원한다는 이 기관의 사명과 학생들을 돕는 것, 그리고 전 세계적으로 뻗어나가 공동 선에 기여하는 유수의 대학에서 가르칠 수 있다는 점을 높이 샀다. 둘째로 이들은 아무런 마케팅 요구 조건이 없고 단일 클라이언트를 상대하고 특권 자본을 관리하며, 사실상 순수한 투자 업무를 할 수 있다는 가능성에 매료되었다. 셋째, 경험과 접촉의 폭이 이들에게 중요한 선택권을 주었다. 이는 과거 6개의 자회사가 다양한 투자자들로부터 상당한 자본을 조성할 수 있었던 능력에서 분명히 나타났다.

HMC의 내부 포트폴리오 관리 체제가 지속 가능한지의 여부는 시간이 좀 더 지나야 알 수 있을 것이다. 그 동안 강력한 내부 포트폴리오 관리 체제를 갖고 있다는 점이 모든 투자를 내부적으로 하는 것은 아니라는 점을 강조하는 것이 중요하다. HMC에서 일하는 유능한 소규모의 전문가 집단은 전문적인 투자 기술의 범주를 넘어서는 많은 활동을 수행해 왔다. 이러한 활동은 전문성을 가진 외부 매니저를 활용하여 접근하는 것이 가장 좋다. 사실 혼합 모델이 그토록 강력할 수 있는 것은 내부와 외부의 포트폴리오 전문 지식을 조합하기 때문이다.

이런 맥락에서 HMC는 2006년 여름에 마크 타보르스키(Mark Taborsky)를 스탠퍼드 기금(Stanford endowment)에서 HMC로 영입하는 중요한 조치를 취했다. 한 해 동안에 마크와 그의 팀은 기존의 고정 계정에 어느 정도 제약이 있었지만 HMC의 외부 매니저 관계를 혁신하였다.

이것은 HMC가 최상의 외부 매니저들과 함께 투자한다는 것을 보증하며, 이 리스크 자본의 배분을 기관의 장기적인 투자 주제에 부합하게 하기 위해서 이루어진 일이다. 이 과정에서 마크의 팀은 외부 매니저 조직에 대한 모니터링을 향상시키기 위해 분석과 운영을 담당한 동료들과 협력하였다.

미래 지향적인 자격 요건

나는 지금까지 예상되는 장기적인 투자처의 긍정적인 면을 포착할 수 있는 다각화된 포트폴리오를 구축하는 데 있어서 자산군 분류에 초점을 맞추는 한편, 앞으로 파란만장한 여행으로 만들 요인들을 감안하였다. 이것은 업계에서 지배적으로 나타나는 접근법이며, 따라서 실행하기가 가장 수월하다. 하지만 이는 향후 몇 년 동안 압박을 받게 되고 개선 방법을 고안하기 위해서 뛰어난 능력이 필요한 방식이기도 하다.

이 세계에서 자주 거래를 해본 사람이라면 적절한 자산 분배는 필연적으로 과학과 예술의 혼합을 수반하는 어려운 작업임을 알고 있을 것이다. 이러한 활동을 세세하게 살펴본 사람이라면 지난 수년 동안 과학에서 예술(이른바 '판단'과 '직감') 쪽으로 현저하게 비중이 옮겨가고 있다고 말할 것이다. 이렇게 된 것은 몇 가지 요인 때문이다. 즉 자산군 간의 전통적인 경계가 무너지고 있으며, 상관관계가 증가하고 있고, 펀더멘털과 연결되지 않을 경우 자산군은 투자자의 '공유'를 포함한 기술적인 요인으로 연결된다는 것이다.

그렇다면 왜 업계는 시간이 흐름에 따라 실효성이 떨어지게 되는 방식을 고집하는 걸까? 이것은 긍정적인 이유보다는 부정적인 이유 때문이다. 구체적으로 말해서 우리는 아직 더 나은 대안을 마련하지 못했다.

현재 이 분야에서 진행되고 있는 가장 유망한 연구는 수익 창출의 사슬에서 한 단계 앞서 간다. 이 방식은 자산군을 보기보다는 시간의 흐름에 따라 투자수익률을 낮는 리스크 요인으로부터 시작한다. 말하자면 이 방식은 자본을 일정한 방식으로 분배한 대가로 투자자들이 왜 돈을 지불하는지를 살펴본다.

가장 이상적인 상황은 리스크 프리미엄을 얻을 수 있는 소수(3~5가지)의 서로 다른 리스크 요인을 고안해 내는 것이다. 다음 단계는 이러한 요인의 안정성과 거래 가능한 투자 수단을 이용하여 이러한 요인을 가장 잘 포착하는 방법을 평가하는 것이다. 이렇게 하면 포트폴리오 최적화 과정을 준비할 수 있고, 이 과정을 통해서 투자자의 수익 목표와 리스크 선호도를 직접적으로 관리하는 방식으로 요인을 결합하게 된다. 최종 결과물은 기본적인 요인까지 명확하게 규정하는 자산군을 시간적으로 일관적이며 확실하고 견고한 방식으로 조합하는 것이다.

하버드대학(특히 존 캠벨John Campbell과 야쿱 유렉Jakub Jurek)의 전문 지식에 주로 의존한 초기 HMC에서의 이러한 방법론에 대한 작업에 참여하고, 이어서(자밀 바즈Jamil Baz와 비니어 반살리Vineer Bhansali가 이끄는) 핌코에서 일을 했기 때문에 나는 독자들에게 이런 일이 어렵다는 것을 설명할 수 있다.

경험에 비추어 보건대, 사실상 이러한 접근법은 매우 어렵다. 이런 방식을 개념화하는 것과 해답을 내놓는 것은 전적으로 별개의 일이다. 하지만 그 과정에서의 부분적인 진보도 무엇보다 귀중하기 때문에 이러한 접근법은 대단히 가치 있는 일이다.

다각화된 포트폴리오 구축에 성공하려면 전통적인 방식이 갖고 있는 여러 가지 제약을 피해갈 수 있는 새로운 방법을 생각해 내야 한다. 그렇게 하다 보면 좀 더 확실한 과학 쪽으로 무게중심을 옮기게 될 것이고, 투자자는 보다 효율적이며 지속 가능한 방식으로 리스크 프리미엄을 더 잘 포착할 수 있게 될 것이다. 선정한 자산군이 리스크 프리미엄의 효율적인 믹스를 제공하는지 여부를 포함하여, 투자자가 자신이 현재 가지고 있는 접근법을 더 잘 점검할 수 있게 해줄 수 있는 방법을 고안한다면 부분적으로 이는 성공한 것이다.

WHEN MARKETS COLLIDE

핌코의 최고투자책임자 빌 그로스는 〈투자 전망〉이라는 자신의 글에서 "오늘날 금융 산업의 복잡성은 유능한 시장 전문가들과 학자들조차 파악하기 힘들 정도로 확대되었다"고 밝혔다. 이렇듯 각국 정부 및 규제 당국의 정책 결정자들은 오늘날 금융 시스템의 새로운 현실에 대한 이해력을 높이고 이에 대응해 나가야 할 것이다.

정책 결정자와 국제기구를 위한 실천 계획

07

07

각국 정부와 국제기구의 당면 과제

앞 장에서 논의한 건전한 투자 포지셔닝과 실행 방법은 물론 안정적인 위험 조정 투자 수익을 확보하기 위한 필요조건이긴 하지만 충분조건은 아니다. 투자자들은 시장과 자산가격에 영향을 주는 다른 투자자들의 행동, 말, 의도(혹은 다른 사람들이 어떤 실수를 저지를 가능성이 있는지)를 통해 향후 이들이 어떠한 행보를 취할 것인지 충분히 이해하고 이를 투자 의사 결정에 반영해야 한다. 이는 특히 현재 진행 중인 구조적이고 장기적인 변화에 효과적으로 대처하는 방법을 찾아야 하는 중요한 과제를 안고 있는 각국 정부와 국제기구의 정책 결정자들에게 더욱 해당되는 말이다.

앞서 논의한 바와 같이, 현재 나타나고 있는 구조적인 변혁은 전통적인 정책의 접근 방식과 정책 수단의 효과를 약화시키고, 전통적인 경제 및 금융 지표의 정보 가치를 감소시키는 방향으로 진행되고 있다. 전체적으로 보면 현재의 변혁이 세계 경제에 유익함은 분명하지만, 세계 경제의 모든 부문이 그 혜택을 공평하게 누릴 수 있는 것은 아니다. 국가들 간에 혹은 국내 경제의 각 부문들 간에 승자와 패자가 나누어질 것이며 그 승패는 상대적일 수도 있고 절대적일 수도 있다.

각국 정부들의 행동 계획이 어떠한 내용으로 구성될지 알아보기 위해서 이 장에서는 중요한 핵심적인 이슈들에 대해서 자세하게 살펴볼 것이다. 물론 각 국가들마다 자국의 사정이 다르기 때문에 구체적인 내용은 나라마다 달라질 수 있다. 그렇지만 앞으로 살펴볼 일반적인 논의는 투자자들이 진지하게 생각해 보고 지속적으로 관심을 가져야 하는 최소한의 영역이 어떠한 것인지 밝혀준다는 점에서 그 의의가 있다고 하겠다.

세계 경제의 구조적인 변혁으로 인해서 침체를 겪을 가능성이 큰 부문에 대해 관심이 가는 것은 당연하다. 결국 이러한 부문들은 직접적으로 우리의 주의를 끌고 때때로 요란한 소리를 내기도 한다. 그렇지만 우리는 1990년대 중반 정책 결정자들로부터 들을 수 있는 충고, 즉 "성공을 관리하는 것이 위기를 관리하는 것만큼이나 어렵다"는 것을 기억해야만 한다. 이것은 특히 제도적인 기초가 부실하고, 정책 경험과 시의 적절한 정책에 관련된 정보가 부족한 신흥 시장에 있어서는 더욱더 중요하다.

따라서 이 장에서는 사회 변혁으로 인하여 잠재적으로 침체를 경험할 가능성이 큰 부문뿐만 아니라 성장할 것으로 전망되는 부분에서 도출되는 정책 과제에 대해서도 살펴보고자 한다.

새로운 금융 환경에 대한 이해

빌 그로스는 〈투자 전망(Investment Outlooks)〉이라는 자신의 글에서 "오늘날 금융 산업의 복잡성은 유능한 시장 전문가들과 학자들조차도 파악하기 힘들 정도로 확대되었다"고 진단한 바 있다. 다시 말해 규제 당국과 정치인들은 시장의 변화를 따라잡기 위해 계속 노력하겠지만, 이 같은 시장의 복잡성이 앞으로 감소될 가능성은 없는 것으로 보인다. 따라서 각국 정부는 오늘날 금융 시스템의 새로운 현실에 대한 이해력을 높이고 이에 따라 대응해 나갈 필요가 있다.

이렇듯 금융 현실에 대한 이해력을 높이기 위해서는 금융 당국이 매일 금융시장의 상황을 더욱 직접적으로 접할 필요가 있다. 미국의 뉴욕 연방준비은행은 공식적 또는 비공식적으로 시장과 밀접한 접촉을 유지함으로써 이런 면에서 선도적인 모습을 보여준다. 다른 나라의 경우, 특히 영국은 통화 정책을 수행하는 기관과 은행에 대한 감독 활동을 분리시키려는 정책적인 추세로 인하여 긴밀한 접촉 관계를 유지하지 못하고 있다.

이러한 기관들에 대한 분리 정책은 원래 통화 정책과 은행 감독을 하나의 기관에서 담당할 경우 통화 정책이 은행 감독 및 규제 정책에 대한 고려 때문에 왜곡될 수 있지는 않을까 하는 우려에서 출발한 것이다. 그러나 '내생적인 유동성 공급'의 증가와 이와 관련하여 나타난 '그림자 금융 시스템(shadow banking system)' 현상으로 인해 이러한 분리 정책은 효과적인 통화 정책을 촉진하기보다는 저해하는 측면이 더욱더 크다. 따라서 앞으로 이렇게 두 기관을 서로 분리하려는 정책 추세가 적어도 두 기관을 통합하는 방향으로 되돌아가거나 최소한 통화 정책 기관과 금융 감독기관 사이의 협조와 정보 교류를 통하여 보완될 것으로 보인다.

한편 금융 당국은 현재 엄격한 규제 권한의 밖에서 이루어지고 있는 금융 활동에 대해서도 적절하게 감시할 수 있는 그들의 능력을 향상시킬 필요가 있다.

각국의 감독 및 규제 기관의 경우, 부외 거래와 기타 금융 비법과 규제의 차익거래 유형에 대한 대처 방법을 강화해야만 한다. 이를 위해서는 현재 자본시장과 거의 또는 완전히 동일한 역할을 하면서도 여전히 사후 규제 및 감독만이 행해지고 있는 영역(가령 보험이

나 모기지 금융)에 대한 감독기관들을 재정비하는 일 역시 필요하다.

　　마지막으로 도덕적으로 설득하거나 혹은 더욱 직접적인 방법을 동원해서라도 각종 투자기관들의 자금 관리자들이 자기 분야에 대한 전문성을 더욱 키우고 더욱 견실한 자금 관리에 대한 세부 기준을 마련하도록 해야 한다. 이 점은 특히 우발 채무가 발생할 수 있는 공공 재정 분야(가령 연금펀드) 등에서 특히 중요하다.

자본 유입에의 대처

대외 채무 현황의 변화, 즉 대외 채무국에서 채권국으로 바뀌는 상황에 대해서 어떻게 대응할 것인가의 문제는 성공 관리에 있어서 가장 중요한 과제 중의 하나이다. 이 문제는 특히 구체적으로 자본 유입이 급증할 때 어떻게 대처할 것인지에 대한 문제이다.

　　앞에서 논의한 바와 같이 지속적인 자본 유입은 한 나라 경제에 수많은 방법을 통해 이익을 가져다줄 수 있다. 자본 유입을 통해 그 동안 투자가 부진했던 분야에 충분한 자본을 유입함으로써 생산성의 향상, 총생산의 증가, 고용 확대를 가져올 수 있다. 그러나 다른 한편으로 자본 유입은 은행에 대한 감독 체제를 압박하는 동시에 정책 결정자들로 하여금 복잡한 새로운 경제 정책 과제들에 직면하게 된다. 가령 자본 유입이 인플레이션에 미치는 부정적인 효과를 어떻게 차단할 것인지, 어떻게 실질 환율을 적절하게 관리할 수 있을지, 그리고 궁극적으로 값비싼 대가를 치르게 하는 금융 부문 규율의 붕괴를 어떻게 피할 수 있을지 등의 문제이다.

이러한 새로운 상황에 대해서 어떻게 하는 것이 최선인지에 대한 쉬운 해답은 없다. 실제 목표를 통한 접근법, 실제 전형적으로 자본 통제의 방법이 반복해서 시도되었지만, 결국 장기적으로 효과가 제한되었을 뿐만 아니라 엄청난 파생적인 손실을 가져오는 것으로 나타났다. 게다가 이보다 진정 중요한 것은 적절한 거시경제 정책을 추진하는 것이다. 특히 통화 및 환율 정책과 잘 조율된 건전한 재정 운용이 핵심이다. 이러한 거시 정책이 자본 유입의 확대에 대처하는 가장 효과적인 방법일 수 있으며, 특히 이러한 거시 정책과 더불어 공공기관 및 사적 기관들로 하여금 장기적인 성장을 목표로 외국 자본에 잘 대처하도록 하는 조치를 동시에 시행할 경우 그 효과는 배가될 수 있다.

이렇게 평범해 보이는 정책 대안은 대규모로 유입된 자본의 관리를 위한 획기적인 해결책을 찾는 사람들에게는 다소 실망스러울 수 있다. 불행히도 내가 아는 한 그러한 획기적인 대책이란 없다. 실제로 1987년 이후 선진국과 신흥 경제국들에서 발생했던 자본 유입의 급증 사례를 100건 넘게 분석한 최근의 한 연구 결과도 대책을 내놓지는 못하였다. 이 문제에 관한 종래의 연구들과 마찬가지로 이번 연구 결과도 자본 통제 정책의 효과 및 정부 개입의 장기적인 지속 가능성에 대해서 의문을 제기하고 있을 뿐이다. 결국 이 연구 결과도 앞서 말한 바와 같은 단순하면서도 중요한 사실을 뒷받침하고 있다. 즉 자본 유입의 급증이 경제에 미치는 충격을 최소화할 수 있는 방법은 적정 수준의 재정 건전성을 유지해야 한다는 것이다. 건전한 재정의 운용은 총수요의 과도한 증가를 억제하고 환율의 평가 절상을 제한할 수 있고, 그 결과 경제의 연착륙 가능성을 높이게 된다.

이러한 단순한 사실은 우리가 논의한 장기적인 추세에 발맞춰 신흥 경제국들에 대한 투자를 늘리고자 하는 투자자들이 특히 염두에 두어야 하는 사실이다. 이러한 투자자들은 자본 유입이 급증하는 상황에서 그 나라의 재정 상태가 어떠한지에 대해서 항상 주의를 기울여야 한다. 그리고 전체 재정수지만 볼 것이 아니라 재정 지출의 구성 항목이 어떠한지에 대해서도 살펴봐야 한다. 즉 소비 지출과 투자, 이 중에서도 사회적 기반 시설에 대한 투자 사이의 균형이 적절한지 살펴봐야 한다.

한 나라의 재정 건전성의 정도는 감독 및 규제 능력과 마찬가지로 그 나라의 정책 결정자들이 얼마나 성공을 잘 관리하는지에 대한 하나의 척도이다. 이와 반대로 지나친 경기 동행석인 예산 편성, 특히 자본 유입이 급증할 때 재정 지출을 크게 늘리는 것은 결국 금융시장의 불안정과 환율 변동성의 확대로 이어질 가능성이 높으며, 금융 규제의 완화와 결부될 경우 특별히 더욱 그러하다.

국가 자산의 관리

워싱턴에서 개최된 한 학술대회에서 테드 트루먼(Ted Truman)은 다음과 같은 방법으로 정책 과제를 제시한 바 있다. "그렇게 많은 돈이 쌓였는데, 국가가 그 돈으로 무엇을 할 것인가?" 그는 중국과 다른 신흥 경제국들이 거대한 외환 보유고를 축적하고 있는 상황을 염두에 두고 이러한 문제를 제기한 것이다. 이 문제는 미국과 같이 최근 거대한 대외 채무를 쌓고 있는 경우에 대해서도 동일하게 적용할 수 있을 것이다.

새로운 장기적인 종착지에서 신흥 경제국은 확대되는 그들의 거대한 금융 자산을 상업적인 관점에서 적절한 수익을 추구하면서도 장기적으로 경제적 그리고 사회적 목표에 부합하게 관리해야 한다. 그뿐 아니라 건전한 지배구조와 자산 운용에 대한 엄격한 통제 기준을 갖추고 있어야 한다.

이러한 정책 처방은 신흥 경제국들의 현재와 미래 세대를 위한 국가의 의무일 뿐만 아니라 국경 간, 산업 간 자본흐름을 방해하려는 보호주의의 부상을 막기 위해서라도 필요하다. 실제로 지금까지의 국부펀드(SWFs)에 대한 논의는 불완전한 분석, 국가 안보와 국가 간 상호 의존성에 대한 잘못된 이해, 그리고 지나친 정치적, 군사적, 중상주의적인 접근 방식에 의해서 크게 왜곡되어 왔는데, 위에 언급한 처방이 이러한 잘못된 논의를 바로잡는 유일한 방법이다.

구체적으로 국부펀드의 올바른 관리를 위한 노력은 지배구조의 개선, 투자 과정의 합리화, 그리고 위험 관리에 집중되어야 한다. 이렇게 노력함으로써 얻는 공공 정책에 관한 논의를 함에 있어 국가가 보유한 금융 자산에 관한 더 많은 정보를 제공하는 데에만 그치지는 않는다. 시간이 흐름에 따라 국부펀드는 점차 대안적인 펀드매니저들을 위한 일시적이거나 영구적인 자금의 원천에 머무르지 않고 금융시장에서 좀 더 비중 있는 경쟁자로 발전하게 될 것이다. 이에 따라 국부펀드에 대한 연구도 더욱 확대될 가능성이 크다.

지배구조의 개선은 정치 권력에 의한 국부펀드의 소유와 경영을 분리하는 데서 출발해야 하며, 나아가 충분한 수준의 견제와 균형을 갖춰야만 한다. 이를 위해서는 권한과 자율의 범위에 관한 명확한 규정, 보고 체계의 강화, 그리고 견고한 통제 시스템의 확립(조직 내의 규범 준수를 포함)이 필요하다. 또한 명확한 투자 목표(절대수익률 목표 및 다른 기관이나 국부펀드와의 비교에 따른 상대적 기준), 투자 제한 대상에 관한 구체적인 기준, 전체적으로 국부펀드에 의해서 관리되는 모든 자산 풀에 적용할 수 있는 위험 측정의 구체적인 지표, 그리고 일상적인 투자 관리의 업무에 관한 적절한 위임이 필요하다.

각국 정부들은 투자수익 이상의 목표를 가지게 될 것이다. 이런 점은 대학늘이 보유한 자산 중 일부를 투자하여 득정 대학 내 활동을 하는 데 사용하거나 캠퍼스 확장에 사용하는 것과 유사하다. 여기서 중요한 것은 그러한 목적을 추구해야 할 것인지의 여부가 아니다. 진정 중요한 것은 그러한 목적을 위한 활동이 국부펀드의 운용과는 별도로 추진되면서 적절한 감시 및 투명한 절차에 따라야 한다는 점이다. 이렇게 국부펀드의 운용과 다른 어떤 목적을 위한 활동이 분리되지 않는다면, 그러한 활동으로 인해 국부펀드 자체의 효율성이 저해되고 그 기반이 붕괴될 수 있다.

이러한 점은 선진국들이 실시한 경제 원조의 효율성에 대해서 과거에 있었던 논의 결과와 유사하다. 즉 그러한 경제 원조의 상당 부분은 단순히 사회적인 고려에 의해 행해진 것이 아니라 정치적 또는 군사적인 목적을 가지고 행해졌다. 그래서 이러한 경우 경제 원조는 그 본래의 목적인 사회적 목적에 따라 적절한 지원 대상을 선정하고 사후 감독을 해야 함에도 불구하고 정치적 또는 군사적인 목적에 의해 활동이 심각하게 왜곡되는 현상이 나타났다.

투자 과정은 국가가 정한 수익률 목표와 위험률 수준에 부합하는 '중립적인 자산 구성(neutral asset mix)'을 만들어내는 과정이어야 한다. 이러한 과정은 국부펀드의 구조적 이점인 '경쟁력'을 최대한 이용하는 방식으로 진행되어야 한다. 국부펀드의 강점은 그것이 '특별하면서도 지속적인 자본'을 관리한다는 것이다. 구체적으로 말해서 국부펀드의 자본은 단기적으로 환매 수요가 없으며, 예측 가능한 수익 분배의 구조를 가지고 있고, 장기적인 투자 기회를 선호한다. 국부펀드의 투자 과정에서 또 다른 고려 사항은 적절한 투자 기관을 선정하는 것이다. 특히 내부 자금의 관리자에 의한 투자와 제3의 외부 자금 관리자에 의한 투자 간 비율을 결정해야 한다.

이러한 위험 관리 과정은 거시적인 위험 지표에 의해서 통제되어야 하며, 위험 완화를 위한 수단에 대해 명확한 규정을 따라야 한다. 이것은 위험 상황에 대한 시나리오를 지속적으로 업데이트하고 잠재적으로 장기 투자자들이 시장을 교란시킬 수 있는 요소들을 발견할 수 있도록 위험 분석의 방법(시나리오 분석을 포함하여)을 개선하는 것이다.

아부다비, 쿠웨이트, 노르웨이, 싱가포르 같이 오랫동안 국부펀드를 운용해 온 나라들은 위와 같은 수준을 이미 달성했거나 거의 유사한 수준이다. 최근 중국, 한국, 러시아 등은 위와 같은 수준에 도달하기 위해서 노력하고 있는 중이다. 그렇지만 앞서 언급한 바와 같이 선진국 중 일부 국가들에서는 국부펀드의 역할에 대해 일반적으로 오해가 많이 있으며 이러한 오해로 인해 보호주의적 정책이 실행될 위험이 높은 상황이다. 이런 과정에서 선진국들은 사실상 혹은 법률상으로 자본 통제 정책을 실시할 가능성이 있는데, 자본 통제는 그 자체로 시장을 왜곡시킬 뿐만 아니라 국가 이익을 보호하기 위한 목적으로 기존의 다른 제도나 규제기관들이 존재한다는 점을 고려하면 불필요한 것이기도 하다.

흥미로운 사실은 선진국들이 자본 통제를 할 수 있다는 위협을 하는 것만으로도 그들 자신들의 국익에 해로운 결과를 초래할 수 있다는 점이다. 결국 이러한 위협은 국부펀드가 추구하고 있고, 또한 추구해야 하는 자산 다변화를 저해할 가능성이 있다. 그 결과 현재 미국 금융시장에서 발생하고 있는 위험에 대한 잘못된 평가와 같은 금융시장의 교란 현상이 발생할 수도 있다. 결국 이것은 갑작스러운 유동성 경색과 시장 붕괴의 상황으로 연이어 발생할 가능성이 크다.

또한 자본 통제의 위협은 국부펀드로 하여금 과도하게 외부의 투자기관, 일례로 헤지펀드에 의한 투자에 치중해서 만들 수도 있다. 이러한 경우에는 재정 운용의 투명성이 낮아지고 외부 투자기관들이 그러한 거대한 자본을 효율적으로 운용할 능력이 없는 경우가 많다. 또한 결과적으로 시장 교란의 가능성을 높이고 결국 금융 시스템의 붕괴를 초래할 수도 있다.

위와 같은 사항들을 생각해 보면 선진국에서의 국부펀드에 관한 논의는 지금보다 더 이성적으로 합리적으로 진행될 필요가 있다.

그렇지만 각국들의 국내 정치적인 요인들을 감안하면, 그러한 이성적인 논의와는 반대되는 방향으로 현실 정책이 추진될 가능성이 크다. 이것은 마치 무역자유화에 대한 이성적인 논의에 따른 정책 방향은 분명하지만 국내 정치적인 요인 때문에 반대되는 결론이 도출되는 것과 마찬가지이다.

따라서 국부펀드에 대한 이성적인 논의를 유도하기 위해서라도 국부펀드 운영자들은 국부펀드의 지배구조와 투자 철학, 투자 과정에 대한 정보를 어떻게 하면 더 많은 대중들에게 알릴 수 있을지 고민해야 한다.

나는 하버드대학에서 근무하면서 유사한 문제, 즉 대중이 HMC가 대학의 자산을 어떻게 관리하고 또 왜 관리하는지 그 이유에 대해서 이해가 부족하다는 문제를 인식한 바 있다. 이러한 생각에서 출발하여 우리는 연간 발행되는 〈존 하버드 레터(John Harvard Letter)〉지에 실리는 HMC에 관한 정보를 보충하고, 대학의 재무제표를 공개하기 위한 웹사이트를 개설하였다. 웹사이트를 운영함에 있어 우리는 투자 활동에 대한 정보를 제공해야 한다는 측면과 한편으로 우리가 보유한 금융 자산의 경쟁적인 입지를 보호해야 한다는 측면을 조화시키고자 노력하였다. 그래서 웹사이트를 통해 제공된 주요한 정보는 HMC의 지배구조, 투자 절차, 투자 성과, 기관의 구조, 그리고 대학과의 관계에 관한 사항에 국한되어 있다. HMC의 개별적인 투자 전략이나 자산 현황에 대해서는 공개하지 않음으로써 시장 경쟁에서 초래될 수 있는 불이익을 방지하고 있다.

국가 채무에의 대처

새로운 장기적인 종착지에 다다르면 미국은 자국의 금융 과잉을 점진적으로 줄여나가게 될 것이다. 구체적으로 미국이 가지고 있는 거대한 경상수지의 적자가 다른 나라와의 기대 경제성장률 격차 및 실질 환율의 재조정을 통해서 점차로 해소될 것이다. 이렇게 되면 미국의 대외 채무는 더 이상 크게 증가하지는 않겠지만, 이것이 대외 채무 문제에 대한 즉각적인 해결책이 될 수는 없다.

대부분 미국의 대외 채무는 미국 내에서 가계와 정부 부문의 부채로 인한 것이며, 이에 대응해서 외국의 정부와 개인들이 미국의 금융 자산, 특히 고정금리 상품들을 많이 보유하고 있다. 실제로 이러한 문제를 해결하기 위해서는 종래의 접근 방식, 즉 가계 부문 경기 침체를 방지하기 위해서 주택 가격을 유지시키는 방법과 미국 금융시장의 규모와 풍부한 유동성, 그리고 기축 통화로서의 달러의 지위를 이용하여 달러에 대한 다른 나라들의 수요를 지속적으로 유지시키는 방법만으로는 부족하다.

미국 내에서는 아마 가계 부문이 채무를 좀 더 엄격하게 관리하게 될 터인데 이는 자발적인 노력에 의할 수도 있지만, 그 동안 대출 연장을 방만하게 해주었던 금융기관의 정책 변화에 기인할 수도 있다. 전자의 경우에는 개인들이 단순히 지출을 줄이는 방법 이외에도 다양한 형태의 보험 등을 이용해서 부채를 관리할 수 있게 될 것이다. 그리고 후자의 경우를 살펴보면 좀 더 대출 기준이 엄격해질 것이고, 금융기관들이 대출자의 소득 수준이나 담보 가치에 대해서 더욱 면밀하게 평가하게 될 것이다. 이러한 경우 모두 미국 경기의 둔화 가능성이 더 커지게 되는데, 경기 둔화는 말 그대로 경기 후퇴(마이너스 경제 성장)로 나타날 수도 있지만, 세계 각국의 평균 경제성장률보다 낮은 경제성장률을 보이는 상대적인 경기 둔화로 나타날 수도 있다.

미국의 국제수지가 점차 개선되더라도 미국 정부는 국가 채무의 관리와 관련해서 상충되는 정책 목표 중 하나를 선택해야 하는 상황에 직면하게 될 것이다. 구체적으로 보면, 국가 채무의 관리에 대한 정책은 세 가지 목표가 있다. 첫째는 예측 가능하고 안정적인 국채 발행 정책을 유지하는 것이고, 둘째는 개별 국채의 발행을 위한 충분한 유동성을 보유하고 있는 것이며, 셋째는 균형 잡힌 국채 수익률 곡선을 유지하는 것, 즉 주요 기준 만기일 채권들의 발행 비율을 적절히 조절하는 것이다.

이처럼 채무에 대한 관리 정책은 대체로 금융시장 전반에 대해 중요한 기준을 제시함으로써 꼭 필요한 공익적인 기능을 수행한다. 이러한 효과는 다른 금융상품들(예를 들어 신용과 유동성 위험의 측면에서 미국 국채와 비교하여 가격이 다양하고, 산업과 기업 활동에 윤활유와 같은 중요한 역할을 하는 상품)의 가격 결정 기준이 되는 건전한 기준을 이용할 수 있는지의 여부에 있어서 가장 명백하게 드러난다.

위에서 언급한 국가 채무 관리의 세 가지 상충하는 정책 목표 사이에서의 선택이 문제가 될 때, 미국 정부는 국내 금융시장 참여자들에게 적절한 자문을 구해 왔다. 그러한 자문의 경로 중의 하나가 (과거 내가 일한 바 있는) 재무성 차입 자문위원회(TBAC, Treasury

Borrowing Advisory Committee)이다.

미국 재무성 홈페이지에서는 위 자문위원회에 대해 다음과 같이 설명하고 있다. "자문위원회는 연방 법령에 의해 규율되며 분기별로 회의가 개최된다. 자문 위원들은 투자 펀드나 은행의 고위 임원들 중에서 선임된다. 자문위원회는 재무성에 그들이 본 미국 경제의 현황에 대해 의견을 제시하고 채무 관리와 관련된 다양한 세부적인 문제에 대해서 권고한다." 위원회는 분기별로 개최되며 토론의 회의록과 기초 자료들이 재무성 홈페이지에 게시된다.

이 같은 자문 대상은 미국 국채를 보유한 내국인에 한정되지 않고 더욱 확대될 필요가 있다. 앞으로는 미국 국채를 보유한 외국인들에게도 정기적으로 자문을 구하게 될 가능성이 크고, 그렇게 되는 것이 바람직하다. 그렇지만 이것은 미국 의회 등에서 정치적으로 민감한 사안이므로 우선 정부가 외국인에게 자문을 구하는 것이 왜 국익에 부합하는지를 국민들에게 충분히 설명하는 절차를 마련하고 유지하는 것이 중요하다.

통화 정책의 수행

국가의 정책 과제 중 가장 까다로운 부분 중의 하나는 '내생적 유동성'과 자산 가격이 실물경제에 영향을 미칠 수 있는 작금의 상황에서 어떻게 하면 통화 정책을 잘 수행할 수 있을 것인가 하는 문제이다. 이에 대한 손쉬운 해답은 없다. 분명한 사실은 통화 정책에 대한 현재의 접근 방식, 즉 미국 연방준비은행의 정책들로 가장 명확하게 대표되는 접근 방식이 앞으로 변화할 필요가 있다는 것이다.

독자들 중에는 내 관점이 '도덕적 해이'에 관한 열띤 논쟁에서 비롯되었다고 생각하는 이들도 있을 것이다. 물론 실제로 통화 당국은 금융시장의 불안이 실물경제에 영향을 미치는 것을 막기 위하여 시장에 개입하게 될 때 발생하는 딜레마에 관해서 많은 논의를 해왔다. 잘못된 투자를 한 금융기관에 대해 시장 규율을 원칙대로 적용하고, 그에 따라 발생할 수 있는 파생적인 피해에도 불구하고 이를 감수할 것인가? 아니면 피해의 확산을 방지하기 위해서 그들을 구제해야 할 것인가?

이러한 흥미로운 주제에 대해서는 앞으로 8장에서 좀 더 자세하게 논의하겠다. 여기서는 이 문제가 당분간은 완전히 해결되지는 않을 것이라는 정도에서만 언급하고자 한다. 절충적 해결 지점을 택해야 한다는 점, 즉 도덕적 해이의 문제를 고려한다는 것은 '시장 무개입'이 아니라 '극히 제한적이고 집중적인 개입'을 선택해야 한다는 의미라는 것에 대해서는 다수가 동의하고 있다. 그러나 그러한 결과를 얻기 위한 과정에서 어떠한 구체적인 금융 정책의 수단을 동원할지에 관해서는 합의에 도달하기가 쉽지 않다. 최근에 있었던 오찬 자리에서 전직 G7의 정책 담당자가 이야기한 것처럼 "기본적인 문제는 이론적인 차원이 아니라 어떻게 실행에 옮기느냐" 하는 것이다. 그렇지만 우리는 아직도 금융시장에서 소위 '좋은 놈과 나쁜 놈'을 구별할 수 있는 정교한 정책적인 수단을 가지고 있지는 못하다.

통화 정책의 수행에 있어서 이에 대한 전망은 앞서 논의한 도덕적 해이의 문제와는 큰 관련이 없다. 오히려 중요한 것은 지금과 같이 통화 정책의 수단으로서 연방기금 금리에 과도하게 의존하는 현상이 과연 변화할 것인가 하는 문제이다. 연방기금 금리의 조절을 통한 통화 정책의 효과는 오늘날 진행되고 있는 세계 경제 및 금융 시스템의 변혁으로 인해 크게 감소하고 있는 추세이다. 연방기금 금리 정책은 더 이상 내생적 유동성에 있어서 과도한 팽창이나 축소를 완화시키는 데에 필요한 수단으로서의 기능을 충분히 수행하지 못하고 있다.

그리고 현재 자산 가격이 국내 수요에 미치는 영향이 더욱 커지고 있는 상황에서(증권화 현상, 신용 다변화, 그리고 부의 효과가 결합된 것이다), 연방기금 금리를 조절한다고 하더라도 경제 성장과 물가 안정이라는 기시경제 정책의 양대 목표를 달성하는 데에는 크게 도움이 되지 않는 상황이다.

다행히 이러한 정책적인 문제에 대해 다양한 대안들이 제시되고 있다. 미국 연방준비은행은 현재의 통화 정책에 대한 새로운 접근 방식에 대해 포괄적인 연구를 수행하는 중이다. 지금까지 연방준비은행이 관심을 가지고 있는 사항은 인플레이션 목표 관리제와 금융기관의 투명성 확보, 그리고 대중과의 정책적인 소통의 문제인 것으로 알려져 있다. 앞으로는 구체적인 통화 정책 수단에 대한 재검토 등의 문제로까지 관심 영역이 확대될 것으로 보인다. 통화 정책 수단에 관해서 살펴보면, 우선 연방기금 금리 정책도 지속적으로 사용할 것이다. 그렇지만 이외에도 은행에 대한 직접적인 대출 정책 및 공개시장 조작 정책을 개선하거나 금융기관에 대한 규제 및 감독을 강화하는 정책도 사용할 것이다.

　　신흥 경제국들의 상황을 살펴볼 때 연방준비은행이 직면한 문제는 더욱 확대된다. 중국을 비롯한 일부 신흥 경제국들은 아직까지 직접적인 금융에 대한 통제 정책에서 시장을 통한 간접적인 통화 정책으로 전환되는 과도기 상에 있다. 이러한 과정에서 이들 국가는 새로운 통화 정책의 시스템을 마련해야 하고, 과거와 같이 직접적으로 금융을 통제하려는 관행에서 벗어나야 한다. 브라질과 러시아 같은 나라들은 위와 같은 전환 과정을 끝냈지만 여전히 국내와 국외 금융시장 참여자들의 신뢰를 얻어야 하는 과제를 안고 있다. 멕시코나 남아프리카의 경우 최근 몇 년 간의 노력으로 달성한 통화 정책의 제도적 측면에서의 개선 효과를 누리고 있다.

　　대다수의 국가들, 특히 작고 개방된 경제 체제를 가진 국가들의 경우 지속적으로 국내 통화 정책의 기틀을 마련하는 과정에서 국제적인 상황 변화로 인한 영향도 정책에 반영할 수 있도록 방법을 찾아야 한다. 이 점에 관해서는 〔그림 2.2〕에서 알 수 있듯이 뉴질랜드 달러의 평가절상 현상을 주목할 필요가 있다. 당시 뉴질랜드는 상당한 규모의 경상수지 적자를 기록하고 있었음에도 뉴질랜드 달러는 크게 평가절상되었는데, 이를 두고 뉴질랜드 재무부 장관은 뉴질랜드 달러를 사려는 사람들이 과연 '합리적'인 사람들인지 의문을 제기하기도 하였다. 아이슬란드에서도 국내총생산을 초과할 정도로 외부에서 자본이 유입되면서 유사한 현상을 경험한 적이 있다.

이러한 사례들을 살펴보면 국가 간의 자본 이동은 개별 국가의 정책이 어떠한지에 의해서만 결정되는 것이 아님을 알 수 있다. 중요한 것은 한 나라의 정책이 다른 나라와 비교했을 때 어떠하냐는 것이다. 게다가 한 나라의 금융시장 상황이 자국과는 무관하게 다른 나라의 경제 상황의 변동에 따라 크게 변화하기도 한다. 이러한 특성은 각국의 중앙은행이 지속적으로 통합되고 상호 의존성이 높아지고 있는 현재의 세계 금융 체제 속에서 자국이 어떤 위치를 차지하고 있는지를 이해하는 것이 얼마나 중요한지를 일깨워 주는 것이다.

위와 같은 관측을 바탕으로 우리는 선진국과 신흥 경제국들 모두에게 적용될 수 있는 한 가지 교훈을 얻을 수 있다. 앞으로 세계 경제의 상호 의존성이 높아짐에 따라 신흥 경제국들은 국내 정책의 의세를 실정함에 있어서 국내직인 요인보다 국제직인 요소들에 대해 더 많은 관심을 가져야 한다는 것을 깨닫게 될 것이다. 때로는 단기적인 국내 이익을 희생하더라도 세계 경제의 장기적인 이익을 위한 정책을 선택하는 것이 올바른 경우도 발생한다. 이것은 단순히 톰 프리드만(Tom Friedman)이 그의 흥미로운 저서에서 사용한 용어로 표현한다면 "세계가 평평한가(the world is flat)"의 문제가 아니다. 어떻게 보면 신흥 경제국들에게 세계는 거꾸로 된 것으로 보일 수도 있다.

세계 경제에서 차지하는 비중이 갈수록 늘어나고 있음에도 아직까지는 신흥 경제국들이 위와 같은 선택을 하도록 강요받지는 않는다. 이는 주로 선진국들이 신흥 경제국들을 다자간 정책 조율의 시스템 속에 포함시키지 않았기 때문이다.

항상 투자가들은 위와 같은 정책 과제들에 대해서 예의 주시해야 한다. 왜냐하면 앞서 말한 정책 과제들, 즉 내생적인 유동성 공급 현상에 대해서 통화 정책이 충분한 정책적 통제 수단을 가지고 있지 못하고 있고, 한 나라의 시장 상황의 변화가 다른 나라에 직접적으로 영향을 미치고 있다는 점 등이 지속적으로 금융시장의 불안정을 초래하고 있기 때문이다.

소득 불균등과 사회 정책

현재 진행되고 있는 세계 경제의 구조적인 변혁의 본질상 등장하는 새로운 정책 과제는 국가 간 혹은 한 나라 안에서 발생하는 승자와 패자의 문제이다. 대부분의 패자들은 상대적인 손실을 경험하겠지만(즉 패자는 그들의 초창기 상황에 비례하여 승자만큼 많이 개선되지 않는다는 의미이다), 일부는 절대적으로 손실을 보는 상황에 직면할 수도 있다.

향후 다가올 변화들은 최근 수십 년 동안의 소득 추세에 대한 분석 결과로 드러난 현상을 강화하는 방향으로 진행될 것이며, 최소한 이러한 추세를 역전시키지는 못할 것이다. 최근 오랫동안 이들 분야에서의 자료 축적을 바탕으로 한 연구 결과에 의하면 다음과 같은 세 가지 사실들이 점차 분명해지고 있다.

첫째, 대다수 국가들에서 1인당 국민소득은 최근 상당히 증가해 왔다.

둘째, 이러한 경제 성장으로 인해 빈곤선 이하의 생활수준으로 살아가는 인구의 규모가 많이 축소되었으며, 특히 중국과 인도에서 그러한 현상이 현저하게 나타났다.

셋째, 각국 내의 소득 분포에 대해 살펴보면, 많은 나라에서 소득 불균등은 심화되었다는 사실을 알 수 있다. 이러한 현상은 특히 선진국 내지 중진국 국가들에서 뚜렷하게 나타났다.

결론적으로 대다수 세계의 사람들은 생활 여건이 개선되었다. 그렇지만 여기에는 중요한 단서가 있다. 그것은 이미 어느 정도 잘 사는 사람들의 생활 여건은 개선되는 속도가 원래 가난했던 사람들보다 더 빠르다는 점이다. 이러한 점은 각국 정부들에게 흥미로운 문제를 제시한다. 그것은 절대적인 소득 증가를 중시할 것인지, 아니면 상대적인 소득 격차를 중시할 것인가 하는 점이다.

두 가지 관점 중에서 어느 것을 택하라고 한다면 쉽게 답하기는 어렵다. 특정 국가 내에서 절대적인 소득 수준의 증가는 빈곤을 결정적으로 줄이고 가장 약한 계층을 보호하는 것이 가장 효과적이라는 점이 입증되고 있다. 그렇지만 이러한 절대 소득의 증대가 소득 불균등의 심화를 수반한다면(부유한 사람들은 훨씬 더 높은 비율로 소득이 증대되기 때문) 그러한 성장을 지속하는 것에 대해서 반대 세력의 압박은 심해질 수 있다.

이러한 압박의 징후는 예전부터 점증되기 시작했다. 선진국에서는 보호주의적인 압력의 증가와 일부 계층의 거대한 부에 대한 정치적인 혐오 현상의 형태로 징후가 나타나고 있다. 신흥 경제국들에서는 최근에 브라질, 중국, 인도, 멕시코에서 일어났던 것과 유사한 간헐적인 일부 소외 계층들의 항의나 시위가 나타난다. 이러한 항의는 주로 빵이나 쌀 같은 소비재의 물가가 현저하게 상승했을 때 많이 나타나고 있다.

최근 연구 결과에 따르면, 절대적인 성장과 상대적인 소득 격차의 해소 간에 하나를 선택하라는 방식과 같은 문제 제기는 도움이 되지 않을 뿐 아니라 불필요하다. 연구자들은 구체적으로 최근 소득 불균등을 심화시킨 요인들을 분석함으로써 절대적인 성장과 상대적인 소득 격차의 해소를 조화시킬 수 있는 방안에 대해서 연구를 해왔다. 그리고 그들이 제시하는 결론은 상당한 설득력을 가진 것이었다.

최근 소득 추세의 원인에 대해서는 많은 논의들이 있었다. 다행히도 이 부문에 대해서는 많은 연구가 이루어졌으며 실증적인 연구에 필요한 기초 자료도 많이 보강되었다. 이에 따라 최근의 연구 결과는 세계적인 소득 증대의 과정 속에서 소득 불균등이 증가하는 것에 대한 주요한 원인에 대해서도 밝혀낼 수 있게 되었다.

IMF의 경제 전문가들이 2007년에 발간한 보고서를 살펴보자. 최근 보강된 자료에 대한 분석을 통해 그들은 세계적인 소득 불균등의 주요 요인으로 기술 발전을 꼽고 있다. 실제 기술 발전이라는 원인 하나만으로 "1980년대 초기 대부분의 소득 불균형 증가 현상을 설명할 수 있다"고 한다. 그 이유는 무엇일까? 그것은 기술이 발전하면 "기술에 대한 프리미엄은 증가하게 되고, 상대적으로 낮은 숙

련도의 기술 인력은 자동화로 대체"되기 때문에, 이미 높은 소득 수준을 누리고 있는 고급 기술 인력들은 더 큰 소득을 얻게 되지만 단순 노동자들은 일자리를 잃게 되기 때문이다.

흥미로운 점은 전체적으로 보면 세계화는 소득 불균등을 상쇄시키는 효과가 있는 것으로 밝혀지고 있다는 점이다. 한편으로 세계화는 국제무역의 활성화를 통해 개발도상국 내 노동 수요를 확대시키고 기존에 노동 공급이 과잉된 농업 분야에서 다른 산업으로의 전환을 용이하게 만들면서 소득 불균등을 감소시켜 준다. 그렇지만 다른 한편으로 세계화는 금융시장의 개방을 통해 개발도상국 내 부유층이 세계 금융시장 통합 과정에 참여할 수 있도록 충분한 부와 기회를 제공받기 때문에 소득 불균등을 심화시키는 효과도 있다.

이러한 논의 결과를 종합해 볼 때 각국 정부들은 사회적 부문, 특히 교육과 의료 분야에 대한 재정 지출을 더욱 늘려야 할 필요가 있다. 물론 세부적인 정책의 내용은 국가마다 불가피하게 달라지겠지만, 사회적 부문에 대한 재정 지출을 통해 기술 습득과 직업 훈련의 기회가 확대되고 교육과 의료에 대한 접근이 효율적이고 용이해지면 기술 발전으로 인하여 혜택을 누릴 수 있는 계층이 늘어나는 것은 분명한 사실이다. 또한 이를 통해 세계화로 인한 이득 또한 더욱 폭넓은 계층에게 돌아가게 되고, 오늘날 세계의 많은 국가들에서 나타나고 있는 세계화에 대한 저항도 누그러뜨릴 수 있다. 이러한 과정 하에서 사회적 부문에 대한 재정 지출은 그 자체로 추구할 가치가 있는 사회복지의 확충이라는 정책 목표를 달성하는 데에도 큰 도움이 될 것임은 물론이다.

국제기구를 위한 실천 계획

앞서 5장에서 나는 국제기구들이 가장 어려운 적응 과제에 직면하게 될 것이라고 주장한 바 있다. 국제기구들은 거의 모든 국가들을 회원국으로 하고 있기 때문에 그들의 지배구조는 오늘날과 같은 변혁의 시대에 많은 실제적인 또는 잠재적인 문제들을 안고 있다. 국제기구 내에는 세계 경제의 구조적인 변혁에 의해서 힘을 얻은 나라와 반대로 힘을 잃은 나라가 공존하고 있다. 게다가 오늘날 구조적인 변혁에 의해서 힘을 잃게 되는 나라들 중에는 전통적으로 국제기구 내에서 많은 권한을 부여받은 경우가 많은데, 그 방법은 다른 회원국보다 더 많은 투표권을 가지고 있거나 집행위원회에서 더 많은 권한을 행사하는 경우, 그리고 기구 내 주요 직위를 독점하는 등 다양하다. 이러한 전통적인 권한들은 과거에는 나름대로 그 의미가 있었지만 오늘날의 현실과 향후 전망과는 상충되는 것이다.

문제는 국제기구들이 새로운 환경에 적응해야 하는지의 여부나 혹은 어떻게 할 것인가 하는 방법이 아니다. IMF 총재 도미니크 스트로스 칸(Dominique Strauss-Kahn)과 세계은행 총재 밥 졸릭(Bob Zoellick)을 포함해서 사실상 모든 전문가들이 위의 문제에 대해서는 공통된 의견을 가지고 있다. 진정한 문제는 국제기구들이 과연 그러한 적응을 해낼 수 있느냐 하는 것이다. IMF는 새로운 국제 환경에 적응하기 위한 노력이 가장 많이 필요한 국제기구이다. 한때 IMF는 많은 국제기구 중에서 가장 중요한 국제기구로 인식되었지만 지금은 거의 매일 IMF가 과연 적절한 국제기구인가, 그 활동이 쓸모가 있는가, 심지어 존재할 필요가 있는가에 대해서 의문이 제기되고 있는 실정이다.

대중적 논의 _____ 여기서는 IMF의 역할에 관한 논의는 제쳐두고 더 이상 IMF가 하지 않는 일에 관해서 살펴볼 것이다. 앞서 2장에서 인용했던 많은 정부의 관리들과 기업 관계자들의 언급을 상기해 보자. IMF가 위기에 빠진 국가들을 구하기 위해서 긴급 자금을 지원하고 반대급부로 포괄적인 구조조정과 개혁 조치들을 요구하는(전문적인 용어로 '조건부 지원'이라고 한다) 시대는 끝이 났다. 또한 시장 참여자들이 IMF가 보내는 하나하나의 신호를 극도로 조심스럽게 받아들여서 그에 따라 투자를 하던 시대도 이미 지나갔다.

이러한 변화의 가장 큰 원인은 대다수의 신흥 경제국들이 더 이상 IMF의 금융 지원을 필요로 하지 않는다는 데 있다. 사실 국제 준비 자산을 많이 보유하게 되면서 신흥 경제국들은 더 이상 IMF로부터 자금 지원을 받지 않을 뿐만 아니라 과거 지원받은 자금을 모두 상환하였다. 실제로 터키에 대한 자금 지원을 제외하면, 현재 IMF의 개발도상국으로 분류되는 국가들에 대한 자금 지원은 사실상 중단된 상태이다.

앞서 나는 이러한 변화가 IMF에 대해서 시사하는 바가 매우 클 것이라고 언급한 바 있다. 자금 지원이 없어지면서 IMF의 운영 예산의 중요한 부분을 차지하던 자금원, 즉 지원되는 자금의 조달비용과 자금 지원에 따른 이자수익 사이의 마진을 잃어버리게 되었다. 그리고 IMF의 국제적인 영향력도 줄어들었는데, 그것은 국가들이 더 이상 자금 지원을 받지 않게 되면서 과거처럼 더 이상 분기별 목표 관리 등의 정책 조건의 이행을 위해서 IMF와의 정책 협의를 할 필요성이 없어졌기 때문이다. 조직 내부적으로는 자금 지원과 관련된 전체의 조직구조들이 쓸모없게 되었다.

그렇지만 문제는 바로 여기에 있다. 즉 IMF에 관한 논의가 전체적인 분석의 틀을 최신화하지 않은 채 과거의 틀에 따라 진행된다면, 결론은 IMF의 조직을 축소하는 것과 같은 당연하지만 실제로는 그다지 효과적이지 못한 정책으로 수렴된다는 점이다. 구체적으로 신흥 경제 시장에서 경제 위기가 다시 찾아오지 않는다면(이는 이 책의 기본적인 전제이다), IMF의 미래는 대내적인 지출을 줄이려고 반복적으로 노력하고, 불가피하게 떨어지는 직원들의 사기를 높이기 위해 분투하면서도, 한편으로 IMF가 보유한 세계 최고 수준의 우수한 경제 전문가들을 비효율적으로 활용할 수밖에 없는 안타까운 상황에 직면할 것이다.

사실 이 책에서 상세하게 논의한 바와 같이 세계 경제 및 금융 체계 내에서 강력하고 신뢰할 만한 다자간 정책의 조율 시스템을 창출해 내는 것이 중요하지 않다면, 위와 같은 IMF의 문제는 그다지 크게 중요한 문제는 아닐 것이다. 그렇지만 다자간 정책의 조율 시스템은 다양한 국제적인 정책 과제들, 가령 국제수지의 불균형, 다양한 국제 정책의 파급 효과 문제, 환율 시장의 불균형, 국부펀드의 동기에 관한 왜곡된 시선의 문제, 그리고 지속되는 보호무역주의의 압력 등을 다루는 데 큰 도움이 될 수가 있다.

이러한 정책 과제들은 문제점에 대한 공통된 인식, 일정 수준

이상의 국제적인 정책 조율, 그리고 다른 국가의 정책 결정자들이 정책을 추진함에 있어서 국제적인 요인을 고려할 것이라는 최소한의 확신 등이 있어야만 해결할 수가 있다.

지금까지 나는 이 책에서 세계 경제의 미래에 있어서 결정적인 역할을 할 다양한 문제가 존재한다는 점을 언급하였다. 실제로 언젠가는 국제적인 정책 조율의 시스템이 궁극적으로 현재의 세계 경제의 구조적인 변혁과 그에 따른 새로운 현실을 따라가게 될 것이다. 그렇지만 문제는 과연 그러한 국제적인 정책 조율 시스템의 발전이 세계 경제의 높은 성장을 확보하면서 인플레이션의 확산을 억제하고, 금융 위기의 발생 위험을 최소화하는 방식으로 진행될 수 있을 것인가 하는 점이다.

2장에서 언급한 것처럼 IMF와 같은 국제기구는 기본적으로 이러한 문제를 해결함에 있어, 최소한 이론적으로는 건설적인 역할을 할 수 있는 특성들을 가지고 있다. IMF가 그 역할을 하기 위해서는 더 이상 하지 않는 일에 대한 논의에서 탈피하여 이와 다른 세 가지 중요한 역할에 역량을 집중해야만 한다. 이 세 가지는 다음과 같다.

첫째, IMF는 많은 국가들의 정책 경험들을 연구할 수 있는 전문성과 능력을 가지고 있다. 따라서 이를 활용해 현재 진행 중인 세계 경제의 구조적인 변혁과 관련된 새로운 정책적인 과제들에 직면한 국가들을 위해서 풍부한 지식을 가진 신뢰감이 있는 '조언자'로서의 역할을 수행할 수 있다.

둘째, IMF는 각 회원국들이 가진 정책적인 정보뿐만 아니라, 내부적으로 IMF가 보유한 정책 정보들을 활용하여 집중적이고도 전문적 · 기술적인 지원을 제공함으로써 기존에 해왔던 회원국들과의 정책 조율을 개선시킬 수 있다.

셋째, IMF는 국가들끼리 정책적인 조율을 거쳐야만 정책 효과를 누릴 수 있는 분야에 대해서 반드시 필요한 다자간 정책 조율의 장을 제공할 수 있다.

IMF에 대한 회의적인 시각을 불식시킬 기회를 갖기 위해서라도 IMF는 자신의 전문성을 보강하고 운영의 세부적인 기준을 개선할 필요가 있다. 그리고 제공하는 서비스의 내용도 새로운 국제적인 현실에 맞추어 개선시켜야 한다. 마지막으로 그렇게 하기 위해서는 강력한 리더십이 뒷받침되어야 한다.

개혁 과제들 _____ IMF가 직면한 개혁 과제들의 목록에 대해서는 대체로 이견이 없다. 실제로 IMF가 자체적으로 발간한 보고서(예를 들어 〈IMF 총재의 중기 개혁 전략〉 등), 각종 위원회 보고서(예를 들어 크로켓과 맥도나우 위원회의 최근 보고서), 그리고 외부 연구자들이나 실무자들의 연구 결과(예를 들어 피터슨 국제경제연구소가 발간한 책자)는 거의 동일한 개혁 과제들을 제시하고 있다. 이 보고서들은 성취해야 할 과제로 다음과 같은 내용을 지적하고 있다.

● 내부 직원들의 전문성을 높일 필요가 있다. 전통적인 경제

문제에 대한 전문성뿐만 아니라 갈수록 복잡해지는 금융시장의 변화와 그 변화가 실물경제에 미치는 영향에 대해서도 충분히 이해해야 한다.

● IMF의 일부 고위 관료들이 주도하여 협소하고 권위적인 방식이나 관점에서 정책적인 과제를 회원국들에게 부여하는 과거의 방식에서 탈피해야 한다. 회원국들이 직면한 실제적인 문제에 적절히 대응할 수 있도록 운영 기준을 바꿔야 한다.

● 외환시장에 대한 감독과 같이 국제적인 수준의 협조를 요구하는 민감한 정책 과제들에 대해서 신뢰성 있게 관여할 수 있기 위해서는 IMF의 시장에 대한 분석 기능을 강화할 필요가 있다.

● IMF의 개별 기능을 잘 활용하여 견고한 수익 모델을 나양하게 개발함으로써 현재보다 수입원을 다변화시켜야 한다.

● IMF가 제공하는 서비스에 대해서 충분히 예산을 편성하고 가격을 책정하되, 과세와 보조금에 대해서는 좀 더 투명한 시스템을 갖추어야 한다.

● 중요 직책을 일부 선진국 출신 인사들이 독점하는 시대에 뒤떨어진 관행은 폐지해야 한다.

● 투표권과 이사회의 대표 권한을 결정함에 있어 과거의 관행을 따를 것이 아니라, 현재 세계 경제의 현실을 반영해서 결정해야 한다.

위 과제들은 사안의 수가 많을 뿐 아니라 전통적인 기득권을 해체하는 내용을 담고 있다는 점에서 그 해결이 쉽지 않다. 게다가 일부 개혁 과제들을 수행하기 위해서는 IMF 헌장을 개정할 필요가 있다. 헌장의 개정에는 각 회원국들의 동의가 필요하고, 이는 각 회원국들의 국내 정치적인 절차, 즉 행정 및 입법 기관에서의 절차를 거쳐야 하기 때문에 몇 년이 걸릴 수도 있다.

비전의 문제 _____ 앞의 과제들을 순차적으로 해결해야만 하는 사실은 명백한 일이다. 실제로 내가 이 책을 쓰고 있는 시점에서 IMF는 그러한 방식을 택하고 있었다. 그렇지만 안타깝게도 그러한 방식만으로는 의미 있는 개혁을 달성할 수 없다.

각각의 개혁 과제들은 불가피하게 회원국들 사이에서 협상과 타협을 거쳐야 한다. 그런데 회원국의 협상 대표들이 '대타협(grand bargain)'이나 내가 다른 곳에서 언급한 바 있는 '크리티컬 매스 (critical mass)'에 대하여 신념을 갖지 않는다면, 각국은 개별적인 이익을 추구하게 될 것이고, 이를 통해서는 전체적으로 균형 있는 결론에 도달할 수 없게 된다. 무엇보다도 이 점은 지금까지 IMF에서 투표권을 결정하는 쿼터의 변경에 관한 협상을 살펴보면 명백한 결론이다.

결국 순차적인 접근 방식에 의한 결론은 모든 사람들에게 불만족스러운 타협이면서, 충분하지 못하다는 느낌을 주기 때문에 추가적인 개혁이 필요하다는 인식을 갖게 할 것이다. 이러한 현실은 물리학자 리처드 파인만(Richard P. Feynman)이 왜 우주정거장 사업이 잘못되었는가에 관해서 말한 다음의 언급을 떠올리게 한다. "자연을 속일 수 없기 때문에, 우리는 정치적인 이해관계보다 현실을 우선해야 한다."

마이클 스펜스(Michael Spence)와 나는 위에서 말한 대타협이 성공적으로 이뤄질 수 있는 방법에 대해 의견을 제시한 바 있다. 그것은 공통적으로 회원국들이 직면하고 있는 정책 과제에 대한 해결책을 직접적으로 추구하는 방식으로 변화를 추진하는 것이다. 앞서 논의한 바와 같이, 공통된 정책 과제는 "현재 진행 중인 신흥 경제국들의 폭발적인 경제 성장의 국면을 슬기롭게 관리하는 것"이다.

우리는 위와 같은 정책 과제에 대한 해결책을 모색할 때에는 단순히 세계 경제의 현실을 그대로 반영하는 것을 뛰어넘어야 한다고 주장한 바 있다. 그것은 과거 기득권 중심의 양자간 대화 중심에서 나사산 토론을 봉한 문제 해결의 방식으로 전환하는 것이 더 많은 전략적인 장점을 가지고 있다는 점을 회원국들에게 인식시키는 것이며, 이것은 개별 국가들로 하여금 다른 국가들의 정책적인 공조에 대한 신뢰를 갖도록 함으로써 가능한 일이다. 이와 달리 소극적이면서 단절적인 접근 방식을 계속 추진한다면 이는 세계 경제 성장의 토대를 불안하게 만들 수 있다.

리더십의 문제 _____ 강력하고 신뢰할 수 있는 리더십을 창출하는 문제는 IMF를 위한 실천 계획의 마지막 구성 요소이다. IMF에서 리더십의 문제는 한 기업의 최고경영자가 부딪치는 리더십의 문제를 훨씬 뛰어넘는 수준일 뿐 아니라, 어떤 경우에는 한 국가의 지도자가 직면하는 리더십 문제보다 더 어려울 수가 있다.

국제기구의 지도자 후보들은 대개 회원국들이 자기 나라의 국민 중 한 명을 추천함으로써 거론된다. 각국 정부들은 각자가 추천한 후보들을 위해 당선 운동을 하고 당선을 위해서 가능한 모든 외교적 수단을 동원하는 경우도 있다. 국제기구의 지도자가 자국에서 나왔다는 것은 국가의 자존심을 높이는 일로서 외교적인 성과로 평가받곤 한다.

그렇지만 국제기구의 지도자로 취임한 사람은 자신의 출신 국가의 이익보다는 세계적인 대의를 더 중시해야 하는 임무를 부여 받게 된다. 즉 회원국들에 대해서 '균등한 대우의 원칙'을 적용할 것이라는 '기대'를 받는 것이다. 물론 이러한 원칙이 실제로 완전히 지켜지고 있는지에 대해서는 많은 사람들이 의구심을 가지고 있다.

오늘날에는 국제기구의 지도자를 과거보다는 더 투명한 절차에 의해서 능력을 우선해서 선정하려는 경향이 나타나고 있다. 현재 IMF 총재인 프랑스인 스트로스 칸과 세계은행 총재인 미국인 졸릭은 모두 2007년 전임자들이 갑작스럽게 퇴임하면서 임명되었지만, 두 사람 모두 이러한 점에 대해서 언급한 바 있다. 두 사람은 자신들이 속한 국제기구가 국제사회에서 갖는 위상과 명성을 회복시킬 수 있는 개혁 지향적인 지도자라는 점을 부각시키려고 노력했었다.

시간이 지나면 과연 두 사람이 다양한 '정치적 세력들'을 통합해서 개혁을 이끌어감으로써 효율적인 국제기구를 만들어 내었는지 판명될 것이다. 다행히도 현재 개혁 과제들은 명확하게 정의될 수 있는 것들이며, 이에 대해서는 충분한 논의가 있었다. 또한 개혁을 실천함에 있어 저항이 따를 것은 분명하지만, 현재 세계 경제의 상황은 개혁에 실패할 경우 모든 국가들이 패자가 되는 상황이고, 이러한 점은 과거에 역사적인 이유로 인하여 기득권(이러한 기득권은 오늘날의 세계 경제의 현실과는 맞지도 않고 앞으로는 더욱 그럴 것이다)을 부여받은 나라들도 마찬가지이기 때문에 그러한 저항은 그렇게 크지는 않을 것이다.

지금까지 일부 선진국들은 개혁을 추진하는 과정에서 발생하는 자신들의 기득권 감소에 대해서 지속적으로 반대를 해왔는데, 앞으로는 그러한 반대로 인해 개혁이 좌절될 경우 자신들에게도 손해가 된다는 것을 깨닫게 될 것이다. 이러한 선진국들은 한때 IMF 부총재를 지냈으며 현재는 이스라엘 중앙은행의 총재로 있는 스탠리 피셔(Stanley Fischer) MIT 교수가 최근의 인터뷰에서 1994년 멕시코 경제 위기 당시의 상황에 대해서 회고하면서 언급한 다음과 같은 내용에 주목해야 한다. "당시 미국은 멕시코 경제 위기를 독자적으로 해결하려고 했다. 그러나 이내 그렇게 할 수 없다는 것을 알게 되었다. 한 국가가 다른 국가에게 특정 정책을 강제하는 것은 국제기구가 그렇게 하는 것보다 훨씬 어려운 일이었던 것이다."

선진국들이 직접 신흥 경제국들에게 자신들이 원하는 경제 정책을 실시하도록 유도하는 것은 실제로 많은 이유 때문에 거의 불가능한 일이지만, 국제기구는 이러한 일을 생산적으로 해낼 수 있으며, 오늘날과 같이 급격하게 변화하는 세계 경제의 환경 속에서는 특히 더욱 효과적인 수단이라는 사실을 선진국들도 알게 될 것이다.

우리는 어디로 향할 것인가

우리는 이 장에서 각각의 시장 참여자들이 세계 경제의 새로운 목적지를 향해 가는 과정에서 필요한 노력에 대해서 상세하게 살펴보았다. 각자가 이러한 노력을 한다면, 그들은 국가적 또는 국제적인 차원에서 실패하는 투자 전략, 효과 없는 사업의 추진, 비효율적인 정책 대응, 빈약한 조직 구성 등의 위험을 줄일 수 있을 것이다.

이러한 조치들을 따르기 위해서는 힘든 선택, 까다로운 개혁 노력, 그리고 복잡한 권한 및 위임 범위의 재설정 등이 필요하다. 한마디로 이를 실행하는 것은 결코 쉬운 일이 아니다. 그렇지만 이러한 힘든 일을 수행하기 위해서 노력하지 않는다면 엄청난 대가를 치러야 한다.

개별 기업들의 경우 사업이 위험에 빠지거나 사업체가 망할 수도 있으며, 국가들은 마이너스 경제성장률을 기록하거나 금융시장의 불안정을 겪게 될 수 있고, 세계 경제는 경제 시스템에 대한 부정적인 충격이 가해지거나 보호주의가 강화될 위험을 경험하게 될 것이다.

우리가 지금까지 세계 경제의 새로운 목적지를 향해 가기 위한 필요한 적응 과제들에 대해서 논의했다면, 이제는 그 험난한 길, 즉 장애물과 우리를 유혹하는 것들로 가득한 길을 과연 어떻게 성공적으로 헤쳐 나갈 것인지에 집중해야 할 때이다. 여행은 무사히 목적지에 도착할 때에만 즐거운 법이라는 것을 기억하자.

위험 관리에 성공한다는 것은 단적으로 말해서 '왼쪽 꼬리(left tail)'를 최소화하는 것이다. 즉 시장 참여자들에게 극심한 고통을 야기하는 발생 확률분포 상 극단의 상황(포트폴리오의 손실이 가능한 상황)에 대한 취약성을 줄이는 것이다. 따라서 시스템의 붕괴로 인한 비용을 최소화하려는 공적 및 사적 부문의 노력이 의욕적으로 계속 진행되어야 할 것이다.

위험 관리
능력의 향상

08

'팻 테일' 상황에 대비하라

위험 관리의 능력을 향상시키는 것에 대한 중요성은 아무리 강조해도 지나치지 않다. 특히 새로운 지향점으로 나아가기 위해 최선의 방법을 논의할 때는 더욱 그러하다. 우선 현재 진행되고 있는 구조 변화의 본질과 영향을 설명하기 위해서 앞서 언급한 바 있는 규율과 수단에 관한 견해를 살펴보자.

- 전통 경제학이나 금융에서 제기된 견해에 따르면 구조적인 변혁이 일어나면서 불가피하게 어느 한쪽으로 치우친 반응이 나타나고, 투자 활동과 제도의 견실성이 위협받게 된다. 이에 따라 시장이 실패할 수 있는 가능성이 생겨나고, 실제로도 그런 일이 발생한다.

- 나심 니콜라스 탈렙의 연구 결과는 시장 변화가 일어나면 '검은 백조'가 출현할 가능성이 커진다는 가설과 일치한다. 현재 시장 참여자들은 검은 백조에 대처할 준비가 전혀 되어 있지 않은 상태인데, 이들 대부분이 '팻 테일(fat tail : 정규분포곡선에서 양 끝이 오히려 두터워지는 현상)' 상황에 대해 제대로 대비해 놓지 않은 것이 원인이다. 탈렙의 연구는 개연성에 근거해 결과를 점치는 전통적인 접근법이 확률분포에서 중간 부분에만 지나치게 집중하다 보니 양쪽 꼬리 부분을 과소평가하고 있음을 지적한다.

- 행동과학과 신경과학 연구에서는 변화가 일어나면 기존에 자리잡고 있던 편견이 쉽사리 부각된다는 사실을 보여주고 있다. 구체적으로 말해서 두뇌의 '분석적' 영역이 혼란을 겪으면서 '감성적' 영역이 대신 시장과 연관된 활동을 장악

하게 된다는 것이다.

결국 위험 관리에 성공한다는 것은 단적으로 말해 적정 수준의 예측 능력, 대응력, 영향력을 갖춘 과정을 통해 단 하나의 목표를 달성하는 것이다.

그 목표란 바로 왼쪽 꼬리를 최소화하는 것이다. 즉 각각의 시장 참여 집단에 참을 수 없을 정도의 극심한 고통을 야기하는 발생 확률의 분포상 극단의 상황(즉 포트폴리오의 손실이 가능한 상황)에 대한 취약성을 줄이는 것이다. 이 고통은 투자자나 기업의 경우에는 막대한 손실로 나타나고, 국내외 정책 수립자들의 경우에는 낮은 수준의 인플레이션과 안정된 금융 환경에서도 지속적인 경제 성장을 달성하지 못하는 무기력한 상태로 나타나기도 한다.

흥미로운 점은 우리 모두의 일상생활에서도 왼쪽 꼬리를 최소화하려는 노력이 나타난다는 것이다. 이때 우리가 직면하는 문제는 왼쪽 꼬리를 얼마나, 어느 정도의 비용에 제거할 것인가로 귀결되는 것이 보통이다.

자동차보험이나 주택보험을 들 때마다 이러한 과정을 겪게 된다. 우리는 얼마의 보험에 가입하고, 어떤 공제를 받을 것인가를 결정해야 한다. 부모의 입장에서는 아이들이 동네에서 뛰놀거나 밤늦게까지 자지 않거나 다른 위험한 행동을 할 때 어느 정도까지 자유를 허락할 것인지를 결정해야 하는 문제가 이에 해당한다.

비대칭적 위기의 대처 방식

최근에 나타난 사례들을 보면 이 쟁점에 대한 투자자와 정책 수립자의 접근 방식은 비대칭적이란 것을 알 수가 있다. 실제로 '비대칭(asymmetry)'은 서로 연계되어 있다고 믿는 사람들도 있다. 즉 구조적인 위험에 대해 공적 부문이 지나치게 대응 준비를 함으로써 민간 부문 스스로 대비하려는 의욕을 꺾는 결과를 낳았다는 것이다.

아래에서 자세히 언급하겠지만, 대부분의 투자자들은 왼쪽 꼬리(현재 더욱 두꺼워진 꼬리)가 나타날 경우에 대비하여 충분한 추가 보험료를 지불하기를 꺼려 왔다. 투자자들이 이렇게 주저하는 것은 급성장세의 투자기관, 즉 헤지펀드, 사모펀드들이 부과하는 요금체계에 일부 인센티브가 포함되어 있었던 이유도 있다.

또 다른 이유는 금융 위기가 닥친 2007년 여름 이전까지는 이례적일 만큼 위험이 낮은 투자 환경을 보였다는 것과 오만한 자기 과신에 빠진 것, 위험을 제대로 파악하여 피하기에는 위험 상황이 더욱 복잡했다는 것 등의 이유가 있다.

이와는 대조적으로 국가의 정책 담당자들은 시장에 대한 안정화 조치를 취함에 있어 막힘이 없었다. 가장 두드러진 영역은 통화정책 부문이었는데, 이러한 정책을 통해 연방준비은행은 금리 인하를 단행하였고, 유럽 중앙은행(ECB) 및 다른 중앙은행들과 함께 다양한 시장과 유동성 위기의 상황에 대응하여 시장에 유동성을 공급하였다.

다른 예로 2008년 초 미국 의회가 초당적인 협력을 통해 소비

진작의 목적으로 세금 환급 수표를 우편 발급한 것을 포함하여 1,700억 달러 규모의 경기 부양책을 마련한 사실도 들 수가 있다.

연방준비은행의 행보가 워낙 유별났던 까닭에 시장에서는 이 기관이 지난 수년간 취해온 대응 방식을 가리키는 소위 '그린스펀 풋(Greenspan Put)'이라는 신조어가 만들어지기도 했다. 이 용어는 1998년경에 처음으로 등장했는데, 당시 연방준비은행은 러시아의 채무불이행 선언과 보다 중요하게는 헤지펀드인 롱텀 캐피탈 매니지먼트(LTCM)의 몰락으로 시장의 유동성이 붕괴되자, 이를 막고 원상태로 되돌리기 위한 긴급 대책으로 과감한 금리 인하를 단행하였다.

이러한 금리 인하 조치는 1987년 그린스펀 의장 재임 초기 '블랙 먼데이(Black Monday : 1987년 10월 19일)' 주가 대폭락 때 연준이 취했던 조치를 더욱 공고히 하는 것이었다.

여기서 '풋(put)'이라는 시장 개념은 이제 버냉키 체제의 연준으로 옮겨갔다. 그러나 2007년 여름에 시작된 금융 위기에 대한 연준의 대응 이후 이 조치에 대한 확신은 다소 줄어든 감이 있다.

'풋'은 미리 책정된 높은 가격에 특정 포지션을 매도함으로써 경기 침체로 인한 막대한 손실 발생을 피하려는 투자자의 능력과 관련된 것으로, 통화 당국이 투자자의 손실 위험을 보호하겠다는 인식을 잘 드러낸 개념이다. 그리고 도덕적 해이에 빠진 이들이 환호하는 부분이기도 하다.

도덕적 해이를 둘러싼 논쟁

앞서 언급한 바 있듯이 '도덕적 해이'는 예컨대 보험 계약 그 자체가 사람들의 행동을 변화시킬 수 있다는 개념을 가리킨다. 흔히 인용되는 사례로 운전자가 자동차보험을 들었기 때문에 더욱 부주의해지는 경우를 들 수 있다. 다시 말해 보험에 들지 않았으면 운전자가 취했을 위험 경감의 조치가 오히려 보험에 가입함으로써 다른 양상을 보이게 되었다는 것이다. 안전 조치의 가장 간단한 형태로는 자동차 문을 제대로 잠그는 것을 들 수 있다. 이처럼 보험의 범위가 확대될수록 보험 대상은 최적화 상태에서 멀어진다.

현실적으로 도덕적 해이는 확고한 판단을 내리기에는 까다로운 문제이다. 시카고 연방준비은행과 IMF가 공동으로 주최한 2007년 9월 회의에서 자비어 프레이서스(Xavier Freixas) 교수가 자신이 발표한 논문에서 지적했듯이, 최후의 수단으로서 대출기관은 거시적 차원에서는 매우 귀중한 역할을 담당하지만, 미시적 차원에서는 종종 문제를 일으키기도 한다. 대출은 정보가 불일치하거나 제대로 전달되지 않은 상황에서 긴박하게 대응할 때는 부득이하게 필요하지만, 대출이 가능함으로 해서 결국 시스템 전반의 오작동을 일으키는 행동을 조장하는 결과를 초래할 수도 있다.

예를 들어 소방관의 화재 진압을 생각해 보자. 완벽한 가상의 세계라면 소방대는 화재 현장에 도착해 주민 '탐문(debrief)' 시간을 충분히 가진 후 주요 방화 지역에 소방 호스를 정확히 겨냥해 화재 진압을 하게 된다. 이런 식으로 화재가 가장 심각한 지역이 아닌 지역에 물을 대량으로 살포해 손실을 끼치는 일 없이 화재 진압에 나서게 되는 것이다. 하지만 현실적으로 이런 일은 거의 일어나지 않는다. 소방관이 정보에 무관심하고 과잉 대응을 하고 싶어서가 아니라 화재 진압을 지체했을 때 소모되는 비용이 너무 크기 때문이고, 특히 다른 건물로 불이 옮겨 붙을 가능성이 있을 때는 이상적으로 행동할 수가 없다.

금융계에서 흔히 들리는 우려는 정부의 '구제금융' 시도가 되풀이되면 시장 메커니즘의 고유성과 신뢰성이 잠식당한다는 것이다. 경솔한 투자를 한 투자자를 구제해 주면 향후 무분별한 투자를 더욱 조장하게 된다든가, 은행이 제공하는 예금 보험을 들게 되면 예금자가 충분한 사전 조사를 소홀히 하게 된다든가, 국가나 기업에 긴급 공적자금을 투입하게 되면 다른 주체들도 신중치 못한 결정으로 부채가 늘어도 구제될 것이라 생각하고 과도한 부채를 경계하지 않게 된다는 우려의 목소리를 쉽게 들을 수가 있다.

이와 같은 견해는 타당한 것이며, 현대 금융 시스템 하에서는 어느 정도 불가피한 면도 있다. 사실 도덕적 해이에 대해서 우려를 초래하는 일부 조치는 중요한 시스템적인 고려, 예를 들어 신중한 결정을 한 사람에 대한 동반 피해의 위험을 최소화하겠다는 생각에서 비롯된 것이다. 물론 경제 개입에 있어서 사용되는 방법은 건전한 투자자와 불건전한 투자자를 구분할 정도로 정교하지는 않다.

최종적인 종착지로 가는 변화의 중간 단계에 대한 나의 견해에 따르면 도덕적 해이와 관련된 문제는 계속 출몰할 것으로 보인다. 정책 수립자들은 현재 금융 시스템의 수용 능력을 넘어서는 새로운 시장 활동의 결과에 대처하고자 할 때 까다로운 선택의 문제에 직면하게 될 것이다. 2007년 여름 시장의 위기가 진행되는 가운데 개최된 연방 공개시장위원회(FOMC) 본회의에 앞서 열린 토론에서 〈파이낸셜 타임스〉 워싱턴 특파원인 크리쉬나 구하(Krishna Guha)는 정책 수립자들이 점점 더 자주 맞닥뜨리게 될 이런 유형의 난제를 조명하면서 심오한 의견을 내놓았다.

이러한 상황을 크리쉬나 구하는 다음과 같이 설명했다. "정책 수립자들 모두 시장의 혼란 상태가 실물경제에 치명적인 영향을 미치는 것을 막을 필요가 있다고 설득하는 작업에 열중하는 반면, FOMC 내에는 이와 상반되는 의견도 상당히 많다. 영향력이 막강한 일부 연방준비제도이사회 위원들은 미국 주택시장에서 촉발된 경제 침체의 꼬리 위험(tail risk)에 대비하여 금리 인하가 필요하다는 확신이 커지고 있다… 이와 대조적으로 많은 지역의 연방준비은행 총재들은 위기의 파급 효과에 대한 증거가 부족하다는 데 동조하는 것으로 보인다."

정책적인 딜레마는 영국에서 더욱 뚜렷이 나타났다. 앞서 살펴보았듯이 영국 정부는 초기에는 도덕적 해이에 대한 우려를 공개적으로 표명했지만, 결국은 파산 위기에 처한 노던록 은행의 구제를 위해 개입할 수밖에 없었다. 이러한 정책 결정은 1990년대 스웨덴의 경우와 마찬가지로 은행의 국유화라는 보다 가열된 논쟁으로 전개될 가능성이 있다.

이와 같은 문제를 비롯하여 여러 불확실한 정책적인 대안에 직면한 정책 수립자들은 향후에도 계속 과잉 대응 쪽으로 치우칠 가능성이 크다. 이는 과소 대응보다는 과잉 대응에 따른 국내외적 파장이 더 작아 보이기 때문이다. 앞 장에서 논의된 세 가지 중 적어도 한 가지, 즉 정책 수립자는 정교한 정책 목표의 수단을 발전시키고, 민간 영역에서는 이를 충분히 재조정하여 새로운 시장 활동, 그리고 내부에서 발생하는 유동성 감소의 범위와 강도를 유지하는 것이 확실해질 때까지 과잉 대응이 지속적으로 나타날 것이다.

따라서 달갑게 들리지는 않겠지만 시스템의 붕괴로 인한 비용을 최소화하려는 공적 부문의 노력은 의욕적으로 계속 진행될 것이다. 그렇다고 기업과 투자자들이 구조적인 변화로 인해 변화 양상을 보이는 위험에 대한 자체적인 관리 능력에 대해 마음을 놓아도 된다는 뜻은 아니다. 오히려 정반대이다. 공적인 조치가 취해지더라도 모든 시장 참여자들을 보호하지는 못한다는 사실은 현재에나 미래에나 변함이 없다. 게다가 공석 영역에서의 의시가 그에 걸맞은 능력과 효율성을 구비하고 있는지의 여부 역시 중요하다. 공적 영역에서 운영하는 정책적인 수단은 과거를 기준으로 만들어진 것이지 미래를 감안하여 만들어진 것은 아니기 때문이다.

여기서의 쟁점은 동반 피해의 문제만은 아니다. 사실상 공적 부문이 시스템 전반 및 그 안에서 활동하는 많은 민간 기업들과 투자자들을 위해 확률분포 상의 왼쪽 꼬리를 제대로 제거할 수 있는가 여부를 두고 아직까지 명확한 결론은 나지 않은 상태이기 때문이다. 투자자들은 과거의 상황과 미래의 상황이 충돌하고 있는 현재의 세계에서 위험 관리에 대해서 보다 비중 있는 책임을 져야 한다. 나 역시 2007년 7월 〈파이낸셜 타임스〉의 사설을 통해 다음과 같은 의견을 개진한 바 있다. "지난 몇 년 간은 유동성 자산을 구입하고 차입 자본을 활용한 사람들이 가장 큰 수혜자였다면, 향후 수년간은 신중하게 위험 관리를 한 사람들이 그 자리를 차지할 것이다."

주저하는 태도에서 벗어나라

투자자들, 특히 개인투자자들은 직접 위험 관리를 맡는 것을 근본적으로 주저하는 경향이 있다. 이들은 일반적으로 전문 관리자를 선택하여 그들에게 그 역할을 대신 맡긴다. 이들은 복잡한 관리 도구를 활용할 뿐만 아니라 월스트리트의 금융회사들과도 연줄이 닿아 있는 고액 연봉을 받는 전문가들이다.

이런 태도는 충분히 납득이 되지만 다양한 이유로 권장할 수는 없다. 가장 중요한 이유는 경제학자들이 말하는 '대리인 문제(agency problems)', 즉 주인과 대리인 간의 동기(incentive) 불일치에서 오는 문제 때문이다.

내가 HMC에서 일할 때, 특히 하버드라는 브랜드 덕분에 헤지펀드, 뮤추얼펀드, 사모펀드를 운용하거나 부동산회사에서 종사하는 세계적인 자금 관리자들과 교류할 기회가 있었다. 이들은 실로 해당 분야의 최고 인재들이었다. 또한 여러 다양한 자리에서 신규 사업을 선전하는 자금 관리자들을 만날 기회도 있었다. 몇몇은 이러한 업계에서 오랫동안 일한 사람들이었고, 이제 막 일을 시작했거나 앞으로 그 일에 뛰어들려고 하는 사람들도 있었다. 이런 모임이 있을 때마다 확인할 수 있었던 사실은 보험은 비용이 많이 들기 때문에 알파 기회(부가가치까지 창출하는 적극적인 투자 관리)를 좇을 때 드러나는 것과 같은 대단한 열정을 가지고 보험 문제에 깊은 관심을 기울이는 자금 관리자는 소수에 불과하다는 것이었다. 이것은 생각해 보면 그리 놀라운 일은 아니다.

보험 가입에 있어서 단 하나 확실한 것은 보험료 지불에 관한 계약 상의 의무를 져야 한다는 점이다. 대부분의 자금 관리자들은 '손실 포지션 비용', 즉 포트폴리오의 '출혈'이라는 지속적인 보험료의 지불을 달가워하지 않는다. 이처럼 자금 관리자들에게는 세계의 여러 곳에서 보험 가입을 최소화하고 싶은 욕구가 있다. 이런 경향은 인적, 제도적 요인들로 인해 더욱 강화된다. 존 메이너드 케인즈가 설명하듯이 투자자에게 최악의 상황은 혼자만 망하는 것이다. 세상의 일반적인 판단 기준으로 볼 때, 함께 망하는 사람들이 많이 있으면 최악의 상황은 면하는 것이다.

일부의 경우 제도적인 요소 역시 최적의 포트폴리오 보험을 구성하는 데 있어서 장애물로 작용한다. 특히 투자기관이 성과에 따른 수수료 지급 방식을 취하고, 환수 규정(clawback mechanisms)이 제대로 갖춰지지 않은 상품의 경우 일리가 있다. 이러한 구조적인 요소가 바로 심각한 '주인과 대리인 문제'를 야기한다. 전형적으로 투자매니저는 성과 수익의 상당 부분을 가져가고, 반면 최종 투자자는 손해의 상당 부분을 떠안게 된다. 철저히 지수에 따라 움직이는 매니저들의 경우도 마찬가지다. 이러한 상황에서 자금 관리자가 투자 포트폴리오에 대해 충분히 보험을 드는 경우는 결코 없을 것이다.

아르헨티나 사례

내가 처음으로 세계 최대 채권펀드 운용회사인 핌코에서 이머징 마켓 채권투자 업무를 하던 초창기에 이러한 현상을 접하게 되었다. IMF에서 15년간 근무하면서 경제의 기초 여건(펀더멘탈) 분석을 했던 경험의 영향도 큰데다가 위험 관리에 대해서 본격적으로 다루는 회사에서 일하다보니, 나와 내 동료들은 어떤 국가의 전망에 대해 어느 정도 확고한 견해를 갖게 되었던 시기가 있었다. 이런 사례가 1999년에서 2000년 사이에 나타났다. 당시 우리는 IMF와 세계은행의 확실한 지원이 있었음에도 불구하고 아르헨티나가 경제 및 금융 위기를 피하기는 힘들 것이라고 전망하였다.

이러한 견해는 핌코의 정기간행물인 〈이머징 마켓 와치〉에 잘 드러나 있는데, 우리가 이러한 결론을 내린 데는 세 가지 요인 때문이었다. 첫째, 아르헨티나의 경제 시스템은 정부가 산적해 있는 문제를 해결하기에 제약이 있었다. 둘째, 아르헨티나 정부는 반드시 필요한 어려운 결정을 내리는 데 있어서의 능력은 있을지라도 의지를 거의 보이지 않았다. 셋째, 해당 지역과 세계의 상황이 아르헨티나에 불리하게 돌아가고 있었다.

아르헨티나는 이머징 마켓 채권지수인 EMBI(국가위험도 : 대부분의 이머징 마켓 채권 매니저들이 비교 평가하는 지수)의 5분의 1이 넘는 수준을 나타내고 있었다. 이렇듯 아르헨티나의 경제 및 금융 전망이 어두워지면서 펀드매니저들은 점차 '비중 축소' 의견을 내놓았다. 그럼에도 아르헨티나 롱포지션 익스포저(위험 노출 자산)를 하나도 남겨 놓지 않은 핌코만큼 과감한 행동을 하려는 이는 아무도 없었다.

핌코가 아르헨티나 관련 주식을 전부 매도하기로 한 이유는 간단했다. 아르헨티나는 위기에 봉착할 가능성이 너무 명백했고, 시장 가격을 놓고 봤을 때 이는 곧 투자자들이 엄청난 손해를 입게 된다는 의미였다. 그러므로 고객을 위해서는 포트폴리오에서 아르헨티나 롱 포지션(long exposure, 매입 주식)을 정리하는 것이 옳은 일이었다. 그리고 이 사실을 고객들에게 알렸다.

우리는 아르헨티나 매입 주식을 청산하면서도, 아무리 가능성이 낮다고 하더라도 아르헨티나 경제가 회복될 수도 있다는 사실을 염두에 두고 있었다. 결국 신흥 시장의 내적인 상관성, 특히 아르헨티나와 상대적으로 인위성(technical)이 강한 동반 상승의 움직임을 보였던 다른 국가에서 발행한 금융상품을 이용해 사실상 포트폴리오 오버레이(portfolio overlay, 중첩)를 구축하여, 혹시라도 아르헨티나 경제 회복이 실현될 경우 수익을 챙길 수 있도록 대비하였다.

당시에 이러한 접근법에 대해 다른 일부 펀드매니저들과 월스트리트의 몇몇 전문가들은 상당히 회의적인 반응을 보였다. 그들은 아르헨티나가 지수에서 차지하는 비중이 높기 때문에 익스포저(위험 노출액)를 전부 없애는 것은 '무책임' 하다고 생각하였다. 그저 투자금액을 줄이기만 해도 충분하다는 얘기였다. 이는 아르헨티나가 지수에서 20% 이상 차지하는 것과 대조적으로 펀드의 15~18%만 할당하라는 뜻이다.

결국 이 문제의 핵심은 원금 보존과 업계에서 말하는 '지수 추적 오차(tracking error)', 즉 지수 편차 사이의 균형을 찾는 것이다. 우리는 아르헨티나의 경기 상황이 좋아질 경우 그로 인한 수익을 일부밖에 거둘 수 없다고 하더라도, 손해 가능성이 높은 것은 피하는 것이 옳다고 확신하였다. 반면 다른 매니저들은 투자 비중의 축소를 선호했지만 지수를 고려해 보면 익스포저가 여전히 절대적으로 높은 상태였다.

결국 아르헨티나는 2001년 12월 채무불이행을 선언하였다. EMBI 지수에 따르면 아르헨티나 채권가치는 그해 65% 하락했으며, 이는 전체 지수를 마이너스 1%까지 끌어내렸다. 아르헨티나는 EMBI 지수에서 마이너스(그것도 엄청난 규모로)를 기록한 유일한 국가가 되었다. 만약 손실 지수가 있어 아르헨티나에 투자했다면 그해 20% 내외의 수익을 거두었을 것이다.

대리인 문제를 넘어

경제학자들은 불명확할 수밖에 없는 투자 관리의 계약에서 주인과 대리인 간의 문제가 불가피하게 나타날 수밖에는 없다고 말할 것이다. 여기서 불명확하다는 것은 사전에 충분히 인센티브를 파악하여 계약서상에서 완전히 열거하는 것이 사실상 불가능하다는 의미이다. 계약서는 지수(index)가 있을 때 제3자인 투자 관리자(대리인)가 관리하는 손익 계산을 보여준다. 대리인 입장에서는 투자자(주인)가 자신을 계속 고용할 가능성을 극대화하려면 자본의 절대적인 손실

이 발생할 가능성이 더 높더라도 중립이나 초과 성과(인덱스와 비교하여)에 맞춰 투자상품을 포지셔닝하는 편이 더 유리하다.

그렇다면 당신이 고객의 절대적인 수익과 손해를 제대로 신경 쓰는 매니저와 함께 투자하는 몇 명 안 되는 사람들 중의 한 명이라고 가정해 보자. 물론 당신은 유리한 입지에 서 있다고 할 수는 있지만 아직은 확신할 수는 없다. 내가 HMC에서 근무하면서 터득한 것은 개별 매니저가 선의를 갖고 합리적으로 결정했다 하더라도, 전체 포트폴리오 차원에서 볼 때 반드시 제대로 구성되었다고 볼 수 없다는 점이다. 사실상 포트폴리오 전반을 고려하는 일은 투자 관리에서 가장 까다로운 부분이다.

기관투자자는 오버레이(중첩)를 적극적으로 활용하거나 두꺼운 꼬리 보험 프로그램을 운용하여 이러한 문제를 해결할 수 있다. 여기서 기관투사사는 독립적인 요소로 보는 것이 중요하다. 반면 개인투자자는 더욱 불리하다. 현재로서는 자산 배분 이외에는 뾰족한 방법이 없다. 특히 개인투자자는 정부 채권이나 현금성 상품처럼 원금 보장형 금융상품을 중심으로 포트폴리오를 구성해야 한다.

시간이 흐르면 금융계에서 개인투자자들에게는 보다 다양한 금융상품을 제공할 것으로 보인다. 자산 배분의 과정을 세분화하고, 이와 함께 위험 관리에 대한 더욱 정교한 방법을 채택한 전체를 아우르는 자산 배분 펀드를 더 많이 제공함으로써 개인투자자들이 혜택을 누리게 되는 날이 오길 기대한다. 이러한 두 가지 조치는 현재 나와 있는 상품의 구성을 크게 발전시킬 것이다.

상대적으로 다른 투자자들도 강화된 통제력을 발휘할 수 있게 하는 기본적인 접근법을 통하여 유사한 결과를 얻게 되기를 기대한다. 세계 시장 곳곳에서 펀드가 서서히 등장했듯이 변화는 점진적으로 이루어질 것이다. 특히 이러한 투자자들은 초과 수익을 목표로 하는 펀드와 시장 수익 위주의 다양한 지수펀드를 위험 관리에 중점을 둔 다양한 상품과 결합시킬 수 있게 될 것이다.

오버레이

오버레이는 전체 포트폴리오가 기관의 위험에 대한 허용 수준과 일치하는 상태를 유지하도록 하는 것을 목표로 한다. 그러한 상황에서 포트폴리오는 베타, 즉 포트폴리오가 민감하게 반응하는 시장의 주요한 위험 변수(주식, 금리 듀레이션, 통화, 신용 위험)에 대한 모니터링을 강화해야 한다. 모니터링은 간단한 것(특히 상관관계 분석 연습)에서부터 복잡하고 정교한 것(예를 들어 포트폴리오 요인 분해 기법)까지 모두를 포함한다. 정교한 방법이 당연히 바람직하지만 현실적으로는 결국 차선책을 취하게 된다. 기관투자자들에게 간단한 기법을 사용하여 베타를 모니터링 하는 것부터 시작하여 높은 빈도수(high-frequency level)로 모니터링 할 것을 권한다.

중요한 사실 한 가지를 말해 두자면, 이 개념은 오버레이를 끊임없이 조정하여 최고의 효과를 내도록 한다는 의미는 아니다. 오히려 세계에서 벌어지는 다양한 상황에 따라 포트폴리오가 어떤 식으로 반응하는지에 대한 '느낌(feel)'을 감지할 수 있도록 예측 시계열

(mental time series)을 계발한다는 의미이다. 내 경우 전날이나 전주에 있었던 다양한 시장 동향을 토대로 전반적인 포트폴리오 가치의 움직임을 얼마나 예측할 수 있는지를 시도해 본 결과 이것이 정말 유용하다는 사실을 깨닫게 되었다.

차선책의 효용을 생생히 보여주기 위해 하버드에서 유동성 시장(사모펀드, 목재, 부동산 시장 제외)에 투자한 전체 기금을 대상으로 연습을 진행하였다. 고빈도의 데이터가 구축되지 않아 불완전하게 이루어졌지만 오버레이 전략에 있어서 중대한 조정 시기를 파악하는 점에 있어서는 매우 유용하였다. 2007년 2월말 대량 투매 이후를 포함하여 이러한 몇몇의 조정 과정은 후에 언론에서 다루어진 바 있다. 사후 정보로 보면 리포지셔닝(repositioning : 기존 주식과 채권의 보유 조정)은 일부에게는 적절한 투자의 호기로 보일 수 있고, 현실직으로는 기금 운용을 위기 내성이 허용하는 범위 내에서 신중하게 하는 위험 완화 정책의 일환이기도 하다.

오버레이는 앞서 언급한 위험 요소 중 한 가지에 즉각 반응하는 유동성 금융상품을 통해 최적으로 실행된다. 대개 오버레이는 다음에 오는 위험의 유형, 예를 들어 자산(국제적인 위험 노출을 살피기 위해 S&P와 EAFE, 신흥 시장의 경우 EEM의 종합지수를 관찰), 금리 듀레이션(목표 채권 만기나 상장지수 펀드의 주가지수를 관찰), 통화(유로, 엔, 미국 달러 간의 한 쌍으로 움직임을 관찰), 신용(다우지수의 북미 투자 등급 지수인 CDX를 관찰) 중 하나 혹은 그 이상에 대한 포트폴리오 위험 노출을 완화시키는 형태로 나타난다.

꼬리 보험

간단히 말해서 꼬리 보험(Tail Insurance) 프로그램은 시장 참여자들이 흔히 말하는 '확률분포상의 극에 치우쳐 있는 왼쪽 꼬리'를 잘라내는 것을 목표로 한다. 이 프로그램은 다음의 상황을 전제로 하고 있다. 비록 투자자들은 그 영향이 작더라도 필연적으로 특정한 장애물과 마주하기 마련인데, 이 장애물이 '자가 보험(self-insurance)'으로는 적절하게 대처할 수 없는 훨씬 심각한 위기 상황으로 발전하는 경우가 생길 수 있다는 것이다. 여기서 가능성이 낮다는 것은 중요하지 않다. 진짜 문제는 파장이 실로 엄청나다는 것이다.

시장에서는 이런 상황을 '파스칼의 내기(Pascal's Wager)'라고 칭한다. 이는 17세기 프랑스의 수학자이자 물리학자인 블레이스 파스칼(Blaise Pascal)이 신의 존재(인간에게 있어 신이란 '영원히 불가해한 존재'라는 점을 감안)와 관련된 증거가 없는 상황에서 신의 존재를 믿을 것인지 여부를 두고 손익을 심사숙고한 논증을 일컫는다. 파스칼은 기독교를 '이성적으로 옹호'하면서, 잘못된 선택을 했을 때의 여파를 고려할 때, 신의 존재를 믿는 경우의 기대가치(가능성과 결과의 곱)가 신의 존재를 부정하는 경우의 기대가치보다 항상 높다고 지적하였다.

기본적으로 이러한 파스칼의 내기는 가능성은 낮지만 발생했을 때 엄청난 결과를 가져오는 상황에 적용된다. 일례로 캘리포니아 지진 발생의 위험에 대해 생각해 보자. 큰 지진이 발생할 가능성이 높으면 사람들은 캘리포니아에서 살려고 하지는 않을 것이다. 그러나 이러한 가능성이 '영(0)'에 가까울 정도로 낮지만 피해는 엄청나게 크기 때문에, 특히 저렴한 보험을 들 수 있는 상황이라면 지진보험을 고려하는 편이 합리적이다.

어떠한 두 가지의 위기는 원래 동일한 형태를 띠는 경우가 결코 없고, 특히 위기의 정도가 심각할 때에는 더욱 그렇기 때문에 위험을 고려하는 데 있어 바스켓 방식을 이용한 꼬리 보험의 프로그램 구성을 고려하는 것이 중요하다. 이상적인 시나리오는 한 가지 상품에 집중하기보다는 두꺼운 꼬리 상황, 예를 들어 디플레이션이나 인플레이션을 동반한 경기 침체나 석유 공급에 차질을 초래하는 중대한 지정학적인 사건 등과 같은 상황의 주요 특징을 아우르는 다양한 상품을 결합해서 구성하는 편이 바람직하다.

저렴한 꼬리 보험을 이용할 수 있다는 것은 지금 우리가 살고 있는 세계의 눈에 띄는 특징이다. 이는 수익을 탐닉하는 사람들, 즉 어떤 돈이라도 조달해서 차입투자(레버리지)를 하는 사람들이 있기에 가능한 현상이다. 그 결과 2007년 여름에 시작되었던 금융 위기가 확산되기 전까지는 프리미엄이 매우 낮은 꼬리 보험을 바스켓 방식으로 구축하는 것이 가능했다. 특히 금리의 하한선 설정 등의 방법으로 기업 지수의 선순위 등급 상품에 대한 보험을 집중적으로 살 때에는 더욱 저렴한 구성이 가능했다.

꼬리 보험 프로그램의 운용비용은 다양한 전략을 통해 낮출 수는 있지만 완전히 제거할 수는 없다. 전형적으로 이러한 전략의 핵심은 위험 곡선에서 집중되어 있는 부분(belly)을 구조적으로 헤지(hedge, 위험 회피)해서 꼬리 보험의 구매를 위한 자금을 조성하는 것과 연관되어 있다. 당연히 자금의 상쇄 효과는 미미하거나 더 크다 하더라도 부분적인 수준에 머물 것이다. 그 실례로 부채 상환액이 낮은 상품에 대한 단기 보험의 매매를 들 수 있다. 특히 신흥 시장 국부펀드의 경우 이 같은 보험은 내재가치(베이시스 포인트 기준)를 훨씬 웃도는 수준에서 거래되는데, 이는 다른 투자자들이 이것을 이용하여 그 국가의 자본구조상 하위에 속하는 기업에 대한 롱 포지션을 부분적으로 헤지하기 때문이다. 이처럼 단기 국부펀드 보험 판매자에게 돌아가는 수익은 원래 국부펀드의 신용도에 따라 보장되는 수익과 비교해 볼 때 훨씬 높다.

꼬리 보험 프로그램의 주요 특징을 살펴보았으니 이번에는 투자자들이 흔히 놓치기 쉬운 세 가지 외의 내용들을 추가로 살펴보자. 이들 세 가지는 포트폴리오 구성에 있어 보험 프로그램의 중요성을 부각시켜 준다.

우선 대부분의 꼬리 보험 상품은 중대한 경제적인 위기에 대비하여 보험을 제공하도록 설계되어 있지만, 유동성 위기의 상황에서도 상당히 중요한 역할을 담당한다. 예를 들어 투자적격 등급의 미국 기업 인덱스에 대해서 15~30개 등급으로 구분하여 제공되는 5년 만기 보험의 경우, 미국 주택시장이 붕괴된 2007년 여름을 기점으로 그 전년도에 4~6베이시스 포인트에서 다음 연도에는 55~65베이시스 포인트로 비용이 크게 상승하였다. 투자적격 등급을 받은 기업 중 채무불이행의 발생 여부와 같은 변화가 없었음에도 불구하고, 비용 상승 폭이 크다는 점을 주목하자. 보험에 가입한 기업은 보험 포지션에 있어서 시가 평가가 상당히 올라갔는데, 이 때문에 홍미로운 딜레마에 빠졌다. 보험을 하나의 '매매물'로 취급하며 한 몫 챙기며 시장에 내놓을 것인가, 혹은 현저하게 재평가된 장기 꼬리 보험 프로그램의 일환으로 계속해서 보유할 것인가 하는 문제였다.

유동성 상황에 민감하게 반응하는 것은 위험을 레버리지하는 방식과 공동 소유의 범위 때문이다. 15~30개 등급으로 구성된 보험의 경우 채무불이행의 접점(default attachment point)이 높다는 점이 감안되어, AAA등급의 레버리지가 높은 채권, 즉 차입 자본의 비중이 높은 채권으로 묶여서 판매된다. 결국 흔히 구성되는 포트폴리오는 캐리 트레이드 자금으로 레버리지 투자를 했다는 점과 상호 관련성이 높은 금융 자산으로 이루어졌다는 특징을 보인다. 이러한 포트폴리오는 중대한 유동성의 공급에 있어서 차질이 빚어지면 심각한 위기를 경험하게 된다. 그렇기 때문에 심지어 채무불이행의 발생 확률에는 변화가 없다고 하더라도 자산을 현금화해야 하는 압박이 생기면서 금융상품의 가치에 영향을 미치게 된다.

둘째로, 꼬리 보험 프로그램의 매력은 단순히 경제적으로 중요한 또는 유동성 위기 상황 속에서 포트폴리오에 미치는 부정적인 영향을 한정시키는 데 국한되지는 않는다. 이러한 프로그램은 변화가 가능한 상황에서 투자자가 포트폴리오 포지셔닝을 수세에서 공세로 전환하는 것을 용이하게 해 준다.

꼬리 보험 프로그램을 이용해 '저가 매수'에 대한 판단력이 마비되는 위험을 최소화할 수도 있다. 행동재무학에서 설명하는 바와 같이, 그리고 투자자의 행동 양식을 오랫동안 관찰하면 확인되는 바와 같이 너무 많은 장기 투자자들이 보유하고 있는 자본의 특성상 향후 수년 동안 그들에게 유리한 결과를 도출하게 할 결정을 해야 하는 시점에서 제대로 된 판단을 내리지 못하고 주저할 수가 있다. 전형적으로 이러한 상황은 가격의 폭등으로 가치가 크게 오르지만, 동시에 기존의 보유 지분은 시가 평가로 큰 손실을 보게 되는 시장 주기상의 저점에서 흔히 발생한다. 이런 일이 발생하면, 투자자들은 포지션(보유 자산)을 추가해야 하는 타이밍인데도 보유 지분의 시장 가치 때문에 선뜻 행동을 취하지 못하게 된다. 이런 상황에서 꼬리 보험 프로그램은 시가 평가로 심각한 손실을 입는 것을 막아줌으로써 올바른 투자를 실현할 수 있는 가능성을 높여준다. 실제로 주기적인 시나리오 분석과 함께 꼬리 보험 프로그램은 시장 주기상 저점에서 장기 투자자들이 적절하지 못하고 결과적으로 값비싼 비용을 치르게 되는 판단력 마비의 위험을 줄여주는 역할을 한다.

셋째로, 꼬리 보험 프로그램은 각기 다른 코너 솔루션(corner solution : 양극의 해결책)을 놓고 전문가들 사이에 의견이 양분될 때 소위 '찾기 힘든 중심점(elusive center)'을 투자자들이 제대로 포착할 수 있게 도와준다. 흔히 시장 동향에 대한 논쟁을 벌일 때 전문가들은 편 가르기 식의 극단적인 성향을 보이곤 한다. 지난 몇 년 동안 이러한 현상은 여러 분야에서 전개되어 왔다. 세계 경제의 불균형에 관한 논쟁에서, 그리고 시장에서 전개되어 온 공포와 탐욕 사이의 줄다리기에서 분명히 드러난다. 미국 경제의 전망(즉 장기화되는 경기 침체가 한 단계 혹은 L자형에 가까운가, 아니면 W자형처럼 두 단계의 경제력 회복 단계를 밟을 것인가, 아니면 이와 대조적으로 V자형이나 U자형 같은 추세 성장으로 복귀할 것인가), 세계 신용경색에 대한 전망(경제 위기가 장기화되고 확산되고 있다는 의견 대 발 빠른 정책적인 조치로 치유되고 있다는 의견), 그리고 물론 미국이 직면한 경제 및 금융 위기가 전 세계에 미치는 파장(미국 경제로부터의 분리 현상이 나타나고 있다는 의견 대 파괴적인 영향이 세계에 미치고 있다는 의견)을 둘러싸고 시장에서 벌어지는 두드러진 의견 차이에서도 이 현상은 발견된다.

꼬리 보험 프로그램은 투자자들이 코너 솔루션이 불확실한 상황에서 포트폴리오를 구성할 때 중요한 추가적인 재량권을 확대해 준다. 구체적으로 말하자면, 투자자들이 불확실한 양쪽 극단 중 하나를 선택할 때 주요 수단으로 대규모 자산 배분의 결정을 주요 수단으로 이용해야만 하는 차선책으로부터 벗어날 수 있게 해준다. 나아가 꼬리 보험 프로그램과 자산 배분 조정의 결합은 시간에 따라 투자자들이 포트폴리오 구축에 있어서 찾기 힘든 중심점을 파악하는 것을 포함하여, 시간을 두고 포지셔닝 실력(주식, 채권 등 자산 보유를 조정하는 실력)을 갈고 닦을 수 있도록 도와줄 수 있다. 즉 손실이 발생할 때는 투자자들을 보호해 주고, 수익이 날 때는 100%는 아닐지라도 지불 요구를 할 수 있도록 도와줄 수 있다.

거래의 일시적 중단

포트폴리오 관리에 유능한 투자가들은 자신의 거래를 제대로 평가하는 요령을 알고 있다. 이들은 적정한 등급의 보험인지를 보고 비용이 감당할 수 있는 수준인지를 함께 평가한다. 두말할 필요 없이 오늘날의 세계 경제 및 금융 위기의 상황과 함께 등장하는 '서킷 브레이커(circuit breakers)'의 효율성이 여기서 다루는 주요한 논의의 대상이다. 이 책에서의 분석은 향후 몇 년 동안 부각될 만한 주요 주제에 관한 것이다. 또한 필연적으로 장애물(5장에서 다룬 정책 실수의 가능성과 시장에서의 예측 불허 상황에 적합한 장애물을 포함)을 만날지라도 완전한 탈선이 일어나지 않도록 도와줄 수 있는 특정한 양상들을 조명한다.

세계 경제에 있어서 다행인 것은 현재 시점에서 장기적인 경제적 번영에 악영향을 주는 개별적인 위기 상황의 발생 가능성을 완전히 제거하지는 못해도 줄여줄 수 있는 서킷 브레이커의 도움을 받을 수 있다는 점이다.

첫째, 정책 담당자들은 세계 금융의 원활한 작동과 건실한 경제 성장을 지켜내기 위하여 시장에 개입할 의지가 있는 것으로 보인다. 이러한 과정에서 이들은 필연적으로 수반되는 도덕적 해이의 위험을 기꺼이 감수할 용의가 있다.

둘째, 현재는 방관하면서 대기하고 있지만 시장에 뛰어들 능력도 있고 의지도 있는 고려해야 할 새로운 자본이 대규모로 존재한다. 국부펀드가 운용하는 장기 펀드의 경우 위험 자산에 대한 위험 노출이 절대적으로도, 상대적으로도 낮은 상태로 출발하고 있다.

셋째, 주요 신흥 경제국들의 고도성장으로 과거에는 일반적으로 찾기 힘들었던 어느 정도의 탄력성이 세계 경제에 제공되고 있다.

이러한 세 가지 서킷 브레이커의 장단점에 대해서는 지속적으로 주의 깊게 점검해야 한다. 서킷 브레이커의 효율성은 이 같은 인위적인 변화(technical dislocation)가 향후 얼마나 지속될 것인지에 달려 있다(이 자체로도 어느 정도의 기능을 수행한다고 볼 수 있는데, 이 변화로부터 멀리 비켜선 기존의 기관들은 부채 상환 및 대차대조표상의 부채를 줄일 필요가 있다). 기업의 견실도가 강할수록(혹은 약할수록) 꼬리 보험 프로그램을 적절한 배합으로 구성하여 보험에 드는 비용을 줄일 수 있다(혹은 늘어날 수도 있다). 게다가 견실성이 강할수록(혹은 약할수록) 투자가가 균형 자산 배분에서 얻는 예상 수익 외에 추가 수익을 위해 다양한 시장, 특히 주식시장과 채권시장에서의 변동성 지수의 매도를 고려할 명분도 강해진다(혹은 약해진다).

HMC로부터 얻은 몇 가지 교훈

오버레이와 꼬리 보험에 관한 분석을 마무리 짓기 전에, HMC 사모 펀드 책임자인 피터 돌란(Peter Dolan)에 관한 일화를 하나 소개할까 한다. 이는 전문가들이 흔히 말하는 '관리자의 위험(manager risk)', 즉 포트폴리오 운용 서비스의 질 악화로 인하여 손실을 볼 가능성과 관련이 있는 이야기이다.

피터는 어느 투자자라도 겸허하게 만드는 시장의 위험성을 제대로 평가하는 기관 내 문화가 없다면 투자 관리자는 치명적일 수 있는 순환기를 경험하게 된다고 경고하였다. 피터는 다른 사람에게

서 들은 다음의 인과관계를 경계하라고 당부하였다. "심리학적 과정은 '선함(arête : 탁월함 또는 탁월함의 추구)'을 지닌 사람으로부터 시작된다. 한 개인이 인간의 한계성에 대한 판단을 잃고 경솔하거나 무분별한 행동을 탐닉하게 될 때, 위대한 선함은 '오만(hubris : 자신에 대한 자만)'으로 이어지고, 결국 '착각(ate : 맹목적인 무모함)'에 빠지게 된다. 왜냐하면 분별없는 행동을 한 사람은 다른 사람들에 의해 벌을 받기 때문에 이 착각은 '인과응보(nemesis : 보복적 정의)'의 결과를 낳는다."

피터는 특정 순간에 특정한 투자 관리자들과 다른 노선을 가기로 결정을 내릴 때, 이 시나리오가 어떤 영향을 미쳤는지 다음과 같이 자세히 설명한다. "처음에 우리는 '선함'을 갖췄지만 점차 '오만'에 물들어 결국 '인과응보'로 자멸의 길을 걷게 되는 그런 투자 관리자들을 지속적으로 경계하고 있다."

투자자들은 투자기관의 주기적인 평가에 착수할 때 피터의 통찰력을 따라야 할 것이다. 위험이 도사린 여정에서 투자 관리자가 오만을 부리면 지나친 자만으로 앞에 놓인 난제를 제대로 파악하지 못하게 되어, 결국 그로 인한 응분의 대가를 치르게 된다는 사실을 명심해야 할 것이다.

WHEN MARKETS COLLIDE

오늘날 세계 경제는 많은 부문에서 위태로운 상황에 직면해 있고 상당한 도전들이 도처에 산재되어 있다. 하지만 이러한 도전과 노력들이 적합한 것이라 하더라도 공적 부문에서 개인적인 부문을 규율하고 조정할 수는 없다. 변화를 올바르게 관리하기 위해서는 개인 부문이 시장 행위의 중요한 측면을 관리하고 지원하는 매개 역할을 제대로 수행할 때에만 가능하다.

시장 참여자의
역할

60

09

효율적 관리를 위한 경영 모델의 적용

나는 IMF에 재식할 낭시 경영 자문관으로 있던 데이빗 콜맨(David Coleman)과 함께 일한 바 있다. 돌이켜보건대 내 이력에서 그와 함께할 수 있었던 것은 나로서 큰 기회이자 영광이었다. 당시 기금관리(fund's Administration) 부서에서는 인적자원을 효율적으로 관리할 수 있도록 데이빗을 고용하였다. 그는 상급 경영자들과 정기적으로 만나서 그들 부서원들이 당면한 문제를 도와주고자 노력하였다.

다른 많은 국제기구들과 마찬가지로 IMF 역시 직원들의 승진을 주로 전문적인 지식이나 성과를 기초로 평가하고 결정하였다. 그러므로 상급 경영자들이 인적자원을 최대로 활용하고 평가하고 그리고 보상하기 위해서는 그에 관한 지식을 필히 갖춰야만 했다. 하지만 이는 쉬운 일이 아니었다. 몇몇 동료들은 직원 관리에 대한 직무에 직면하게 되었을 때, 부서 내에서 고위 경영자들을 만나게 될까봐 이들을 피해 다니기에 급급하였다. 사실 상급 경영자들은 동료 수백 명의 활동을 관리하고 감독하는 의무가 주어진 것뿐만 아니라, 동시에 자신의 일도 수행해야만 했기 때문에 인적자원 관리가 수월할 수 없었다. 따라서 무엇보다 데이빗과 같은 전문가의 도움이 꼭 필요하였다.

데이빗이 나의 경영 자문관으로서 함께한 지는 15년이나 지났지만, 나는 데이빗과의 주간 미팅에서 그가 가르쳐주었던 몇 가지 방식들을 아직도 생생히 기억하고 있다. 그 가운데 특히 내가 가장 인상 깊게 생각하는 원칙은 "긴급하고 중요한 사안에 관해서는 언제라도 그 관심의 끈을 놓지 말라"는 것이었다.

데이빗은 이와 같은 원칙을 단순하지만 강력한 매트릭스를 만

그림 9.1 경영 모델

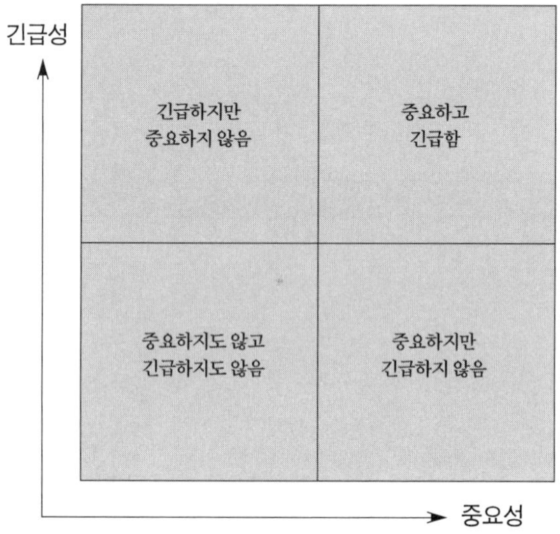

들어 의미를 설명해 주었다([그림 9.1] 참조). 위 매트릭스에서 수직
축은 그 일의 '긴급함'의 정도를 나타내고, 수평 축은 그 일의 '중요
성'을 나타낸다. 이 매트릭스의 가장 기본적인 형태는 네 개의 면으
로 구성되어 있다.

　데이빗은 대부분의 사람들이 일의 긴급한 정도와 중요성에 관
해 비교적 잘 인식하고 있기 때문에 이러한 인식의 정도에 따라 행
동한다고 설명하였다.

　또한 사람들은 그리 중요하지 않은 일과 긴급하지 않은 일들은
피하는 경향을 가지고 있다고 지적하였다.

　따라서 평범한 실적을 내는 사람과 뛰어난 실적을 내는 사람을 구분하는 것은 나머지 다른 두 박스에 달려 있다(중요하지 않지만 긴급함, 중요하지만 긴급하지 않음).

성공한 경영자들은 중요하지만 급하지 않은 일들에 대해서도 경계를 게을리 하지 않고 주의를 기울인다. 한편 많은 사람들이 급하고 중요하지 않은 일에 신경을 뺏기기도 한다. 결과적으로 대부분의 사람들은 엄청난 양의 시간과 노력을 기울이지만, 자신이 들인 노력에 비해 장기적인 성공에 관한 영향력은 매우 적다.

중요하고 긴급한 사안

나는 세계 경제에 나타난 이례적인 현상들의 본질과 이에 따른 시사점을 이해하는 것이 얼마나 중요하고 긴급한 일인지를 강조해 왔다. 세계 경제는 근본적이고 구조적인 변화의 한가운데 있다는 중요한 신호를 정보가 거의 없는 소음으로 간주하여 이러한 사실을 중요하지도 않고 긴급하지도 않은 사안들로 간주하고 흘려 넘기기도 한다.

변화의 원동력이 제시되는 과정은 실로 시장 관계자들을 놀라움에 빠뜨렸다. 점차 현재 진행 중인 변화들에 의하여 가능하게 된 현상들은, 현재 시스템의 용량으로는 명백하게 그들을 따라잡을 수도 없을 만큼 빠른 속도로 변화하고 있다. 그 결과 향후에도 지속적으로 개인, 기관, 국가가 값비싼 희생을 치를 것이다.

사실 이러한 결과는 놀라운 일은 아니다. 이 같은 결과들은 기술 혁신과 구조 변화가 맞물려 역사 속에서 지속적으로 나타난 특징이었다. 또한 과거나 현재 마찬가지로 대단히 많은 시장 참여자들이 이러한 소음 안에 있는 중요한 신호를 놓쳤다는 점이다. 이러한 중요한 신호를 놓쳤다는 사실은, 어찌 보면 인간의 본능적인 측면으로 경제, 금융, 행동, 신경과학 등과 같은 여러 관련 분야에서도 설명된 바 있다.

하지만 지속적인 변화의 경우 과거에는 생각하지도 못했던 리스크와 수익의 구성이 변화된다는 점을 염두에 두어야 한다. 이러한 변화에 대하여 시장 참여자들의 관점에서는 과거부터 이미 인식하고 있었던 관습적인 지혜로부터 벗어나 변화할 수도 있다는 조정과 조율의 필요성에 대해 확실히 인식해야만 한다.

이러한 변화의 결과로서 장기적으로 시장 참여자들은 수립한 몇몇 전략들과 실체들이 과거에는 상상도 할 수 없었던 갑작스러운 운영상의 어려움에 식년하게 될 것이다. 정말로 현재 세계는 하부 구조상의 근본적인 변화(즉 감독 및 규제 체계, 사고방식, 정책, 리스크 관리 전략 등)가 진행 중이며, 지난 과거의 현실보다는 미래에 맞게 변화하고 있는 중이다. 그 결과 어제의 시장은 내일의 시장과 복잡하게 충돌하고 있으며, 앞으로도 이러한 현상은 지속될 것으로 보인다.

그리고 이와 같은 변화의 중심에 세계 시스템에서 경제, 금융, 기술적인 재편이 점차 확대되고 있다는 점이다. 주요 원동력으로는 시스템 상에서 중요하게 부각되는 국가들의 출현, 아직까지 새로운 환경에 완벽하게 조정되지 못한 상태에서 발생하는 국가 간 부의 이동, 내생적 유동성에 대한 영향, 수입과 수출장벽, 상호 간 상관관계의 변화를 극적으로 바꾸는 새로운 국제기구들과 투자상품의 확대 등이 있다.

시간이 흐름에 따라 새로운 장기적인 목표는 안정성에 연관된 다양하고 많은 요소들을 포함하면서 등장할 것이다. 향후 세계 경제 성장에서 위축되는 엔진으로 판단되는 미국이 아닌 몇몇 신흥 경제 국들로 대체될 것이다. 세계 경제의 불균형은 국가들의 조정에 따라 감소하게 될 것이다. 과도하게 집중된 포트폴리오는 좀 더 폭넓은 자산 계층으로 나누어질 것이다. 또한 정책에 있어서의 필수적인 개혁 및 그에 따른 시장 기반은 새롭고 복잡한 투자자와 상품 간의 상호 작용을 보다 잘 뒷받침하게 될 것이다.

시장 참여자들은 새로운 장기적인 목표점이 어떠할 것인지 이해하고 상대적으로 변동 폭이 큰 여정은 피해야 할 것이다. 오늘날 불가피하게 새로운 시스템이 끊임없이 재구축되고 있는 상황에서 사람들, 정책, 방법 등 이 모두가 함께 공존하고 조화를 이뤄야만 세계 경제의 새로운 현실들에 적절하게 대응할 수 있을 것이다.

이 같은 사항은 정책 연구자들에게는 새로운 도전 과제가 될 것이다. 물가의 디스인플레이션 현상에 따라 서서히 변화되는 가격 메커니즘, 비용적인 측면에서 저렴한 노동시장으로의 유입, 그리고 상품에 대해 가해지는 지속적인 가격 압박 등 모든 상황이 이들에게는 직면한 도전이다.

이 여정은 이미 지나친 제도상의 규제, 시장 폭등, 기구들의 붕괴 등으로 그 특성이 나타나고 있다. 심지어 일반적인 시장 기능에 대한 기본적인 매개 변수, 예를 들면 밸류에이션(valuation, 가치평가), 가격을 예측하고 결정하는 방식, 눈에 보이는 현상들, 그리고 재산권에 대한 신뢰마저 시장 기능에 의해서 압박받고 있는 실정이다. 더욱 비관적인 것은 이미 외부의 압박을 받아 일그러진 대차대조표는 불확실한 부채의 근본적이고 새로운 형태의 불확실성으로 정의하기가 더욱 어려워졌다는 점이다.

이러한 결과 시장의 기능에 있어서 주기적인 붕괴 현상(앞으로 이러한 현상은 계속될 것이다)은 사실 전혀 놀라운 일이 아니다. 소비자와 판매자는 더 이상 최적의 시장 청산(market clearing : 수요자가 원하는 만큼의 자금을 얻을 수 있고, 공급자는 자금을 대부할 수 있는 상태를 말함)의 산물을 도출할 수 없게 되었고, 양측 관계자들 간의 신뢰가 저하되었으며, 기업의 대차대조표를 축소 조정하여 보고하도록 개별 기업이 압박받고 있는 상황이다. 특정 시장 분야에서는 갑작스러운 유동성 문제가 발생하였으며, 이에 따라 정책 입안자들은 긴급한 중대 국면에 대한 관리를 해야 했다. 즉 장기적인 효율적 시장 기능의 희생의 대가로 현재 긴급한 유동성 문제에 대하여 즉각적인 개입에 착수해야만 하는 실정인 것이다.

중요하지 않지만 긴급한 사안

그렇다면 중요하지는 않지만 긴급한 사안에 대해서는 어떻게 해야 하는가? 시장 참여자들에게 있어서 주요한 리스크는 새로운 장기적인 목적지를 향한 여정에서 피할 수 없는 자금의 유용(diversion)이다. 이러한 자금의 유용은 장기적으로는 이익을 확대하여 창출할 수 없지만 엄청난 양의 자원을 소비할 수 있을 것이다.

자금 유용에 있어서 리스크는 상당히 실질적이다. 이는 새로운 환경에 대한 전략에 순응하지 않고 방향에서 지속적으로 벗어나려는 경향이 있다. 그러한 리스크의 속성상 이에 대한 반응은 위기 모면을 위한 일시적이고 임기응변적인 대응을 초래하고, 궁극적으로 효과적이지 못한 반응을 만들어낸다.

결국 이러한 과정에서의 결과물은 시장에서 사고를 야기할 가능성을 훨씬 증가시키며, 시장 참여자가 과거 지향적인 전략을 고수하게 함으로써 정책적인 실수를 야기하게 한다. 또한 세 가지의 변화 중 한 가지에만 반응하면서, 나머지 두 가지 변화에 대해서는 반응하지 않는 속성도 지니고 있다. 결과적으로 이러한 부분적인 개선은 전체적인 개선에는 도움이 되지 못하며, 실제로 개선 과정을 왜곡시킬 수도 있다.

중요하지만 긴급하지 않은 사안

이것은 어떤 사안이 중요함에도 불구하고 긴급하지 않음으로써 오히려 많은 사람들에게 중요하지 않은 일처럼 보이게 하는 경향이 있다. 하지만 이것은 수년 후에 현실화될 새로운 장기적인 목적지에 자신을 어떻게 유리한 위치에 놓이게 하는가를 좌우할 기준이 된다. 이러한 사안은 당시에는 '긴급하지 않은 것'으로 생각할 수 있다.

왜냐하면 이는 미래의 세계에 속하는 일이기 때문이다. 또한 목적지를 향해 가는 여정에서 미리 정해진 진로를 가는 여정이 아니기 때문에 문제가 발생할 수도 있다. 하지만 이것은 지속적이고 장기적으로 변화하는 과정에 있어서의 대응을 의미하기 때문에 '중요한' 것이다.

데이빗은 '중요하지만 긴급하지 않은 것'으로서 오늘날 나타나는 사안들이 미래에 평범한 사람과 강한 성취자를 구분하는 결정 요인이라는 사실을 일깨워 주었다. 이 책이 제안하고자 했던 기본적인 수행 계획은 세 계층의 주요한 시장 참여자 각각에게 제의하고자 함이었다.

여기서 세 종류의 주요한 시장 참여자는 장기 투자자, 공무원, 국제기구가 그들이다.

불가피하지만 실행 계획은 일반적인 통념을 완전히 벗어날 수는 없는 법이다. 따라서 일부는 고정된 사고방식의 변화를, 그리고 다른 일부는 구조 및 조직상의 매개 변수를 재조정함으로써 이를 실행하고자 한다. 이는 시장 참여자들 모두가 위험을 감수해야만 하는 일이다. 하지만 이러한 어려움은 미래에 조정되지 않은 결과로 발생하는 사건이나 여파에 비하면 그다지 어려운 일이 되지는 않을 것이다.

투자자들의 '해야 할 일' 중에는 시간이 지난 후에 시장가격과 비교하여 장기적인 측면에서 자산의 배당 목표를 이끌어 내는 능력을 향상시키는 일이 포함된다. 이 과정에서 투자자들은 자신의 과거 투자 전략의 건전성에 대하여 분석해 보고 위험을 줄이는 방법과 진행되는 구조적인 변화 등과 일치되는 제도적인 측면에서의 준비를 항상 염두에 두어야 한다. 특히 비판적인 관점에서 투자자들은 항상 추가적인 전략, 즉 꼬리 보험 프로그램과 오버레이 활용을 통한 리스크 관리의 아웃소싱에 대하여 능동적이어야 한다.

정책 입안자들의 '해야 할 일' 중에는 정책에 관련된 정보들의 새로운 원천을 찾고 점차 이러한 정보를 통해 정책 수단을 개선시키고자 노력해야 한다는 점이다. 다국적 정책 기관에 있어서 이러한 일은 시대에 뒤떨어진 기관들이나 봉건적인 생각들에 의해서 어려움을 겪고 있는 정부와 운영상의 접근 방법에 있어서의 변화도 포함한다.

이렇듯 수행 계획이나 이행 계획을 현재 자신의 상황에 적합하게 맞추는 전략은 시장 참여자들 각 주체가 변화의 여정에서 그리고 새로운 목적지에서 이익을 얻는 데 도움이 될 뿐 아니라 자신을 향상시키는 데에도 도움이 될 것이다. 그들은 변화의 과정에서 새로운 형태의 리스크를 관리하면서 더 큰 잠재적인 새로운 기회도 경험하게 될 것이다.

공공의 이익

지금까지 경영 모델을 활용해 각각의 그룹에 속한 시장 참여자들의 개인적인 목표와 이익에 대해서 논의해 보았다. 하지만 모든 사람들이 적절하게 행동하길 바라는 또 다른 궁극적인 이유가 있다. 그것은 세계 경제가 현재의 성장세를 유지하는 것과 빈곤을 완화시키는데 시장 참여자들이 주체가 되어야 한다는 것이다.

전체적으로 세계 경제는 불안하고 위기에 직면한 가운데 구조변화의 양상을 나타내고 있다. 예를 들어 특정 기업의 대차대조표는 특히 미국 기업의 경우 거품이 많았으며, 모든 계층의 사람들이 새로운 세계의 현실에서 이익을 보지 못하였다. 또한 급변하는 세계 기후는 실제로 일어나고 있는 일이며, 정치적인 순환 주기는 경제적인 순환 주기와는 점차 다르게 작동하고 있다.

이것은 파괴적인 보호무역주의와 인접국의 궁핍화 정책(beggar-thy-neighbor : 외국의 경제 상황을 악화시켜야만 자국의 경제적인 이익이 증진된다는 의미를 지닌 경제 정책을 지칭함)이 실행될 위험을 증가시키고 있다.

오늘날 세계 경제는 팽팽한 줄다리기를 하고 있는 형국이다. 한편에서는 일련의 과잉 금융, 과잉 레버리지, 불평등, 자원 압박 등이 모든 요인들이 경제 안정과 세계화의 지속 가능성과 이윤을 감소시키고 있다.

하지만 다른 한편에서는 개발도상국에 의한 균형 잡힌 성장세와 경제의 안전판으로서 작용하는 과잉 예금의 상황이 세계화, 경제 성장, 빈곤 완화를 위한 새로운 사회복지의 증진에 있어서 의미 있는 잠재력을 제공할 것으로 보인다.

오늘날 세계 경제는 많은 부문에서 위태로운 상황에 처해 있고 상당한 도전들이 도처에 산재해 있다. 또한 조정과 상호 의존에 대한 중요한 이슈들도 있다.

하지만 이러한 도전과 노력들이 적합하고 원하던 것이라 하더라도 공적 부문에서 개인적인 부문을 규율하고 조정할 수는 없다. 개인 부문은 이러한 점을 인식해야만 한다. 공적 부문에서 최대한 할 수 있는 일이란 필요한 과정들을 긴급하게 개선하여 일시적으로 상황을 정리해 주는 것에 불과하다.

즉 변화를 올바르게 관리하기 위해서는 개인 부문이 국가와 국가 사이에서 규제 및 정책의 경로를 포함한 시장 행위의 중요한 측면들을 관리하고 지원하는 매개 역할을 제대로 수행할 때에만 가능하다.

오늘날 우리는 경제학계의 고전인 아담 스미스(Adam Smith)의 방법론에 기대를 걸어도 좋을 것이다. 즉 세계 경제에서 사회복지와 후생은 진행되는 구조 변화에 대한 대응을 통해 자신의 이익을 동시에 추구하는 개별적인 시장 참여자 그룹에 의해서 개선될 것이다. 시장 참여자의 노력에 의하여 잠재적인 인센티브가 조정되고, 그 과정에서 중요한 요소들을 제공하는 행위가 강화된다. 여기서 위험은 개인이 적응하려는 마음과 실제 실행함에 있어서 개인적으로 부딪히게 되는 한계가 여정을 더욱 어렵게 하고, 세계 경제 성장세의 하락, 보호무역주의자들의 힘, 갑작스럽게 대두된 유동성 문제, 금융시장의 문제 등 구조적 문제 등이 개인 부문을 더욱 취약하게 만든다는 데 있다.

투자자들과 정책 입안자들은 이러한 분석을 바탕으로 정확하고 시의 적절한 결정을 내림으로써 결점이 있는 순환으로부터 모두에게 이익이 되는 순환으로 경제의 균형을 전환해야 할 것이다. 그에 대한 결과로 엄청난 투자 성과와 정책적인 성과를 거두게 될 것이다. 나아가 세계 경제의 성장세와 빈곤의 감소, 그리고 상대적으로 금융 부문의 안정과 질서 정연한 세계 경제의 변화를 이룩하는 데 큰 영향을 미칠 것이다.

2008년 말 현재, 대한민국 서울에서 거주하는 나의 마음은 한마디로 말해서 심란하기 그지없다. IMF 외환 위기와 2003년 카드 대란 이후, 처음으로 한국의 언론 매체들은 매일 불황 혹은 제2의 외환 위기 등의 단어를 사용하면서 부정적인 소식을 쏟아내고 있기 때문이다. 이러한 다양한 부정적인 정보들로 인하여 혹여 경제 주체들의 마음이 현실보다도 더 비관적으로 느끼게 될 것 같아서 솔직히 우울한 마음도 든다.

1997년 외환 위기 당시 나는 학생의 신분이었던 터라 10년이 지난 지금 외환 위기의 실태가 솔직히 잘 그려지지는 않는다. 내가 느끼는 외환 위기란 당시 모 투신사에서 산 대우그룹의 채권이 원금 손실을 봐서 안타까웠던 기억과 함께, 무엇보다 '정리해고'라는 한 단어로 실직의 고통을 심각하게 느끼게 해준 매우 무서운 사건이라는 기억이 비교적 또렷하게 남아 있다.

나 역시 최근 나타나고 있는 미증유의 글로벌 경제 위기가 한국에 큰 타격을 입히지 않고 해결의 실마리를 찾기를 바란다. 하지만 최근의 전개 양상과 한국 실물경제에 파급되고 있는 영향력으로 볼 때 2009년에도 상당 기간 한국 경제의 하강 국면은 지속될 것으로 전망된다. 2007년 세계 경제에서 미미한 소음과 신호로 간주되었던 미국 서브프라임 모기지 문제가 미국의 금융 위기로 확산되었고, 급기야 태평양 너머에 있는 한국의 실물경제에도 큰 영향을 끼칠 것이라는 예상이다.

그렇다면 과연 최근 발생하고 있는 급격한 금융 부문과 경제구조의 변화는 본질적으로 무엇이며, 이러한 변화는 향후 세계 경제와 한국 경제에 어느 정도의 파장을 가져올 것인가? 또한 이러한 위기와 변화를 경험한 이후의 세계 경제와 한국 경제는 어떤 모습으로 변화해 있을 것인가? 이는 개인적으로도 매우 궁금한 사안이 아닐 수 없으며, 무엇보다 향후 귀추가 주목되는 중요한 문제라고 판단된다.

이러한 궁금증이 풀리지 않고 더욱 커져가는 가운데, 2008년 봄 즈음 나는 바로 모하메드 엘 에리언의 저서 《새로운 부의 탄생》을 알게 되었고, 그 주 주말 밤을 지새우며 흥미진진하게 읽었다.

이 책은 2008년 초에 출간되어 그 이후에 세계 금융시장의 변화를 반영하지는 못했지만, 저자 특유의 분석력과 금융시장에 대한 정확하고 논리적인 접근으로 세계 금융의 구조와 최신 정보들을 적절하게 담아냈다. 특히 저자 특유의 통찰력 있는 견해를 과거 연구들을 종합하여 구체적으로 제시하고 있어 한국의 독자들에게는 시사하는 바가 클 것으로 판단된다.

이 책의 저자 모하메드 엘 에리언은 미국의 자본시장에서 최정상의 투자자이자, 동시에 정확하고 세밀한 관찰자의 역할을 상당 기간에 걸쳐 수행했기 때문에 금융 변화의 흐름과 다양한 금융이론을 소개하고 이에 대한 평가를 내리는 데 있어서 탁월한 면모를 보여주고 있다. 그의 명쾌한 설명은 한국의 독자들에게도 전폭적인 지지와 호평을 받을 것으로 예상된다.

이 책을 읽고 나서 나는 이번 금융 위기에서 예외적으로 한국이 빠르게 탈출할 수 있었으면 하는 소망이 더욱 강해졌다. 물론 이러한 거대한 구조적인 변혁을 경험하는 과정 속에서 한국만이 특별한 예외가 될 수는 없을 것이다. 그러나 이번 위기 국면에서 한국이 고통의 시기를 짧고 신속하게 경험하여 제2의 도약을 준비했으면 하는 간절한 바람을 가져본다. 그러나 아쉽게도 이 책에는 한국이 이와 같은 위기 국면에서 빠르게 돌파하기 위한 구체적인 방법을 제시해 주지는 못하고 있다. 물론 그것은 읽는 독자들이나 우리 한국의 국민들 몫이지만 말이다.

이 책을 번역하면서 주변의 많은 이들로부터 도움을 받았다. 우선 영어 표현에 있어서 유익한 조언을 해준 사랑하는 아내 에스더에게 감사한 마음을 표하고 싶다. 나인영, 이은주 선생님도 나에게 많은 도움을 주셨다. 마지막으로 부족한 내 원고를 좋은 책으로 만들어주시기 위해서 불철주야로 수고하신 한경 BP의 김경태 사장님, 민신태 팀장님과 김명효 선생님께 고마운 마음을 전하고 싶다.

손 민 중

참고문헌

Akerlof, George A., "the Market for 'Lemons':Quality Uncertainty and the Market Mechanism," *Quarterly Journal of Economics*, vol. 84, no. 3, August 1970, pp. 488-500.

Arnott, Robert D., Jason C. Hsu, and Philip Moore, "Fundamental Indexation," *Financial Analysts Journal*, vol. 61, no. 2, March/April 2005.

Bank for International Settlements (BIS), *Triennial and Semiannual Surveys on Position in Global Over-the-Counter* (OTC) Derivative Markets at end-June 2007, BIS, Basel, Switzerland, 2007.

Berkshire Hathaway, *Annual Report* 2002.

Bernanke, Ben S., "the Global Saving Glut and the U.S. Current Account Deficit," the Sandridge Lecture, Virginia Association of Economics, Richmond, Va. March 10, 2005.

_____, "Housing, Housing Finance, and Monetary Policy," Speech at the Federal Reserve Bank of Kansas City's Economic Symposium, Jackson Hole, Wyo., August 31, 2007.

Bernstein, Peter L., *Capital Ideas Evolving*, Wiley, Hoboken, N.J., 2007.

Beshears, John, James J. Choi, David Laibson, and Brigitte C. Madrian, "*The Importance of Default Options for Retirement Savings Outcome: Evidence from the United States*, CeRP Working Paper 43, Center for Research on Pensions and Welfare Policies (CeRP), Turin, Italy, 2003.

Bhatia, Prashant A., *Chief Investment Officer Survey*, Citigroup Global Markets, September 25, 2007, 36 pages.

Blustein, Paul, *And the Money Kept Rolling In (and Out): Wall Street, the IMF, and the Bankrupting of Argentina*, Public Affairs/Perseus, New York, 2005.

Bruner, Robert F., and Sean D. Carr, *The Panic of 1907: Lessons Learned from the Market's Perfect Storm*, Wiley, Hoboken, N.J., 2007.

Brynjolfsson, John, and Frank J. Fabozzi, editors, *Handbook of Inflation Indexed Bonds*, Frank J. Fabozzi Associates, New Hope, Pa., 1999.

Callen, Tim, "Emerging Markets Main Engine of Growth," *IMF Survey Magazine*, International Monetary Fund (IMF), Washington, D.C., October 17, 2007.

Calvo, Guillermo A., "Explaining Sudden Stop, Growth Collapse, and BOP Crisis: The Case of Distortionary Output Taxes," *IMF Staff Papers*, vol. 50, International Monetary Fund (IMF), Washington, D.C., 2003.

Calvo, Guillermo A., Alejandro Izquierdo, and Luis-Fernando Mjia, *On the Empirics of Sudden Stops: The Relevance of Balance Sheet Effects*, National Bureau of Economic Research (NBER), Cambridge, Mass., 2004.

Cardarelli, Roberto, Selim Elekdag, and M. Ayhan Kose, "Managing Large Capital Inflows," *World Economic Outlook*, International Monetary Fund (IMF), Washington, D.C., October 2007, ch. 3, p. 123.

Choi, James J., David Laibson, and Brigitte Mardrian, *Plan Design and 401(k) Savings Outcomes*, NBER Working Paper No. 10486, National Bureau of Economic Research (NBER), Cambridge, Mass., May 2004.

Daneshkhu, Scheherazade, "Bank Chief Defends Role in Northern Rock Crisis," *Financial Times*, September 21, 2007, p. 2.

Dash, Eric, and Landon Thomas, Jr., "The Man in Citi's Hot Seat," *New York Times Sunday Business*, October 7, 2007, p. 1.

Dialynas, Chris P., and Marshall Auerback, "Renegade Economics and the Bretton Woods ‖ Fiction," PIMCO, Newport Beach, Calif., 2007.

Dooley, Michael, David Folkerts-Landau, and Peter Garber, *The Revived Bretton Woods System: the Effects of Periphery Intervention and Reserve Management on Interest Rates and Exchange Rates in Center Countries*, NBER Working Paper No. 10332, National Bureau of Economic Research (NBER), Cambridge, Mass., 2004.

Dornbusch, Rudiger, Ilan Golfajn, and Rodrigo O. Valdes, "Currency Crises and Collapses," *Brookings Papers on Economic Activity*, 1995.

Duffie, Darrell, "Innovation in Credit Risk Transfers: Implications for Financial Stability," paper presented at the Bank for International Settlements (BIS) Sixth Annual Conference, Financial System and Macroeconomic Resilience, Brunnen, Switzerland, June 18-19, 2007.

The *Economist*, "Stronger china," September 29, 2007, p. 14.

The *Economist*, "Getting the Message, At Last," December 13, 2007, p. 18.

Eichengreen, Barry, and Ricardo Hausmann, "How to Eliminate Original Sin," *Financial Times*, November 22, 2002.

El-Erian, Mohamed A., *Mexico's External Debt and the Return to Voluntary Capital Market Financing*, IMF Working Paper No. 91/83, International Monetary Fund (IMF), Washington, D.C., August 1991.

_____, *Restoration of Access to Voluntary Capital Market Financing: The Recent Latin American Experience*, IMF Staff Papers 39, no. 1, International Monetary Fund (IMF), Washington, D.C., March 1992.

_____, "Sound Economics, Noisy Politics, and the Market for Lemons," *Emerging Markets Watch*, PIMCO, Newport Beach, Calif., June 2000.

_____, "IMF Delivers Packages for the Holidays," *Emerging Mar-kets Watch*, PIMCO, Newport Beach, Calif., December 2000.

_____, "Distracted by Reality," *Emerging Markets Watch*, PIMCO, Newport Beach, Calif., April 2001.

_____, "The Ant Trail," *Emerging Markets Watch*, PIMCO, Newport Beach, Calif., August 2001.

_____, "Cambia Todo Cambia," *Emerging Markets Watch*, PIMCO, Newport Beach, Calif., November 2001.

_____, "To B Or Not to D?" *Emerging Markets Watch*, PIMCO, Newport Beach, Calif., Jaunary 2002.

_____, "Development and Globalization: Friends or Foes," *Emerging Markets Watch*, PIMCO, Newport Beach, Calif., March 2002.

_____, "The Elusive Center," *Emerging Markets Watch*, PIMCO, Newport Beach, Calif., November 2003.

_____, "Symbiotic Parenting," *Emerging Markets Watch*, PIMCO, Newport Beach, Calif., June 2004.

_____, "Asia: Regionalism with an Outward Orientation," *Emerging Markets Watch*, PIMCO, Newport Beach, Calif., July 2004.

_____, "Decomposing Emerging Markets Bonds," *Emerging Markets Watch*, PIMCO, Newport Beach, Calif., September 2004.

_____, "The Policy Challenge of Managing Success," *Emerging Markets Watch*, PIMCO, Newport Beach, Calif., January 2005.

_____, "Revisting the Market for Lemons," *Emerging Markets Watch*, PIMCO, Newport Beach, Calif., May 2005.

_____, "It's Time to End Feudal Selection Processes," *Financial Times*, March 29, 2005.

_____, "IMF Reforms: Attaining the Critical Mass," in *Reforming the IMF for the 21st Century*, edited by Edwin M. Truman, Peter G. Peterson Institute for International Economics (IIE), Washington, D.C., 2006.

_____, "Asset-Liability Management in Emerging Economies," in *Sovereign Wealth Management*, edited by Jennifer Johnson-Calari and Malan Rietveld, Central Banking Publications, London, 2007.

_____, "In the New Liquidity Factories, Buyers Must Still Beware," *Financial Times*, March 22, 2007.

_____, "How Investors Should Respond to the Boom in M&A Activity," *Financial Times*, May 30, 2007.

_____, "Global Investor: Hedge Fund Truths," *Newsweek*, October 1, 2007.

_____, "Foreign Capital Must Not be Blocked," *Financial Times*, October 2, 2007.

_____, "Waning Days of the Dollar," Newsweek, November 19, 2007.

_____, "Towards a Better Understanding of Sovereign Wealth Funds," discussant comments on Peter G. Peterson Institute for International Economics (IIE) Senior Fellow Edwin M. Trumna's paper "The Management of China's International Reserves, "for the Conference on China's Exchange Rate Policy, IIE, Washington, D.C., October 19, 2007.

El-Erian, Mohamed A., and Michael Spence, "Refocus the Fund," *Financial Times*, August 6, 2007.

El-Erian, Mohamed A., and Michael Spence, "Growth Strategies and Dynamics: Insights from Country Experiences," *World Economics*, vol. 9, no. 1, January-March 2008.

Evans, David, "Public School Funds Hit by Defaulted SIV Debts Hidden in Investment Pools," *Bloomberg News*, November 15, 2007.

Fabrikant, Geraldine, "Playing Hunches at Harvard," New York Times, March 15, 2007.

Faust, Drew Gilpin, "Unleashing Our Most Ambitious Imaginings," Inauguration Speech, Harvard University, Cambrigde, Mass., October 12, 2007.

Feynman, Richard P., *What Do You Care What Other People Think?: Further Adventures of an Curious Character*, Norton, New York, 1988.

Financial Times, "Europe Is Wrong to Push Strauss-Kahn," Aug-ust 28, 2007, p. 8.

Fisher, Irving, "The Debt-Deflation Theory of the Great Depression," *Econometrica*, vol. 1, no. 4, October 1933.

Freixas, Xavier, "Systemic Risk and Prudential Regulation in the Global Economy," paper prepared for the joint Federal Reserve Bank of Chicago and the International Monetary Fund (IMF) conference on Globalization and Systemic Risk, Chicago, September 27-28, 2007.

Friedman, Milton, *Essays in Positive Economics*, University of Chicago Press, Chicago, 1953.

Friedman, Thomas L., *The World Is Flat: A Brief History of the Twe-nty-First Century*, Farrar, Strauss and Giroux, New York, 2005.

Goldberg, Pinelopi K., and Nina Pavcnik, "Distributional Effects of Globalization in Developing Countries," *Journal of Economic Literature*, vol. 45, no. 1, March 2007, pp. 39-82.

Goodhart, C.A.E., "Monetary Relationship: A View from Threadneedle Street," *Papers in Monetary Economics*, Vol. I, Reserve Bank of Australia, 1975.

Gottschlag, Oliver, and Ludovic Phalippou, "The Truth about Private Equity Performance," *Harvard Busibess Review*, December 2007.

Greenspan, Alan, *The Age of Turbulence: Adventures in a New World*, Penguin Press, New York, 2007.

Gross, William H., "Philosopher's Stone," *Investment Outlook*, PIMCO, Newport Beach, Calif., September 2004.

_____, "What Do They Know?" *Investment Outlook*, PIMCO, Newport Beach, Calif., October 2007.

Guha, Krishna, "Fed Ready to Act against 'Tail Risk," *Financial Times*, September 8/9, 2007, p. 5.

Hahn, Frank, and Martin Hollis, *Philosophy and Economic Theory*, Oxford University Press, New York, 1979.

Harper, Christine, "Goldman Doesn't Plan Significant Mortgage Writedowns, CEO Blanfein Says," *Bloomberg News*, November 13, 2007.

Hernandez, Javier C., "Boston Tea Party Catches Fire Again," *Boston Globe*, August 28, 2007.

Husain, Aasim M., "Riding the Crest of the Oil Boom," *IMF Survey Magazine*, International Monetary Fund (IMF), Washington, D.C., October 30, 2007.

International Energy Agency (IEA), *World Energy Outlook* (WEO), Paris, October 2007.

International Monetary Fund (IMF), *The Managing Director's Report on the Fund's Medium-Term Strategy, September 15, 2005,* IMF, Washington, D.C.

_____, *The Managing Director's Report on Implementing the Fund's Medium-Term Strategy, April 5, 2006,* IMF, Washington, D.C.

_____, *IMF inFocus,* a supplement of the *IMF Survey,* vol. 35, September 2006.

_____, *Committee to Study Sustainable Long-Term Financing of the IMF, Final Report,* IMF, Washington, D.C., January 31, 2007.

_____, "Managing Large Capital Inflows," *World Economic Outlook,* IMF, Washington, D.C., October 2007.

_____, "Globalization and Inequality," *World Economic Outlook,* IMF, Washington, D.C., October 2007.

Johnson, Simon, "The Rise of Sovereign Wealth Funds," *Finance and Development,* September 2007, p.57.

Johnson-Calari, Jennifer, and Malan Rietveld, *Sovereign Wealth Management,* Central Banking Publications, London, 2007.

Kahneman, Daniel, "Maps of Bounded Rationality: A Perspective on Intuitive Judgment and Choice," Nobel Prize Lecture, Stockholm, Sweden, December 8, 2002.

Kahneman, Daniel, and Amos Tversky, "Prospect Theory: an Analysis of Decision Under Risk," *Econometrica,* vol. 17, 1979.

Kahneman, Daniel, and Amos Tversky, editors, *Choices, Values, and Frames,* Cambridge University Press, Cambridge, U.K., 2000.

Kaplan, Steven N., and Antominetts Schoar, "Private Equity Performance: Returns, Persistence and Capital Flows," *Journal of Finance,* vol. 60, no. 4, 2005.

Keogh, Bryan, and Shannon D. Harrington, "Citigroup Pushes Bank Borrowing Costs above Companies," *Bloomberg News*, November 16, 2007.

Keybes, John Maynard, *The General Theory of Employment, Interest, and Money*, Macmillan, London, 1936.

Kudrin, Alexei, "The Era of Empires Is Over for International Bodies," *Financial Times*, September 30, 2007.

Lardy, Nicholas R., and Morris Goldstein, editors, *Debating China's Exchange Rate Policy*, Peter G. Peterson Institute for International Economics (IIE), Washington, D.C., 2008.

Lerner, Josh, and Antoinette Schoar, *The Illiquidity Puzzle: Theory and Evidence from Private Equity*, NBER Working Paper No. W9146, National Bureau of Economic Research(NBER), Cambridge, Mass., 2002.

Lerner, Josh, and Antoinette Schoar, and Wan Wong, *Smart Institutions, Foolish Choices? The Limited Partner Performance Puzzle*, NBER Working Paper No. 11136, National Bureau of Economic Research (NBER), Cambridge, Mass., 2005.

Levitt, Steven D., and Stephen J. Dubner, *Freakonomics: A Rogue Economist Explores the Hidden Sides of Everything*, KarperTorch, New York, 2006.

Lewis, K., "Trying to Explain Home Bias in Equities and consumption," *Journal of Economic Literature*, vol. 37, June 1999, pp. 571-608.

Lifscher, Marc, "CalPERS Panel OKs Broader Mix," *LosAngeles Times*, December 18, 2007, p. C2.

Masson, Paul R., *Multiple Equilibria, contagion, and the Emerging Market Crises*, IMF Working Paper WP/99/164, International Monetary Fund (IMF), Washington, D.C., November 1999.

McClure, Samuel M., David I. Laibson, George Lowenstein, and Jonathan D. Cohen, "Separate Neural Systems Value Immediate and Delayed Monetary Rewards," Science, vol. 306, October 15, 2004, pp. 503-507.

McCreevy, Charlie, Official Opening Speech, Wachovia Bank International, October 26, 2007, European Commission, p. 5.

McCulley, Paul, "Teton Reflections," *Global Central Bank Focus*, PIMCO, Newport Beach, Calif., August/September 2007.

McKinsey Global Institute (MGI), *The New Power Brokers: How Oil, Asia, Hedge Funds, and Private Equity Are Shaping Global Capital Markets*, MGI, San Francisco/McKinsey & Company, October 2007.

Mishkin, Frederic S., "Monetary Policy and the Dual Mandate," Speech dilivered at Bridgewater College, Bridgewater, Va., April 10, 2007.

Nakamoto, Michiyo, and David Wighton, "Bullish Citigroup Is 'Still Dancing' to the Beat of the Buyout Boom," *Financial Times*, July 10, 2007.

Pascal, Blaise, Pensées, Penguin Classics, Penguin Books, London, 1995.

Peterson, Richard L., *Inside the Investor's Brain: The Power of Mind Over Money*, Wiley, Hoboken, N.J., 2007.

Ridley, Matt, Letters to the Editor, *The Economist*, September 29, 2007, p. 19.

Rodrik, Dani, *One Economics, Many Recipes: Globalization, Institutions, and Economic Growth*, Princeton University Press, Princeton, N.J., 2007.

Roubini, Nouriel, and Brad Sester, "How Scary Is the Deficit?" *Foreign Affairs*, July/August 2005.

Samuelson, Paul A., and William A. Barnett, *Inside the Economist's Mind: conversations with Eminent Economists*, Blackwell Publishing, Malden, Mass., 2007.

Scharfstein, David S., and Jeremy Stein, "Herd Behavior and Investment," *American Economic Review*, vol. 80, no. 3, June 1990, p. 465.

Sen, Amartya K., "Rational Fools: A Critique of the Behavioral Foundations of Economic Theory," *Philosophy and Public Affairs*, vol. 6, no. 4, Summer 1977.

Shefrin, Hersh, and Meir Statman, "The Disposition to Sell Winners Too Early and Ride Losers Too Long: Theory and Evidence," *Journal of Finance*, vol. 40, no. 3, 1985, pp. 777-790.

Shiller, Robert J., *Irrational Exuberance*, Princeton University Press, Princeton, N.J., 2000.

Shiv, Baba, and Alexander Fedorikhin, "Heart and Mind in conflict: The Interplay of Affect and Cognition in Consumer Decision Making," *Journal of Consumer Research*, vol. 26, December 1999, pp. 278-292.

Shleifer Andrei, and Robert W. Vishny, "The Limits to Arbitrage," *Journal of Finance*, March 1997, pp. 35-55.

Siegel, Jeremy J., *Stocks for the Long Run: The Definitive Guuide to Financial Market Returns & Long Term Investment Strategies*, 4th ed., McGraw-Hill, New York, 2008.

Sim, Stuart, *Manifesto for Silence: confronting the Politics and Culture of Noise*, Edinburgh University Press, Edinburgh, 2007.

Simon, Scott, "Scott Simon Discusses PIMCO's Views on the U.S. Housing Market," PIMCO, Newport Beach, Calif., December 2006.

Stiglitz, Joseph E., and Andrew Murray Weiss, "Credit Rationing in Markets with Imperfect Information," *American Economic Review*, vol., 73, no. 3, June 1981, pp. 303-410.

Summers, Lawrence H., "Reflections on Global Account Imbalances and Emerging Markets Reserve Accumulation," L.K. Jha Memorial Lecture delivered on March 24, 2006, at the Reserve Bank of Inda, Mumbai, India.

Swann, Christopher, "Strauss-Kahn to Inherit IMF Job with Reduced Clout," *Bloomberg News*, August 31, 2007.

Swensen, David, *Unconventional Success: A Fundamental Approach to Personal Investment*, Free Press, New York, 2005.

Taleb, Nassim Nicholas, *Fooled by Randomness: The Hidden Role of Chance in Life and the Markets*, Random House, New York, 2005.

_____, *The Black Swan: The Impact of the Highly Improbable*, Random House, New York, 2007.

_____, "The Pseudo-Science Hurting Markets," *Financial Times*, October 24, 2007.

Tett, Gillian, "Why Financiers Have Missed the New Monster," *Financial Times*, September 7, 2007, p. 22.

Truman, Edwin M., editor, *Reforming the IMF for the 21st Century*, Peter G. Peterson Institute for International Economics (IIE), Washington, D.C., 2006.

_____, "The Management of China's International Reserves: China and an SWF Scorecard," paper prepared for the Conference on China's Exchange Rate Policy, Peter G. Peterson Institute for International Economics (IIE), Washington, D.C., October 19, 2007. Also published in *Debating china's Exchange Rate Policy*, edited by Nicholas R. Mardy and Morris Goldstein, IIE, Washington, D.C., 2008.

Unmack, Neil, and Sebastian Boyd, "HSBC Will Take on $45 Billion of Assets from Two SIVs," *Bloomberg News*, November 26, 2007.

van Agtmael, Antoine, *The Emerging Markets Century: How a New Breed of World Class Companies Is Overtaking the World*, Free Press, New York, 2007.

VandeHei, Jim, and Jonathan Weisman, "Republicans Split with Bush on Ports: White House Vows to Brief Lawmakers on Deal with Firm Run by Arab State," *Washington Post*, February 23, 2006, p. A01.

Wainer, Howard, "The Most Dangerous Equation," *American Scientist*, May-June 2007, p. 250.

Warsh, Kevin, "The End of History?" Speech to the New York Association for Business Economics, New York, N.Y., November 7, 2007.

Webber, Jude, and Richard Lapper, "It Won't be Easy . . . No Tears for the IMF as Feisty Argentina Awaits Its Next Evita," *Financial Times*, October 25, 2007.

Welch, Jack, and Suzy Welch, "Chief Executive Officer-in-Chief," *BusinessWeek*, February 4, 2008.

White, Ben, and David Wighton, "Credit Squeeze Costs Banks $18 Billion," *Financial Times*, October 6, 2007, p. 1.

Wolf, Martin, "Questions and Answers on a Sadly Predictable Debt Crisis," *Financial Times*, September 5, 2007.

———, "The Bank Loses a Game of Chicken," *Financial Times*, September 21, 2007, p. 11.

Yew, Lee Kuan, *From Third World to First-The Singapore Story: 1965-2000*, HarperCollins, New York, 2000.

새로운 부의 탄생

지은이 / 모하메드 엘 에리언
옮긴이 / 손민중
펴낸이 / 김경태
펴낸곳 / 한국경제신문 한경BP
등록 / 제 2 - 315(1967. 5. 15)
제1판 1쇄 발행 / 2009년 1월 15일
제1판 2쇄 발행 / 2009년 1월 20일
주소 / 서울특별시 중구 중림동 441
기획출판팀 / 3604 - 553~6
영업마케팅팀 / 3604 - 595~7
FAX / 360 - 4599

ISBN 978 - 89 - 475 - 2692 - 0

값 18,000원

＊파본이나 잘못된 책은 바꿔 드립니다.